취약영역 타파하기!

금융권 NCS

수리능력

SD에듀
(주)시대고시기획

PREFACE

2023 최신판
취약영역 타파하기!
금융권 NCS
수리능력

Always **with you**

사람의 인연은 길에서 우연하게 만나거나 함께 살아가는 것만을 의미하지는 않습니다.
책을 펴내는 출판사와 그 책을 읽는 독자의 만남도 소중한 인연입니다.
SD에듀는 항상 독자의 마음을 헤아리기 위해 노력하고 있습니다. 늘 독자와 함께하겠습니다.

머리말

최근 금융권에서는 객관적인 평가를 위해 필기시험의 비중을 높이고 있다. 또한, 금융 NCS가 도입되면서 NCS 기반 블라인드 채용이 은행권 채용문화로 확산되었고, NCS 필기시험 준비는 필수가 되었다.

실제 금융권 필기시험의 기출문제를 살펴보면 평소 꾸준히 준비하지 않으면 쉽게 통과할 수 없도록 구성되어 있다.

그중에서도 NCS 기반 능력중심채용을 진행하는 대부분의 금융권에서는 수리능력을 핵심영역으로 출제하고 있다. 수리능력은 문제를 푸는 데 많은 시간과 집중을 요하기 때문에 수험생들이 단기간에 실력을 향상시키기 어려운 영역 중 하나이다.

이에 SD에듀는 수험생들에게 좋은 길잡이가 되어 주고자, 금융권 필기시험 수리능력의 출제 경향을 파악하고 시험에 효과적으로 대응할 수 있도록 다음과 같은 특징의 본서를 출간하였다.

도서의 특징

❶ 2022년 주요 금융권 NCS 수리능력 기출문제를 복원하여 출제 경향을 파악할 수 있도록 하였다.

❷ NCS 수리능력 세부 영역을 3단계에 걸친 체계적인 문제풀이로 학습하여 단기간 실력 향상에 도움이 될 수 있도록 하였다.

❸ 자신의 향상된 실력을 점검하고 실전에 대비할 수 있도록 최종점검 모의고사 2회를 수록하였다.

끝으로 본서로 금융권 채용 시험을 준비하는 여러분 모두에게 합격의 기쁨이 있기를 진심으로 기원한다.

SD적성검사연구소 씀

금융권 필기시험 분석

◯ 주요 금융권 NCS 출제영역

구분	의사소통 능력	수리 능력	문제해결 능력	자원관리 능력	대인관계 능력	정보 능력	조직이해 능력	직업윤리 능력	기술 능력
신한은행	◯	◯	◯						
KB국민은행	◯	◯	◯						
NH농협은행	◯	◯	◯			◯			
지역농 · 축협	◯	◯	◯	◯			◯		
IBK기업은행	◯	◯	◯	◯			◯		
Sh수협은행	◯	◯	◯				◯	◯	
새마을금고	◯	◯	◯		◯		◯		
하나은행	◯	◯	◯			◯			◯
신협중앙회	◯	◯	◯	◯		◯	◯		
KDB산업은행	◯	◯	◯			◯			
한국수출입은행	◯	◯	◯				◯		
국민건강보험공단	◯	◯	◯						
건강보험심사평가원	◯	◯	◯			◯			
국민연금공단	◯	◯	◯	◯		◯	◯	◯	◯
신용보증기금	◯	◯	◯			◯	◯		
기술보증기금	◯	◯	◯			◯	◯		
주택도시보증공사	◯	◯	◯		◯		◯		
예금보험공사	◯		◯			◯			

❖ 최근 시행된 필기시험을 기준으로 정리한 것으로, 변동 가능하니 반드시 채용공고의 평가영역을 확인하시기 바랍니다.

NCS 수리능력은 무엇을 중심으로 공부해야 하나요?

NCS 필기시험 경험자만 알고 있는 핵심 Tip

수리능력은 사칙연산, 통계, 확률의 의미를 정확하게 이해하고, 이를 업무에 적용하는 능력을 말한다.
수리능력의 하위능력으로는 기초연산능력, 기초통계능력, 도표분석능력, 도표작성능력이 있다.

☑ 하위 능력 출제 경향 분석

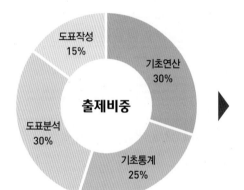

구분	중요도
기초연산	★★★★★
기초통계	★★★★☆
도표분석	★★★★★
도표작성	★★☆☆☆

수리능력은 NCS 기반 채용을 진행한 대다수의 기업에서 다루었으며, 문항 수는 전체의 평균 16% 이상으로 많이 출제되었다.

☑ 만점 전략 포인트

단 한 번의 계산으로 정확한 값을 도출하라!

대부분의 수리능력 문제들은 기본적인 사칙연산을 활용하도록 요구한다.
따라서 한 번에 정확하게 푸는 연습이 필요하다.

도표, 그래프 등이 주어지면 먼저 선택지부터 확인하라!

도표, 그래프 등이 주어진 문제는 많은 내용을 비교 및 판단하여야 하므로 상당한 시간이 소요된다.
따라서 선택지 먼저 확인하고 필요한 정보를 찾아 가는 방식으로 접근하여야 한다.

도서 200% 활용하기

기출복원문제로 출제 경향 파악!

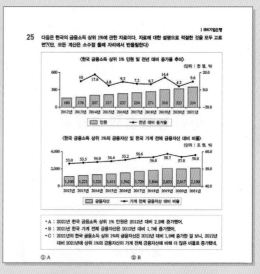

2022년 주요 금융권 NCS 수리능력 기출문제를 복원하여 출제 경향을 파악할 수 있도록 하였다.

체계적으로 학습할 수 있는 단계별 문제

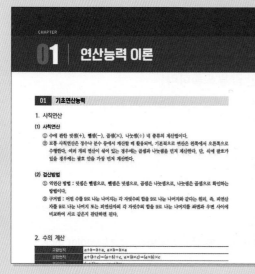

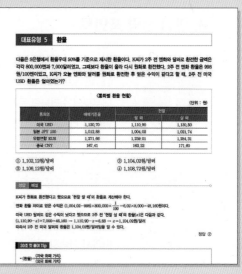

이론과 함께 대표유형, 유형학습, 심화학습을 통해 단계별 풀이가 가능하도록 하였다.

최종점검 모의고사로 본격적인 실력 점검

실제 시험과 유사한 최종점검 모의고사 2회분을 수록하여 지금까지 학습한 내용을 정리하고,
자신의 실력을 분석 · 점검할 수 있도록 하였다.

상세한 정답 및 해설로 실전 연습

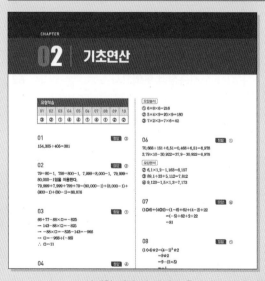

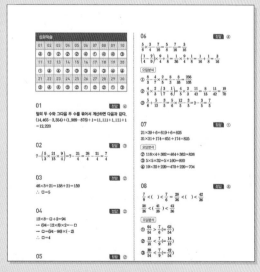

상세한 정답 및 해설로 혼자서도 실제 시험을 보는 것처럼 연습할 수 있도록 하였다.

이 책의 차례

2022년 주요 금융권 NCS
수리능력 기출복원문제

2022 | 주요 금융권 NCS
수리능력 기출복원문제

※ 정답 및 해설은 기출복원문제 바로 뒤 p.020에 있습니다.

❙ 지역농협 6급(70문항)

01 다음은 일정한 규칙으로 배열한 수열이다. 빈칸에 들어갈 알맞은 수는?

| 3 2 4 2   6 4 7 17   7 3 9 ( )   4 5 13 7 |

① 12   ② 10
③ 8   ④ 6
⑤ 4

❙ KEB하나은행

02 가로의 길이가 95cm, 세로의 길이가 38cm인 직사각형 모양의 변두리에 나무를 심고자 한다. 네 변의 꼭짓점에는 반드시 나무가 심어져 있어야 하고 네 변 모두 같은 간격으로 나무를 심고자 할 때, 필요한 나무의 최소 개수는?

① 7그루   ② 9그루
③ 11그루   ④ 14그루

❙ KB국민은행

03 남자 5명, 여자 7명 중 두 명의 대표를 선출한다고 한다. 이때, 대표가 모두 여자로 선출될 확률은? (단, 소수점 첫째 자리에서 반올림한다)

① 44%   ② 33%
③ 22%   ④ 32%

04 K은행의 해외사업부, 온라인 영업부, 영업지원부에서 각각 2명, 2명, 3명이 대표로 회의에 참석하기로 하였다. 자리 배치는 원탁 테이블에 같은 부서 사람이 옆자리에 앉는다고 할 때, 7명이 앉을 수 있는 경우의 수는?

① 48가지   ② 36가지

③ 27가지   ④ 24가지

05 N전자에서는 30% 할인해서 팔던 노트북을 이월상품 정리기간에 할인된 가격의 10%를 추가로 할인해서 팔기로 하였다. 이 노트북은 원래 가격에서 얼마나 할인된 가격으로 판매되는 것인가?

① 36%   ② 37%

③ 38%   ④ 39%

06 H은행에 방문한 은경이는 목돈 5,000만 원을 정기예금에 맡기려고 한다. 은경이가 고른 상품은 월단리 예금상품으로 월이율 0.6%이며, 기간은 15개월이다. 은경이가 이 상품에 가입했을 경우 만기 시 받는 이자는?(단, 정기예금은 만기일시지급식이다)

① 4,500,000원   ② 5,000,000원

③ 5,500,000원   ④ 6,000,000원

07 한 상자 안에 A회사에서 만든 A4용지 7묶음과 B회사에서 만든 A4용지 5묶음이 있다. 상자에서 A4용지를 한 묶음씩 두 번 꺼낼 때, 꺼낸 A4용지 묶음이 모두 A회사에서 만든 A4용지일 확률은? (단, 꺼낸 A4용지 묶음은 상자에 다시 넣지 않는다)

① $\dfrac{3}{22}$

② $\dfrac{2}{11}$

③ $\dfrac{5}{22}$

④ $\dfrac{7}{22}$

08 A자원센터는 봄을 맞이하여 동네 주민들에게 사과, 배, 딸기의 세 과일을 한 상자씩 선물하려고 한다. 사과 한 상자 가격은 1만 원이고, 배 한 상자는 딸기 한 상자 가격의 2배이며 딸기 한 상자와 사과 한 상자 가격의 합은 배의 가격보다 2만 원 더 싸다. 10명의 동네 주민들에게 선물을 준다고 할 때 A자원센터가 지불해야 하는 총비용은?

① 400,000원

② 600,000원

③ 800,000원

④ 1,000,000원

⑤ 1,200,000원

09 A균과 B균의 증식 개수를 확인하기 위해 실온에 방치하고 그 수를 확인하는 실험을 하였다. 다음과 같이 일정하게 수가 증가하였다면, 11주 후 두 균의 총 증가량은?

〈A균, B균 수 변화〉

(단위 : 개)

구분	1주 후	2주 후	3주 후	4주 후	5주 후	6주 후
A균	20	23	26	29	32	35
B균	10	11	14	19	26	35

① 130개

② 140개

③ 150개

④ 160개

⑤ 170개

10 ○○기업은 작년 부채가 25억 원, 자기자본이 95억 원이었으며, 부채의 차입금리가 연 7%, 법인세율이 20%이었다. 또한 우선주는 없고, 보통주 자본비용이 10%라고 할 때, 가중평균자본비용(WACC)은?(단, 가중평균자본비용은 소수점 넷째 자리에서 반올림하고 백분율을 구한다)

① 8.5%　　　　　　　　　　② 9.1%

③ 9.7%　　　　　　　　　　④ 10.1%

11 A지역농협 내 동아리에서 임원진(회장, 부회장, 총무)을 새롭게 선출하려고 한다. 동아리 전체 인원이 17명일 때, 회장, 부회장, 총무를 각 1명씩 뽑는 경우의 수는 몇 가지인가?(단, 작년에 임원진이었던 3명은 연임하지 못한다)

① 4,080가지　　　　　　　　② 2,730가지

③ 2,184가지　　　　　　　　④ 1,360가지

12 철수는 아래와 같은 길을 따라 A에서 C까지 최단 거리로 이동을 하려고 한다. 이때, 반드시 점 B를 지나며 이동하는 경우의 수는?

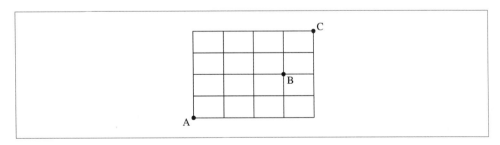

① 15가지　　　　　　　　　② 24가지

③ 28가지　　　　　　　　　④ 30가지

13 다음은 M은행에 새로 입사한 사원의 현황이다. 신입사원 중 여자 한 명을 뽑았을 때, 경력자가 뽑힐 확률은?

> **조건**
> • 신입사원의 60%는 여성이다.
> • 신입사원의 20%는 여성 경력직이다.
> • 신입사원의 80%는 여성이거나 경력직이다.

① $\dfrac{1}{3}$ ② $\dfrac{2}{3}$

③ $\dfrac{1}{5}$ ④ $\dfrac{3}{5}$

⑤ $\dfrac{1}{2}$

14 새로 입사한 직장의 가까운 곳에서 자취를 시작하게 된 한별이는 도어록의 비밀번호를 새로 설정하려고 한다. 한별이의 도어록 번호판은 다음과 같이 0을 제외한 숫자 1 ~ 9로 되어 있다. 비밀번호를 서로 다른 4개의 숫자로 구성한다고 할 때, 5와 6을 제외하고, 1과 8이 포함된 4자리 숫자로 만들 확률은?

〈도어록 비밀번호〉

```
1 2 3
4 5 6
7 8 9
```

① $\dfrac{5}{63}$ ② $\dfrac{2}{21}$

③ $\dfrac{1}{7}$ ④ $\dfrac{10}{63}$

15 다음 한 변의 길이가 20cm인 정사각형 안에 넓이가 113cm²인 큰 원과 넓이가 78cm²인 작은 원이 있다. 두 원의 공통넓이가 가장 클 때의 값을 구하면?

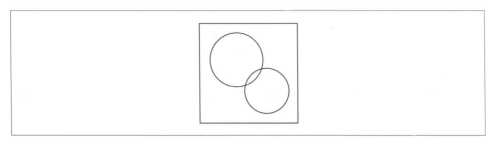

① 0

② 54cm²

③ 78cm²

④ 113cm²

16 철수는 다음 그림과 같은 사각뿔에 물을 채우려고 한다. 사각뿔에 가득 채워지는 물의 부피를 구하면?

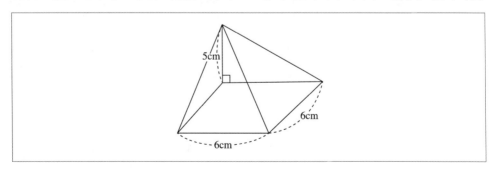

① 60cm³

② 80cm³

③ 100cm³

④ 120cm³

17 A씨는 S은행의 적금 상품에 가입하려고 한다. 가입 가능한 상품의 정보가 다음과 같을 때, 스타 적금과 부자 적금의 만기환급금의 차이는?(단, 큰 금액에서 작은 금액을 차한다)

〈상품 정보〉

스타 적금
• 가입기간 : 40개월
• 가입금액 : 매월 초 400,000원 납입
• 적용금리 : 연 3.0%
• 이자지급방식 : 만기일시지급, 단리식

부자 적금
• 가입기간 : 48개월
• 가입금액 : 매월 초 300,000원 납입
• 적용금리 : 연 3.0%
• 이자지급방식 : 만기일시지급, 복리식

※ $(1.03)^{\frac{1}{12}} \fallingdotseq 1.002$, $(1.03)^{\frac{49}{12}} \fallingdotseq 1.128$

① 2,080,000원 ② 2,100,000원
③ 2,162,000원 ④ 2,280,000원

18 다음은 연도별 국내은행 대출 현황을 나타낸 자료이다. 자료를 이해한 내용으로 적절하지 않은 것은?

〈연도별 국내은행 대출 현황〉

(단위 : 조 원)

구분	2013년	2014년	2015년	2016년	2017년	2018년	2019년	2020년	2021년
가계대출	437.1	447.5	459.0	496.4	535.7	583.6	620.0	647.6	655.7
주택담보대출	279.7	300.9	309.3	343.7	382.6	411.5	437.2	448.0	460.1
기업대출	432.7	449.2	462.0	490.1	537.6	546.4	568.4	587.3	610.4
부동산담보대출	156.7	170.9	192.7	211.7	232.8	255.4	284.4	302.4	341.2

※ (은행대출)=(가계대출)+(기업대출)

① 2017년 대비 2021년 부동산담보대출 증가율이 가계대출 증가율보다 높다.
② 주택담보대출이 세 번째로 높은 연도에서 부동산담보대출이 기업대출의 50% 이상이다.
③ 2018 ~ 2021년 동안 가계대출의 전년 대비 증가액은 기업대출보다 매년 높다.
④ 2015년도 은행대출은 2018년 은행대출의 80% 이상 차지한다.
⑤ 2014 ~ 2021년 동안 전년 대비 주택담보대출이 가장 많이 증가한 해는 2017년이다.

19 다음은 2017 ~ 2021년 부동산 금융자금 현황 통계 자료이다. 〈보기〉에서 적절한 것을 모두 고르면?

〈부동산 금융자금 현황〉

(단위 : 조 원)

구분	총계	전년 대비 증가율(%)	GDP	GDP 대비 총계(%)
2017년	1,797	9.7	1,835	97.9
2018년	1,921	6.9	1,898	101.2
2019년	2,068	7.6	1,924	107.5
2020년	2,283	10.4	1,933	118.1
2021년	2,566	12.4	2,054	124.7

보기

ㄱ. 부동산 금융자금은 계속해서 상승하고 있다.
ㄴ. 2016년 부동산 금융자금은 약 1,500조 원이다.
ㄷ. 2018년에 GDP 대비 부동산 금융자금의 규모가 100%를 넘어섰다.
ㄹ. 집값이 매년 급격히 상승하고 있다.

① ㄱ, ㄴ
② ㄱ, ㄷ
③ ㄴ, ㄷ
④ ㄷ, ㄹ

20 H사 총무부에 근무하는 K씨는 사원들을 대상으로 사무실에 필요한 사무용품에 대해 설문조사를 하여 다음과 같은 결과를 얻게 되었다. 설문조사 시 사원들에게 하나의 제품만 선택하도록 하였고, 연령을 구분하여 추가적으로 분석한 결과에 대해 비고란에 적었다. 다음 중 설문 결과에 대한 설명으로 적절한 것은?(단, 설문조사에 참여한 H사 사원들은 총 100명이다)

〈사무용품 필요도 설문조사〉

구분	비율	비고
복사기	15%	• 복합기를 원하는 사람들 중 20대는 절반을 차지했다. • 정수기를 원하는 사람들은 모두 30대이다. • 냉장고를 원하는 사람들 중 절반은 40대이다. • 복사기를 원하는 사람들 중 20대는 2/3를 차지했다. • 안마의자를 원하는 사람들은 모두 40대이다. • 기타용품을 원하는 20대, 30대, 40대 인원은 동일하다.
냉장고	26%	
안마의자	6%	
복합기	24%	
커피머신	7%	
정수기	13%	
기타용품	9%	

① 냉장고를 원하는 20대가 복합기를 원하는 20대보다 적다.
② 기타용품을 원하는 40대가 안마의자를 원하는 40대보다 많다.
③ 사원들 중 20대가 총 25명이라면, 냉장고를 원하는 20대는 없다.
④ 복합기를 원하는 30대는 냉장고를 원하는 40대보다 많을 수 있다.

21 다음은 NH농협의 EQ(Easy&Quick)론에 대한 설명이다. L씨가 다음과 같은 〈조건〉으로 대출을 했을 경우, 맨 첫 달에 지불해야 하는 월 상환액은 얼마인가?(단, 소수점은 절사한다)

〈NH EQ(Easy&Quick)론〉

- 상품특징 : NH농협은행 – 캐피탈 간 협약상품으로 쉽고 간편하게 최고 1,000만 원까지 이용가능한 개인 소액대출 전용상품
- 대출대상 : CSS 심사대상자로 NH농협캐피탈의 보증서가 발급되는 개인
- 대출기간 : 4개월 이상 1년 이내로 거치기간 없음(다만, 원리금 상환을 위하여 자동이체일과 상환기일을 일치시키는 경우에 한하여 최장 13개월 이내에서 대출기간 지정 가능)
- 대출한도 : 300만 원 이상 1,000만 원 이내
- 대출금리 : 신용등급에 따라 차등적용

신용등급	1	2	3	4	5	6
기준금리	5.69%	6.39%	7.09%	7.78%	8.46%	8.99%

- 중도상환 : 수수료 없음

조건
- 대출금액 : 5백만 원
- 대출환급방법 : 만기 일시상환
- 신용등급 : 6등급
- 대출기간 : 6개월

① 33,264원
② 34,581원
③ 35,362원
④ 36,442원
⑤ 37,458원

22 다음은 종이책 및 전자책 성인 독서율에 대한 자료이다. 빈칸 '가'에 들어갈 수치로 적절한 것은? (단, 각 항목의 2021년 수치는 2019년 수치 대비 일정한 규칙으로 변화한다)

〈종이책 및 전자책 성인 독서율〉

(단위 : %)

항목	연도	2019년			2021년		
		사례수(건)	1권 이상	읽지 않음	사례수(건)	1권 이상	읽지 않음
전체	소계	5,000	60	40	6,000	72	28
성별	남자	2,000	60	40	3,000	90	10
	여자	3,000	65	35	3,000	65	35
연령별	20대	1,000	87	13	1,000	87	13
	30대	1,000	80.5	19.5	1,100	88.6	11.4
	40대	1,000	75	25	1,200	90	10
	50대	1,000	60	40	1,200	(가)	
	60대 이상	1,000	37	63	1,400	51.8	48.2
학력별	중졸 이하	900	30	70	1,000	33.3	66.7
	고졸	1,900	63	37	2,100	69.6	30.4
	대졸 이상	2,200	70	30	2,800	89.1	10.9

① 44

② 52

③ 72

④ 77

⑤ 82

23 다음은 2022년 차종별 1일 평균 주행거리를 정리한 표이다. 표에 대한 해석으로 적절하지 않은 것은?

〈2022년 차종별 1일 평균 주행거리〉

(단위 : km/대)

구분	서울	부산	대구	인천	광주	대전	울산	세종
승용차	31.7	34.7	33.7	39.3	34.5	33.5	32.5	38.1
승합차	54.6	61.2	54.8	53.9	53.2	54.5	62.5	58.4
화물차	55.8	55.8	53.1	51.3	57.0	56.6	48.1	52.1
특수차	60.6	196.6	92.5	125.6	114.2	88.9	138.9	39.9
합계	35.3	40.1	37.1	41.7	38.3	37.3	36.0	40.1

① 세종을 제외한 지역에서 1일 평균 주행거리의 최댓값과 최솟값을 가진 차량의 주행거리 차이가 승합차의 1일 평균 주행거리보다 긴 지역은 5곳 이상이다.

② 특정지역 차종별 1일 평균 주행거리가 길수록 해당지역 합계 1일 평균 주행거리도 길다.

③ 특수차종의 1일 평균 주행거리는 세종시가 최하위이지만 승합차는 상위 40%이다.

④ 부산은 모든 차종의 1일 평균 주행거리가 상위 50%이다.

24 K씨는 미국에서 사업을 하고 있는 지인으로부터 투자 제의를 받았다. 투자성이 높다고 판단한 K씨는 5월 3일에 지인에게 1,000만 원을 달러로 환전하여 송금하였다. 이후 5월 20일에 지인으로부터 원금과 투자수익 10%를 달러로 돌려받고 당일 원화로 환전하였다. K씨는 원화 기준으로 원금 대비 몇 %의 투자수익을 달성하였는가?(단, 매매기준율로 환전하며 기타수수료는 발생하지 않고, 환전 시 소수점은 절사한다)

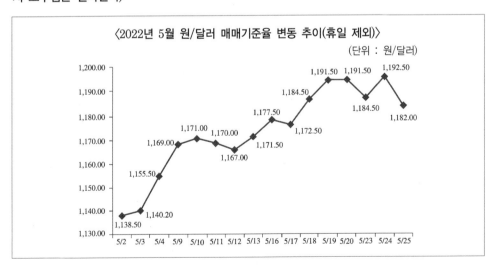

〈2022년 5월 원/달러 매매기준율 변동 추이(휴일 제외)〉

(단위 : 원/달러)

① 약 10%

② 약 13%

③ 약 15%

④ 약 18%

25 다음은 한국의 금융소득 상위 1%에 관한 자료이다. 자료에 대한 설명으로 적절한 것을 모두 고르면?(단, 모든 계산은 소수점 둘째 자리에서 반올림한다)

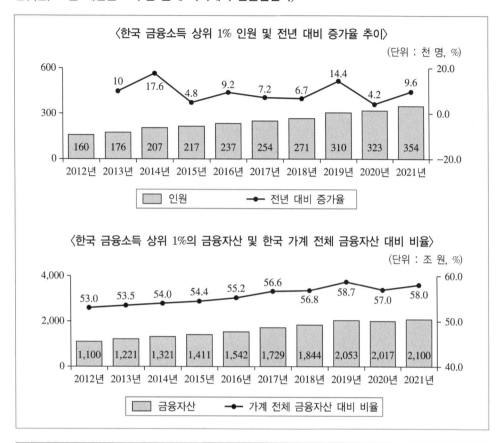

- A : 2021년 한국 금융소득 상위 1% 인원은 2012년 대비 2.2배 증가했어.
- B : 2021년 한국 가계 전체 금융자산은 2012년 대비 1.7배 증가했어.
- C : 2021년의 한국 금융소득 상위 1%의 금융자산은 2012년 대비 1.9배 증가한 걸 보니, 2012년 대비 2021년에 상위 1%의 금융자산이 가계 전체 금융자산에 비해 더 많은 비율로 증가했네.

① A   ② B
③ A, C   ④ A, B, C

26 A시는 2021년에 폐업 신고한 전체 자영업자를 대상으로 창업교육 이수 여부와 창업부터 폐업까지의 기간을 조사하였다. 다음은 조사결과를 이용하여 창업교육 이수 여부에 따른 기간별 생존비율을 비교한 자료이다. 이에 대한 설명으로 옳은 것은?

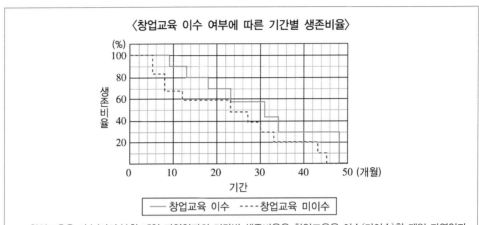

〈창업교육 이수 여부에 따른 기간별 생존비율〉

※ 창업교육을 이수(미이수)한 폐업 자영업자의 기간별 생존비율은 창업교육을 이수(미이수)한 폐업 자영업자 중 생존기간이 해당 기간 이상인 자영업자의 비율임
※ 생존기간은 창업부터 폐업까지의 기간을 의미함

① 창업교육을 이수한 폐업 자영업자 수가 창업교육을 미이수한 폐업 자영업자 수보다 더 많다.
② 창업교육을 미이수한 폐업 자영업자의 평균 생존기간은 창업교육을 이수한 폐업 자영업자의 평균 생존기간보다 더 길다.
③ 창업교육을 이수한 폐업 자영업자의 생존비율과 창업교육을 미이수한 폐업 자영업자의 생존비율의 차이는 창업 후 20개월에 가장 크다.
④ 창업교육을 미이수한 폐업 자영업자 중 생존기간이 10개월 미만인 자영업자의 비율은 20% 이상이다.

27 다음은 2021 ~ 2022년 상반기의 환율 동향에 관한 자료이다. 이에 대한 〈보기〉의 설명 중 적절한 것을 모두 고르면?

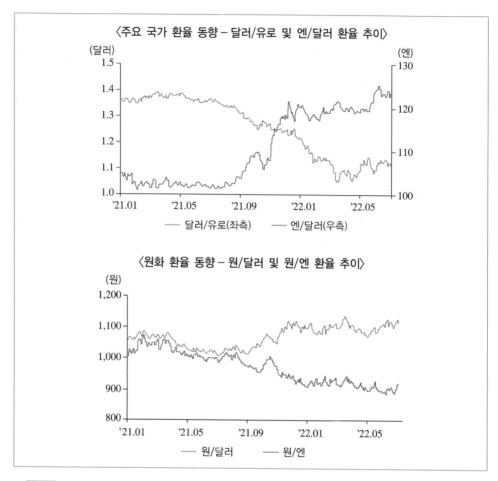

〈주요 국가 환율 동향 – 달러/유로 및 엔/달러 환율 추이〉

〈원화 환율 동향 – 원/달러 및 원/엔 환율 추이〉

> **보기**
>
> ㄱ. 유로화는 달러화 대비 약세가 심화되고 있다.
> ㄴ. 2022년 상반기의 엔화는 달러화에 대해 전반적으로 전년 대비 강세를 보이면서 강세이고, 반면 달러는 약세이다.
> ㄷ. 2022년 상반기의 원/달러 환율은 전년 대비 상승하였으나, 방향성이 부재한 가운데 1,000원을 중심으로 등락을 지속하고 있다.
> ㄹ. 2022년 상반기의 원/엔 환율은 전반적으로 900원 선을 상회하는 수준에서 완만하게 움직였다.

① ㄱ, ㄴ   ② ㄱ, ㄹ

③ ㄱ, ㄴ, ㄷ   ④ ㄱ, ㄷ, ㄹ

28 다음은 6대 광역시의 평균 학자금 대출 신청건수 및 평균 대출금액에 대한 자료이다. 이에 대한 설명으로 적절하지 않은 것은?

<6대 광역시의 평균 학자금 대출 신청건수 및 금액>

구분	2021년		2022년	
	대출 신청건수(건)	평균 대출금액(만 원)	대출 신청건수(건)	평균 대출금액(만 원)
대구	1,921	558	2,320	688
인천	2,760	640	3,588	775
부산	2,195	572	2,468	644
대전	1,148	235	1,543	376
광주	1,632	284	1,927	317
울산	1,224	303	1,482	338

※ (학자금 총 대출금액)=(대출 신청건수)×(평균 대출금액)

① 학자금 대출 신청건수가 가장 많은 지역은 2021년과 2022년이 동일하다.
② 2022년 학자금 총 대출금액은 대구가 부산보다 많다.
③ 대전의 2022년 학자금 평균 대출금액은 전년 대비 1.6배 증가하였다.
④ 2022년 총 학자금 대출 신청건수는 2021년 대비 20.5% 증가하였다.

29 다음은 2021년과 2020년 친환경인증 농산물의 생산 현황에 관한 자료이다. 이에 대한 설명으로 옳지 않은 것은?

〈종류별, 지역별 친환경인증 농산물 생산 현황〉

(단위 : 톤)

구분		2021년				2020년
		합계	인증형태			
			유기 농산물	무농약 농산물	저농약 농산물	
종류	곡류	343,380	54,025	269,280	20,075	371,055
	과실류	341,054	9,116	26,850	305,088	457,794
	채소류	585,004	74,750	351,340	158,914	753,524
	서류	41,782	9,023	30,157	2,602	59,407
	특용작물	163,762	6,782	155,434	1,546	190,069
	기타	23,253	14,560	8,452	241	20,392
	합계	1,498,235	168,256	841,513	488,466	1,852,241
지역	서울	1,746	106	1,544	96	1,938
	부산	4,040	48	1,501	2,491	6,913
	대구	13,835	749	3,285	9,801	13,852
	인천	7,663	1,093	6,488	82	7,282
	광주	5,946	144	3,947	1,855	7,474
	대전	1,521	195	855	471	1,550
	울산	10,859	408	5,142	5,309	13,792
	세종	1,377	198	826	353	0
	경기도	109,294	13,891	71,521	23,882	126,209
	강원도	83,584	17,097	52,810	13,677	68,300
	충청도	159,495	29,506	64,327	65,662	207,753
	전라도	611,468	43,330	443,921	124,217	922,641
	경상도	467,259	52,567	176,491	238,201	457,598
	제주도	20,148	8,924	8,855	2,369	16,939
	합계	1,498,235	168,256	841,513	488,466	1,852,241

① 2021년 친환경인증 농산물 종류 중 생산 감소량이 전년 대비 세 번째로 큰 농산물은 곡류이다.

② 2021년 친환경인증 농산물의 종류별 생산량에서 무농약 농산물 생산량이 차지하는 비중은 서류가 곡류보다 크다.

③ 2021년 각 지역 내에서 인증형태별 생산량 순위가 서울과 같은 지역은 인천과 강원도뿐이다.

④ 2021년 친환경인증 농산물의 생산량이 전년 대비 30% 이상 감소한 지역은 총 2곳이다.

30 다음은 우리나라 연도별 적설량에 대한 자료이다. 이를 그래프로 나타냈을 때 가장 적절한 것은?

〈우리나라 연도별 적설량〉

(단위 : cm)

구분	2018년	2019년	2020년	2021년
서울	25.3	12.9	10.3	28.6
수원	12.2	21.4	12.5	26.8
강릉	280.2	25.9	94.7	55.3

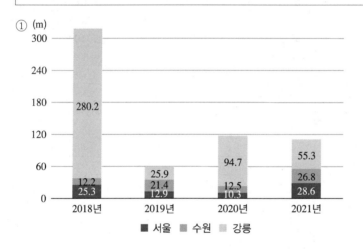

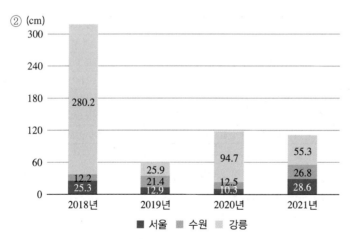

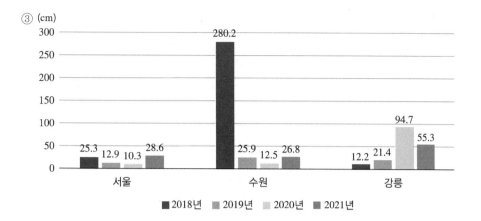

③ (cm)

	서울	수원	강릉
	25.3 12.9 10.3 28.6	280.2 25.9 12.5 26.8	12.2 21.4 94.7 55.3

■2018년　■2019년　□2020년　■2021년

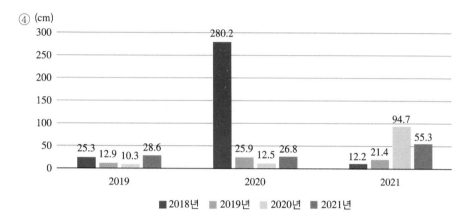

④ (cm)

	2019	2020	2021
	25.3 12.9 10.3 28.6	280.2 25.9 12.5 26.8	12.2 21.4 94.7 55.3

■2018년　■2019년　□2020년　■2021년

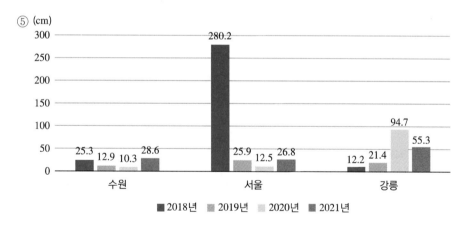

⑤ (cm)

	수원	서울	강릉
	25.3 12.9 10.3 28.6	280.2 25.9 12.5 26.8	12.2 21.4 94.7 55.3

■2018년　■2019년　□2020년　■2021년

01	02	03	04	05	06	07	08	09	10	11	12	13	14	15	16	17	18	19	20
①	④	④	①	②	①	④	④	④	②	③	④	①	①	③	①	①	③	②	③

21	22	23	24	25	26	27	28	29	30										
⑤	③	②	③	④	④	②	④	②	②										

01

정답 ①

나열된 수를 각각 A, B, C, D라고 하면, 다음과 같은 관계가 성립한다.

$\underline{A\ B\ C\ D}$ → $A \times B = C + D$

따라서 빈칸의 수는 $7 \times 3 = 9 + ($ $)$로, 12이다.

02

정답 ④

38과 95의 최대공약수는 19이며, 19cm 간격으로 꼭짓점을 제외하고 가로에는 4그루씩, 세로에는 1그루씩을 심을 수 있다. 이때 꼭짓점에도 나무가 심어져 있어야 하므로 총 $(4+1) \times 2 + 4 = 14$그루가 필요하다.

03

정답 ④

전체 12명에서 두 명을 뽑는 방법은 $_{12}C_2 = \dfrac{12 \times 11}{2} = 66$가지이고, 여자 7명 중에서 2명이 뽑힐 경우는 $_7C_2 = \dfrac{7 \times 6}{2} = 21$가지이다. 따라서 대표가 모두 여자로 선출될 확률은 $\dfrac{21}{66} \times 100 = 32\%$이다.

04

정답 ①

같은 부서 사람이 옆자리에 함께 앉아야 하므로 먼저 각 부서를 한 묶음으로 생각하면 세 부서를 원탁에 배치하는 경우는 $2! = 2$가지이다. 각 부서 사람끼리 자리를 바꾸는 경우의 수는 $2! \times 2! \times 3! = 2 \times 2 \times 3 \times 2 = 24$가지가 나온다.

따라서 조건에 맞게 7명이 앉을 수 있는 경우의 수는 $2 \times 24 = 48$가지이다.

05

정답 ②

원래 가격을 x원라고 하면, 최종 판매 가격은 $x \times 0.7 \times 0.9 = 0.63x$원이다. 따라서 37% 할인된 가격으로 판매되는 것이다.

06

정답 ①

단리예금에서 이자는 예치금에 대해서만 발생하므로 이자 공식은 다음과 같다.

(단리예금 이자)$=a\times r\times n$ (이때, a는 예치금, r은 월 이자율, n은 기간)

따라서 공식에 대입하여 계산하면, 은경이가 받을 이자는 $5,000\times\dfrac{0.6}{100}\times15=450$만 원이다.

07

정답 ④

• 첫 번째 시행에서 A회사의 용지 묶음을 꺼낼 확률 : $\dfrac{7}{12}$

• 두 번째 시행에서 A회사의 용지 묶음을 꺼낼 확률 : $\dfrac{6}{11}$

따라서 구하는 확률은 $\dfrac{7}{12}\times\dfrac{6}{11}=\dfrac{7}{22}$ 이다.

08

정답 ④

과일의 가격을 사과 x, 배 y, 딸기 z로 가정하여 식을 세우면 다음과 같다.

$x=10,000,\ y=2z,\ x+z=y-20,000$

$\rightarrow 10,000+z=2z-20,000$

$\rightarrow z=30,000$

$\therefore x+y+z=x+3z=10,000+90,000=100,000$

10명의 동네 주민들에게 선물을 준다고 하였으므로, 지불해야 하는 총금액은 $100,000\times10=1,000,000$원이다.

09

정답 ④

A균과 B균의 증감 규칙은 다음과 같다.

• A균

앞의 항에 $+3$을 하는 등차수열이다.

• B균

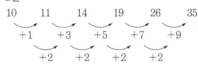

주어진 수열의 계차는 공차가 $+2$인 등차수열이다.

11주 후 A균의 증가량은 $35+5\times3=50$개이고, B균의 증가량은 $35+\displaystyle\sum_{k=1}^{5}(9+2k)=35+9\times5+2\times\dfrac{5\times6}{2}=110$개이다.

따라서 A균와 B균의 총 증가량은 $50+110=160$개이다.

10

②

○○기업의 작년 부채가 25억 원, 자기자본이 95억 원이므로 총자본은 $25+95=120$억 원이 된다. 또한 부채 차입금리가 7%, 법인세율이 20%, 보통주 자본비용이 10%로 가중평균자본비용 공식에 대입하면 다음과 같다(타인자본은 부채를 뜻한다).

$$(\text{가중평균자본비용})=\left[(\text{이자율})\times(1-\text{법인세율})\times\frac{(\text{타인자본})}{(\text{총자본})}\right]+\left[(\text{자기자본비용})\times\frac{(\text{자기자본})}{(\text{총자본})}\right]$$

$$=0.07\times(1-0.2)\times\frac{25}{120}+0.1\times\frac{95}{120}≒0.091$$

따라서 가중평균자본비용은 약 9.1%이다.

> **가중평균자본비용(WACC)**
> 가중평균자본비용(WACC)은 Weighted Average Cost of Capital의 약자로, 총자본에 대한 평균조달비용을 말한다. 이는 현재 보유 중인 자산을 활용하여 자사의 주식가치를 유지하기 위해 벌어들여야 하는 수익률을 뜻한다.

11

정답 ③

작년의 임원진 3명은 연임하지 못하므로 올해 임원 선출이 가능한 인원은 $17-3=14$명이다.
14명 중에서 회장, 부회장, 총무를 각 1명씩 뽑을 수 있는 방법은 다음과 같다.
$_{14}\mathrm{P}_3=14\times13\times12=2,184$
따라서 올해 임원을 선출할 수 있는 경우의 수는 2,184가지이다.

12

정답 ④

B를 거치는 A에서 C까지의 최단 경로는 A와 B 사이의 경로와 B와 C 사이의 경로로 나눠서 구할 수 있다.

- A와 B의 최단 경로의 경우의 수 : $\dfrac{5!}{3!\times2!}=10$가지

- B와 C의 최단 경로의 경우의 수 : $\dfrac{3!}{1!\times2!}=3$가지

따라서 B를 거치는 A에서 C까지의 최단 경로의 경우의 수는 $3\times10=30$가지이다.

13

정답 ①

임의로 전체 신입사원을 100명이라 가정하고 성별과 경력 유무로 구분하여 표를 나타내면 다음과 같다.

(단위 : 명)

구분	여성	남성	합계
경력 없음	$60-20=40$	20	60
경력 있음	$100\times0.2=20$	20	$100\times0.8-60+20=40$
합계	$100\times0.6=60$	40	100

여자 60명 중 경력자는 20명이므로 신입사원 중 여자 한 명을 뽑았을 때 경력자가 뽑힐 확률은 $\dfrac{20}{60}=\dfrac{1}{3}$이다.

14

정답 ①

9개의 숫자에서 4개의 숫자를 뽑아 나열할 수 있는 방법은 $_9\mathrm{P}_4=9\times8\times7\times6=3,024$가지이다.
여기서 5와 6을 제외하고, 1과 8이 포함된 4자리 숫자를 만들 수 있는 방법은 9개의 숫자에서 제외할 숫자와 포함될 숫자를 빼고, 남은 숫자 중에서 2개의 숫자를 뽑아 1과 8을 포함한 4개 숫자를 나열하는 것이며, 다음과 같이 구할 수 있다.

$_{(9-4)}\mathrm{C}_2\times4!=_5\mathrm{C}_2\times4!=\dfrac{5\times4}{2}\times4\times3\times2\times1=240$

따라서 한별이가 5와 6을 제외하고 1과 8을 포함하여 4자리 비밀번호를 만들 확률은 $\dfrac{240}{3,024}=\dfrac{5}{63}$이다.

15

정답 ③

작은 원이 큰 원에 속할 때 가장 공통넓이가 크다.

16

정답 ①

주어진 사각뿔의 부피는 $\dfrac{1}{3} \times 6^2 \times 5 = 60 \text{cm}^3$ 이다.

사각뿔의 부피 공식

(사각뿔의 부피)$=\dfrac{1}{3}\times$(밑면의 가로)$\times$(밑면의 세로)$\times$(높이)

17

정답 ①

• 스타 적금 만기 환급금 : $40 \times 40 + 40 \times \dfrac{40 \times 41}{2} \times \dfrac{0.03}{12} = 1{,}682$만 원

• 부자 적금 만기 환급금 : $40 \times \dfrac{(1.03)^{\frac{49}{12}} - (1.03)^{\frac{1}{12}}}{(1.03)^{\frac{1}{12}} - 1} = 30 \times \dfrac{1.128 - 1.002}{0.002} = 1{,}890$만 원

따라서 두 금액의 차이는 $1{,}890 - 1{,}682 = 208$만 원이다.

18

정답 ③

$2018 \sim 2021$년 가계대출과 기업대출의 전년 대비 증가액은 다음 표와 같다.

(단위 : 조 원)

구분	2018년	2019년	2020년	2021년
가계대출	$583.6 - 535.7 = 47.9$	$620 - 583.6 = 36.4$	$647.6 - 620 = 27.6$	$655.7 - 647.6 = 8.1$
기업대출	$546.4 - 537.6 = 8.8$	$568.4 - 546.4 = 22$	$587.3 - 568.4 = 18.9$	$610.4 - 587.3 = 23.1$

2021년도 기업대출의 전년 대비 증가액은 가계대출 증가액보다 높다.

오답분석

① 2017년 대비 2021년 부동산담보대출 증가율은 $\dfrac{341.2 - 232.8}{232.8} \times 100 = 46.6\%$이며, 가계대출 증가율은 $\dfrac{655.7 - 535.7}{535.7} \times 100 =$ 22.4%이므로 부동산담보대출 증가율이 가계대출 증가율보다 더 높다.

② 주택담보대출이 세 번째로 높은 연도는 2019년이며, 이때 부동산담보대출(284.4조 원)이 기업대출의 50%인 $\dfrac{568.4}{2} = 284.2$조 원보다 많다.

④ 2015년도 은행대출은 $459 + 462 = 921$조 원이며, 2018년 은행대출은 $583.6 + 546.4 = 1{,}130$조 원이므로 2015년도의 은행대출은 2018년도 은행대출의 $\dfrac{921}{1{,}130} \times 100 = 81.5\%$를 차지한다.

⑤ $2014 \sim 2021$년 동안 전년 대비 주택담보대출이 가장 많이 증가한 해는 2017년이다.

(단위 : 조 원)

구분	2014년	2015년	2016년	2017년
증가액	$300.9 - 279.7 = 21.2$	$309.3 - 300.9 = 8.4$	$343.7 - 309.3 = 34.4$	$382.6 - 343.7 = 38.9$
구분	2018년	2019년	2020년	2021년
증가액	$411.5 - 382.6 = 28.9$	$437.2 - 411.5 = 25.7$	$448 - 437.2 = 10.8$	$460.1 - 448 = 12.1$

19

정답 ②

ㄱ. 총계를 보면 금융자금이 계속해서 상승함을 알 수 있다.

ㄷ. 2018년 GDP 대비 부동산 금융자금의 규모는 101.2%이다.

오답분석

ㄴ. 2017년 부동산 금융자금은 전년 대비 9.7% 증가했다. 따라서 2016년은 $\frac{1,797}{1.097}$ ≒ 1,638으로, 약 1,600조 원이다.

ㄹ. 주어진 자료로 알 수 없다.

20

정답 ③

설문조사 비율의 합이 100%이고, H사 사원들도 100명이므로 연령 분석 결과를 표로 정리하면 다음과 같다.

구분	합계	20대	30대	40대
복사기	15명	10명		
냉장고	26명			13명
안마의자	6명	-	-	6명
복합기	24명	12명		
커피머신	7명			
정수기	13명	-	13명	-
기타용품	9명	3명	3명	3명

사원 중 20대가 총 25명이라면 복사기, 복합기, 기타용품을 원하는 20대 인원이 25명이므로 냉장고를 원하는 20대는 없음을 알 수 있다.

오답분석

① 냉장고를 원하는 20대 인원수는 알 수 없으므로 적절하지 않다.

② 기타용품을 원하는 40대는 3명, 안마의자를 원하는 40대는 6명이다.

④ 20대를 제외할 경우 복합기를 원하는 남은 인원은 12명이므로, 복합기를 원하는 30대는 냉장고를 원하는 40대 13명보다 많을 수 없다.

21

정답 ⑤

신용등급이 6등급인 L씨가 대출을 받을 경우 기준금리는 8.99%이고, 대출 후에 매월 원금에 대한 이자를 납입하고 최종 상환일에 원금을 납입하는 방법인 만기 일시상환 방법으로 대출을 하였으므로 첫 달에 지불하는 상환액은 5백만 원에 대한 이자만 지불하면 된다.

따라서 총 대출이자는 5,000,000×0.0899×$\frac{6}{12}$=224,750원이며, 첫 달에 지불하는 상환액은 224,750÷6≒37,458원이다.

22

정답 ③

'1권 이상'의 성인 독서율은 2019년 대비 2021년 사례수 증가율만큼 증가한다. 빈칸 (가)의 50대 독서율의 경우, 2019년 대비 2021년 사례수가 $\frac{1,200-1,000}{1,000}$×100=20% 증가하였다. 따라서 '1권 이상'의 성인 독서율 (가)에 들어갈 수치는 60×1.2=72이다.

23

승용차의 경우 부산은 34.7km/대이며, 세종은 38.1km/대로 세종이 더 길지만 합계 1일 평균 주행거리는 40.1km/대로 동일하다.

오답분석

① 세종을 제외한 1일 평균 주행거리의 최댓값을 갖는 차종은 특수차이고, 최솟값은 승용차이다. 특수차와 승용차의 주행거리 차이와 승합차의 주행거리를 비교하면,

(단위 : km/대)

구분	서울	부산	대구	인천	광주	대전	울산
차이	60.6−31.7 =28.9	196.6−34.7 =161.9	92.5−33.7 =58.8	125.6−39.3 =86.3	114.2−34.5 =79.7	88.9−33.5 =55.4	138.9−32.5 =106.4
승합차	54.6	61.2	54.8	53.9	53.2	54.5	62.5

따라서 주행거리 차이가 승합차의 1일 평균 주행거리보다 긴 지역은 '부산, 대구, 인천, 광주, 대전, 울산' 6곳으로 5곳 이상이다.

③ 세종은 특수차종의 1일 평균 주행거리가 39.9km/대로 가장 짧고, 승합차는 울산과 부산 다음으로 세 번째로 길다. 따라서 8개 지역 중 상위 40%(8×0.4=3.2위)이다.

④ 부산은 차종별 1일 평균 주행거리 상위 50%인 4위 안에 모든 차종이 포함된다.

차종	순위
승용차	인천 > 세종 > 부산 > 광주
승합차	울산 > 부산 > 세종 > 대구
화물차	광주 > 대전 > 부산 = 서울
특수차	부산 > 울산 > 인천 > 광주

24

- 5월 3일 지인에게 1,000만 원을 달러로 송금 : 1,000만 원÷1,140.20≒8,770달러(∵ 소수점 절사, 환전수수료 없음)
- 5월 20일 지인으로부터 투자수익률 10%와 원금을 받음 : 8,770×(1+0.1)=9,647달러
- 5월 20일 환전함 : 9,647×1,191.50≒11,494,400원(∵ 소수점 절사, 환전수수료 없음)

따라서 (투자수익률)$=\dfrac{11,494,400-10,000,000}{10,000,000}\times100≒15\%$이다.

25

- A
  - 2021년 한국 금융소득 상위 1% 인원 : 354천 명
  - 2012년 한국 금융소득 상위 1% 인원 : 160천 명
  - → $\dfrac{354}{160}≒2.2$배

따라서 2021년은 2012년 대비 2.2배 증가하였다.

- B
  - 2021년 한국 가계 전체 금융자산 : $\dfrac{2,100}{0.58}≒3,620.7$
  - 2012년 한국 가계 전체 금융자산 : $\dfrac{1,100}{0.53}≒2,075.5$
  - → $\dfrac{3,620.7}{2,075.5}≒1.7$배

따라서 2021년은 2012년 대비 1.7배 증가하였다.

- C
  - 2021년 한국 금융자산 상위 1% : 2,100조 원
  - 2012년 한국 금융자산 상위 1% : 1,100조 원
  - → $\frac{2,100}{1,100} ≒ 1.9$배

따라서 1.9배 증가는 1.7배(B 수치) 증가보다 크므로 더 많은 비율로 증가하였다.

26

창업교육을 미이수한 폐업 자영업자 중 생존기간이 10개월인 자영업자의 비율이 약 68%이므로 생존기간이 10개월 미만인 자영업자의 비율은 약 32%이다. 따라서 옳은 내용임을 알 수 있다.

오답분석
① 주어진 그래프를 통해서는 기간별 생존비율만을 알 수 있을 뿐 창업교육을 이수 또는 미이수한 폐업 자영업자 수는 알 수 없다.
② 0 ~ 5개월 구간과 48 ~ 50개월 구간에서는 두 그룹의 생존비율이 같으나 나머지 구간에서는 모두 창업교육 미이수 그룹의 생존비율이 이수 그룹에 비해 낮다. 따라서 평균 생존기간은 이수 그룹이 더 길다.
③ 창업교육을 이수한 폐업 자영업자의 생존비율과 창업교육을 미이수한 폐업 자영업자의 생존비율의 차이는 창업 후 45 ~ 48개월의 구간에서 약 30%p로 가장 크다는 것을 알 수 있으므로 옳지 않은 내용이다.

27

ㄱ. 유로화가 달러화 대비 약세가 심화되고 있는 부분은 첫 번째 그래프에서 달러/유로 환율 추이를 통해 알 수 있다. 2021년 9월까지 1유로당 1.3 ~ 1.4달러 사이에서 유지하다가 그 이후부터 하락하기 시작하여 2022년에 들어와서 1유로당 1.1달러 내외인 것을 확인할 수 있다. 따라서 유로화는 달러화 대비 약세를 보이고 있다는 것은 적절한 내용이다.
ㄹ. 원/엔 환율 추이를 통해 2022년 원/엔 환율이 전반적으로 900원 선에서 상회하고 있다는 것을 확인할 수 있다.

오답분석
ㄴ. 엔화는 달러화에 대해 전반적으로 전년 대비 약세를 보이고 있는데, 이는 첫 번째 그래프에서 엔/달러 환율 추이를 통해 확인할 수 있다. 2021년에는 1달러당 100엔 근처에서 형성되었으나, 2022년에 와서 1달러당 120엔을 넘었다. 즉, 1달러당 지불해야 할 엔화가 늘어난 것으로 달러는 강세, 엔화는 약세로 해석할 수 있다.
ㄷ. 두 번째 그래프에서 원/달러 환율 추이를 통해 원/달러 환율이 전년 대비 상승했다는 것을 확인할 수 있다. 그러나 원/달러 환율이 1,000원대가 아닌 1,100원대에서 형성되어 있다. 따라서 1,000원을 중심으로 등락하고 있다는 설명은 적절하지 않다.

28

2021과 2022년의 총 학자금 대출 신청건수를 구하면 다음과 같다.
- 2021년 : 1,921+2,760+2,195+1,148+1,632+1,224=10,880건
- 2022년 : 2,320+3,588+2,468+1,543+1,927+1,482=13,328건

따라서 2022년 총 학자금 대출 신청건수는 2021년 대비 $\frac{13,328-10,880}{10,880} \times 100 = 22.5\%$ 증가하였다.

오답분석
① 학자금 대출 신청건수가 가장 많은 지역은 2021년은 2,760건으로 인천이고, 2022년도 3,588건으로 인천이다.
② 2022년 학자금 총 대출금액은 (대출 신청건수)×(평균 대출금액)으로 구할 수 있으므로 대구와 부산의 학자금 총 대출금액을 구하면 다음과 같다.
  - 대구 : 2,320×688=1,596,160만 원
  - 부산 : 2,468×644=1,589,392만 원
  따라서 2022년 학자금 총 대출금액은 대구가 부산보다 많다.
③ 대전의 2022년 학자금 평균 대출금액은 376만 원으로 전년인 235만 원 대비 $\frac{376}{235}=1.6$배 증가하였다.

29

정답 ②

2021년 친환경인증 농산물의 종류별 생산량에서 무농약 농산물 생산량이 차지하는 비중을 구하면

서류는 약 $72.2\%\left(\fallingdotseq\dfrac{30,157}{41,782}\times100\right)$, 곡류는 약 $78.4\%\left(\fallingdotseq\dfrac{269,280}{343,380}\times100\right)$ 이므로 옳지 않은 내용이다.

[오답분석]

① 2021년 친환경인증 농산물 종류 중 생산 감소량이 전년 대비 큰 순서대로 나열하면 채소류(약 17만 톤), 과실류(약 12만 톤), 곡류(약 2.8만 톤)으로 곡류가 세 번째로 크다. 따라서 옳은 내용이다.

③ 2021년 서울의 인증형태별 생산량 순위를 살펴보면 1위가 무농약 농산물, 2위가 유기 농산물, 3위가 저농약 농산물이다. 나머지 지역 중에서 이와 같은 순위 분포를 보이는 지역은 인천과 강원도뿐이므로 옳은 내용이다.

④ 2020년에 비해 2021년 친환경인증 농산물의 생산량이 감소한 지역은 9곳으로, 감소율을 각각 계산한 값은 다음과 같다.

- 서울 : $\dfrac{1,938-1,746}{1,938}\times100\fallingdotseq9.9\%$
- 부산 : $\dfrac{6,913-4,040}{6,913}\times100\fallingdotseq41.56\%$
- 대구 : $\dfrac{13,852-13,835}{13,852}\times100\fallingdotseq0.12\%$
- 광주 : $\dfrac{7,474-5,946}{7,474}\times100\fallingdotseq20.44\%$
- 대전 : $\dfrac{1,550-1,521}{1,550}\times100\fallingdotseq1.87\%$
- 울산 : $\dfrac{13,792-10,859}{13,792}\times100\fallingdotseq21.27\%$
- 경기도 : $\dfrac{126,209-109,294}{126,209}\times100\fallingdotseq13.4\%$
- 충청도 : $\dfrac{207,753-159,495}{207,753}\times100\fallingdotseq23.23\%$
- 전라도 : $\dfrac{922,641-611,468}{922,641}\times100\fallingdotseq33.73\%$

따라서 전년 대비 친환경인증 농산물의 생산량이 30% 이상 감소한 지역은 부산, 전라도 2곳이다.

30

정답 ②

연도별 누적 막대그래프로, 각 지역의 적설량이 바르게 나타나 있다.

[오답분석]

① 적설량의 단위는 'm'가 아니라 'cm'이다.
③ 수원과 강릉의 2018년, 2019년 적설량 수치가 서로 바뀌었다.
④ 그래프의 가로축을 지역명으로 수정해야 한다.
⑤ 세 지역의 그래프 수치가 서로 바뀌었다.

우리가 해야할 일은 끊임없이 호기심을 갖고
새로운 생각을 시험해보고 새로운 인상을 받는 것이다.

- 월터 페이터 -

PART **1**

연산능력

01 | 연산능력 이론

01 기초연산능력

1. 사칙연산

(1) 사칙연산

① 수에 관한 덧셈(+), 뺄셈(−), 곱셈(×), 나눗셈(÷) 네 종류의 계산법이다.

② 보통 사칙연산은 정수나 분수 등에서 계산할 때 활용되며, 기본적으로 연산은 왼쪽에서 오른쪽으로 수행한다. 여러 개의 연산이 섞여 있는 경우에는 곱셈과 나눗셈을 먼저 계산한다. 단, 식에 괄호가 있을 경우에는 괄호 안을 가장 먼저 계산한다.

(2) 검산방법

① 역연산 방법 : 덧셈은 뺄셈으로, 뺄셈은 덧셈으로, 곱셈은 나눗셈으로, 나눗셈은 곱셈으로 확인하는 방법이다.

② 구거법 : 어떤 수를 9로 나눈 나머지는 각 자릿수의 합을 9로 나눈 나머지와 같다는 원리. 즉, 피연산자를 9로 나눈 나머지 또는 피연산자의 각 자릿수의 합을 9로 나눈 나머지를 좌변과 우변 사이에 비교하여 서로 같은지 판단하면 된다.

2. 수의 계산

교환법칙	$a+b=b+a,\ a\times b=b\times a$
결합법칙	$a+(b+c)=(a+b)+c,\ a\times(b\times c)=(a\times b)\times c$
분배법칙	$(a+b)\times c=a\times c+b\times c$

《 핵심예제 》

다음을 계산하면?

$$39-13\times2+2$$

주어진 연산에서 가장 먼저 수행해야 하는 것은 곱셈이다.
$39-(13\times2)+2=39-26+2=15$

정답 15

3. 단위환산표

단위	환산
길이	1cm=10mm, 1m=100cm, 1km=1,000m
넓이	$1cm^2=100mm^2$, $1m^2=10,000cm^2$, $1km^2=1,000,000m^2$
부피	$1cm^3=1,000mm^3$, $1m^3=1,000,000cm^3$, $1km^3=1,000,000,000m^3$
들이	$1mL=1cm^3$, $1dL=100cm^3=100mL$, $1L=1,000cm^3=10dL$
무게	1kg=1,000g, 1t=1,000kg=1,000,000g
시간	1분=60초, 1시간=60분=3,600초
할푼리	소수점 첫째 자리 '할', 소수점 둘째 자리 '푼', 소수점 셋째 자리 '리'

(1) 길이

물체의 한 끝에서 다른 한 끝까지의 거리 예 mm, cm, m, km 등

(2) 넓이

평면의 크기를 나타내는 것으로 면적이라고도 함 예 mm^2, cm^2, m^2, km^2 등

(3) 부피

입체가 점유하는 공간 부분의 크기 예 mm^3, cm^3, m^3, km^3 등

(4) 들이

통이나 그릇 따위의 안에 넣을 수 있는 물건 부피의 최댓값 예 mL, dL, L, kL 등

(5) 무게

물체의 무거운 정도 예 g, kg, t 등

(6) 시간

시각과 시각 사이의 간격 또는 그 단위 예 초, 분, 시 등

(7) 할푼리

비율을 소수로 나타내었을 때, 소수점 첫째·둘째·셋째 자리 등을 이르는 말 예 0.375=3할7푼5리

4. 수와 식

(1) 약수와 배수

a가 b로 나누어 떨어질 때 a는 b의 배수, b는 a의 약수

(2) 소수

1과 자기 자신만을 약수로 갖는 수, 즉 약수의 개수가 2개인 수

예 10 이하의 소수 : 2, 3, 5, 7

(3) 합성수

1과 자기 자신 이외의 수를 약수로 갖는 수, 즉 소수가 아닌 수 또는 약수의 개수가 3개 이상인 수

※ 1은 소수도 합성수도 아님

《 핵심예제 》

다음 중 합성수인 것은?

① 1

② 11

③ 15

④ 17

15의 약수는 1, 3, 5, 15이므로 4개의 약수를 가져 합성수이다.

오답분석

① 숫자 1은 소수도 합성수도 아니다.

②・④ 약수의 개수가 2개이므로 소수이다.

정답 ③

---

(4) 최대공약수

2개 이상의 자연수의 공통된 약수 중에서 가장 큰 수

(5) 최소공배수

2개 이상의 자연수의 공통된 배수 중에서 가장 작은 수

(6) 서로소

1 이외에 공약수를 가지지 않는 두 자연수, 즉 최대공약수가 1인 두 자연수

(7) 소인수분해

주어진 합성수를 소수의 거듭제곱의 형태로 나타내는 것

※ 거듭제곱이란 같은 수나 문자를 여러 번 곱한 것

예 2의 세제곱은 2를 3번 곱한 것으로

$$2^3 = 2 \times 2 \times 2$$

∟ 3개 ⌐

(8) 지수법칙

m, n이 자연수일 때,
- $a^m \times a^n = a^{m+n}$
- $(a^m)^n = a^{m \times n}$
- $m > n \rightarrow a^m \div a^n = a^{m-n}$

  $m = n \rightarrow a^m \div a^n = 1$

  $m < n \rightarrow a^m \div a^n = \dfrac{1}{a^{n-m}}$ (단, $a \neq 0$)

※ $a^0 = 1$

n이 자연수일 때,
- $(ab)^n = a^n b^n$
- $\left(\dfrac{a}{b}\right)^n = \dfrac{a^n}{b^n}$ (단, $b \neq 0$)

(9) 곱셈공식과 인수분해

곱셈공식	인수분해
① $(a+b)^2 = a^2 + 2ab + b^2$	① $a^2 + 2ab + b^2 = (a+b)^2$
② $(a-b)^2 = a^2 - 2ab + b^2$	② $a^2 - 2ab + b^2 = (a-b)^2$
③ $(a+b)(a-b) = a^2 - b^2$	③ $a^2 - b^2 = (a+b)(a-b)$
④ $(x+a)(x+b) = x^2 + (a+b)x + ab$	④ $x^2 + (a+b)x + ab = (x+a)(x+b)$
⑤ $(ax+b)(cx+d) = acx^2 + (ad+bc)x + bd$	⑤ $acx^2 + (ad+bc)x + bd = (ax+b)(cx+d)$

《 핵심예제 》

$13^2 - 7^2$을 계산하면?

$13^2 - 7^2 = (13+7)(13-7) = 20 \times 6 = 120$

정답 120

(10) 제곱근

$x^2 = a$일 때, x를 a의 제곱근 또는 a의 제곱근을 x라 함

① 제곱근의 성질

$a > 0$일 때,

$\sqrt{a^2} = \sqrt{(-a)^2} = a$, $(\sqrt{a})^2 = (-\sqrt{a})^2 = a$

$\sqrt{a^2} = |a| = \begin{cases} a & (a \geq 0) \\ -a & (a < 0) \end{cases}$

② 제곱근의 연산

> $a>0,\ b>0$일 때,
> - $\sqrt{a}\times\sqrt{b}=\sqrt{ab}$
> - $\sqrt{a}\div\sqrt{b}=\dfrac{\sqrt{a}}{\sqrt{b}}=\sqrt{\dfrac{a}{b}}$
> - $\sqrt{a^2b}=a\sqrt{b}$
> - $\sqrt{\dfrac{a}{b^2}}=\dfrac{\sqrt{a}}{b}$
>
> $a>0$일 때,
> - $m\sqrt{a}+n\sqrt{a}=(m+n)\sqrt{a}$
> - $m\sqrt{a}-n\sqrt{a}=(m-n)\sqrt{a}$

③ 분모의 유리화

> $$\frac{a}{\sqrt{b}}=\frac{a\times\sqrt{b}}{\sqrt{b}\times\sqrt{b}}=\frac{a\sqrt{b}}{b}\ (단,\ b>0)$$

1. 방정식·부등식의 활용

(1) 거리·속력·시간

$$(거리)=(속력)\times(시간),\ (속력)=\frac{(거리)}{(시간)},\ (시간)=\frac{(거리)}{(속력)}$$

(2) 일

전체 작업량을 1로 놓고, 단위 시간 동안 한 일의 양을 기준으로 식을 세움

〈핵심예제〉

영미가 혼자하면 4일, 민수가 혼자하면 6일 걸리는 일이 있다. 영미가 먼저 2일 하고, 남은 양을 민수가 끝내려고 한다. 민수는 며칠 동안 일을 해야 하는가?

① 2일   ② 3일
③ 4일   ④ 5일

전체 일의 양을 1이라고 하면 영미와 민수가 하루에 할 수 있는 일의 양은 각각 $\frac{1}{4}$, $\frac{1}{6}$이다.

민수가 x일 동안 일한다고 하면, $\frac{1}{4}\times2+\frac{1}{6}\times x=1 \rightarrow \frac{x}{6}=\frac{1}{2}$

∴ $x=3$

정답 ②

---

(3) 농도

① $(소금물의\ 농도)=\dfrac{(소금의\ 양)}{(소금물의\ 양)}\times100$

② $(소금의\ 양)=\dfrac{(소금물의\ 농도)}{100}\times(소금물의\ 양)$

(4) 나이

문제에서 제시된 조건의 나이가 현재인지 과거인지를 확인한 후 구해야 하는 한 명의 나이를 변수로 잡고 식을 세움

(5) 비율

x가 $a\%$ 증가 : $x\times\left(1+\dfrac{a}{100}\right)$, x가 $a\%$ 감소 : $x\times\left(1-\dfrac{a}{100}\right)$

(6) 금액

① (정가)＝(원가)＋(이익)

② (이익)＝(원가)×(이율)

③ (a원에서 $b\%$ 할인한 가격)＝$a \times \left(1 - \dfrac{b}{100}\right)$

(7) 날짜 · 요일

① 1일＝24시간＝1,440(＝24×60)분＝86,400(＝1,440×60)초

② 월별 일수 : 1, 3, 5, 7, 8, 10, 12월은 31일, 4, 6, 9, 11월은 30일, 2월은 28일 또는 29일

③ 윤년(2월 29일)은 4년에 1회

◀ 핵심예제 ▶

8월 19일이 월요일이라면 30일 후는 무슨 요일인가?

① 수요일　　　　　　　　　② 목요일

③ 금요일　　　　　　　　　④ 토요일

일주일은 7일 30÷7＝4 ⋯ 2
나머지가 2이므로 월요일에서 이틀 뒤인 수요일이다.

정답 ①

---

(8) 시계

① 시침이 1시간 동안 이동하는 각도 : $\dfrac{360°}{12}＝30°$

② 시침이 1분 동안 이동하는 각도 : $\dfrac{30°}{60}＝0.5°$

③ 분침이 1분 동안 이동하는 각도 : $\dfrac{360°}{60}＝6°$

◀ 핵심예제 ▶

시계가 4시 20분을 가리킬 때, 시침과 분침이 이루는 작은 각의 각도는?

① 5°　　　　　　　　　　② 10°

③ 15°　　　　　　　　　　④ 20°

• 시침 : 30×4＋0.5×20＝120＋10＝130°
• 분침 : 6×20＝120°
∴ 시침과 분침이 이루는 작은 각의 각도는 10°이다.

정답 ②

---

(9) 수

① 연속한 두 자연수 : x, $x+1$

② 연속한 세 자연수 : $x-1$, x, $x+1$

③ 연속한 두 짝수(홀수) : x, $x+2$

④ 연속한 세 짝수(홀수) : $x-2$, x, $x+2$

⑤ 십의 자릿수가 x, 일의 자릿수가 y인 두 자리 자연수 : $10x+y$

⑥ 백의 자릿수가 x, 십의 자릿수가 y, 일의 자릿수가 z인 세 자리 자연수 : $100x+10y+z$

2. 경우의 수와 확률

(1) 경우의 수

① 어떤 사건이 일어날 수 있는 모든 가짓수

② 합의 법칙 : 두 사건 A와 B가 동시에 일어나지 않을 때, 사건 A가 일어나는 경우의 수를 m, 사건 B가 일어나는 경우의 수를 n이라 하면, 사건 A 또는 B가 일어나는 경우의 수는 $(m+n)$이다.

③ 곱의 법칙 : 사건 A가 일어나는 경우의 수를 m, 사건 B가 일어나는 경우의 수를 n이라 하면, 사건 A와 B가 동시에 일어나는 경우의 수는 $(m \times n)$이다.

《 핵심예제 》

A, B 주사위 2개를 동시에 던졌을 때, A에서는 짝수의 눈이 나오고, B에서는 3 또는 5의 눈이 나오는 경우의 수는?

① 2가지   ② 3가지

③ 5가지   ④ 6가지

- A에서 짝수의 눈이 나오는 경우의 수 : 2, 4, 6 → 3가지
- B에서 3 또는 5의 눈이 나오는 경우의 수 : 3, 5 → 2가지
A, B 주사위는 동시에 던지므로 곱의 법칙에 의해 3×2=6가지이다.

정답 ④

(2) 순열 · 조합

순열	조합
① 서로 다른 n개에서 r개를 순서대로 나열하는 경우의 수 ② $_n\mathrm{P}_r = \dfrac{n!}{(n-r)!}$ ③ $_n\mathrm{P}_n = n!$, $0!=1$, $_n\mathrm{P}_0 = 1$	① 서로 다른 n개에서 r개를 순서에 상관없이 나열하는 경우의 수 ② $_n\mathrm{C}_r = \dfrac{n!}{(n-r)! \times r!}$ ③ $_n\mathrm{C}_r = {_n\mathrm{C}_{n-r}}$, $_n\mathrm{C}_0 = {_n\mathrm{C}_n} = 1$

(3) 확률

① (사건 A가 일어날 확률)=$\dfrac{(\text{사건 A가 일어나는 경우의 수})}{(\text{모든 경우의 수})}$

② 여사건의 확률 : 사건 A가 일어날 확률이 p일 때, 사건 A가 일어나지 않을 확률은 $(1-p)$이다.

③ 확률의 덧셈정리 : 두 사건 A, B가 동시에 일어나지 않을 때 A가 일어날 확률을 p, B가 일어날 확률을 q라고 하면, 사건 A 또는 B가 일어날 확률은 $(p+q)$이다.

④ 확률의 곱셈정리 : A가 일어날 확률을 p, B가 일어날 확률을 q라고 하면, 사건 A와 B가 동시에 일어날 확률은 $(p \times q)$이다.

⟨ 핵심예제 ⟩

A, B, C 세 사람이 동시에 같은 문제를 풀려고 한다. A가 문제를 풀 확률은 $\dfrac{1}{4}$, B가 문제를 풀

확률은 $\dfrac{1}{3}$, C가 문제를 풀 확률은 $\dfrac{1}{2}$일 때, 어느 한 사람만 문제를 풀 확률은?

① $\dfrac{2}{9}$　　　　　　　　　　　　　② $\dfrac{1}{4}$

③ $\dfrac{5}{12}$　　　　　　　　　　　　　④ $\dfrac{11}{24}$

- A만 문제를 풀 확률 : $\dfrac{1}{4} \times \dfrac{2}{3} \times \dfrac{1}{2} = \dfrac{1}{12}$
- B만 문제를 풀 확률 : $\dfrac{3}{4} \times \dfrac{1}{3} \times \dfrac{1}{2} = \dfrac{1}{8}$
- C만 문제를 풀 확률 : $\dfrac{3}{4} \times \dfrac{2}{3} \times \dfrac{1}{2} = \dfrac{1}{4}$

∴ 한 사람만 문제를 풀 확률 : $\dfrac{1}{12} + \dfrac{1}{8} + \dfrac{1}{4} = \dfrac{11}{24}$

정답 ④

03　금융상품의 활용

1. 단리와 복리

(1) 단리

① 개념 : 원금에만 이자가 발생

② 계산 방법

이율이 r인 상품에 원금 a를 총 n번 이자가 붙는 동안 예치한 경우 $a(1+nr)$

(2) 복리

    ① 개념 : 원금과 이자에 모두 이자가 발생

    ② 계산 방법

       이율이 r인 상품에 원금 a를 총 n번 이자가 붙는 동안 예치한 경우 $a(1+r)^n$

2. 이율

(1) (월이율) $= \dfrac{(연이율)}{12}$

(2) 계산 방법

    원금 a원, 연이율 $r\%$, 투자기간 n개월일 때,

    ① 월 단리 예금의 원리금 합계 : $a\left(1+\dfrac{r}{12}n\right)$

    ② 월 복리 예금의 원리금 합계 : $a\left(1+\dfrac{r}{12}\right)^n$

3. 기간

(1) n개월$= \dfrac{n}{12}$ 년

(2) 계산 방법

    원금 a원, 연이율 $r\%$, 투자기간 n개월일 때,

    ① 연 단리 예금의 원리금 합계 : $a\left(1+\dfrac{n}{12}r\right)$

    ② 연 복리 예금의 원리금 합계 : $a(1+r)^{\frac{n}{12}}$

4. 적금의 원리금 합계

    월초 a원, 연이율 $r\%$일 때,

(1) 단리 적금의 n개월 후 원리금 합계 : $an+a\times\dfrac{n(n+1)}{2}\times\dfrac{r}{12}$

(2) 월 복리 적금의 n개월 후 원리금 합계 : $\dfrac{a\left(1+\dfrac{r}{12}\right)\left\{\left(1+\dfrac{r}{12}\right)^n-1\right\}}{\dfrac{r}{12}}$

(3) 연 복리 적금의 n개월 후 원리금 합계 : $\dfrac{a(1+r)\left\{(1+r)^{\frac{n}{12}}-1\right\}}{(1+r)^{\frac{1}{12}}-1}$

02 | 기초연산

| 대표유형 1 | 사칙연산 |

01 다음 식을 계산한 값을 구하면?

$$(102+103+104+105+106) \div 5$$

① 104   ② 105

③ 114   ④ 115

02 다음 빈칸에 들어갈 알맞은 기호는?

$$41-12\square5\times2=39$$

① +   ② −

③ ×   ④ ÷

| 정답 | 해설 |

01

연속하는 5개의 정수 합은 중간 값의 5배와 같다.
$(102+103+104+105+106) \div 5 = 104 \times 5 \div 5 = 104$

02

$41-12\square5\times2=39$
→ $-12\square5\times2=39-41$
→ $-12\square5\times2=-2$
□가 × 또는 ÷라고 할 때, 순차적으로 계산하면 −2가 나올 수 없으므로 □에는 −나 +가 들어가야 한다.
−나 +보다는 ×를 먼저 계산해야 하므로 $-12\square10=-2$이고, 따라서 □에는 +가 들어가야 한다.

정답 01 ①   02 ①

30초 컷 풀이 Tip

사칙연산 계산 순서

1. 소수는 분수로, 대분수는 가분수로 바꾸고, 거듭제곱이 있다면 먼저 계산한다.
2. 가장 안쪽 괄호부터 먼저 계산한다.
   예 소괄호 ( ) → 중괄호 { } → 대괄호 [ ] 순서
3. (+, −)보다 (×, ÷)를 먼저 계산한다.

30초 컷 풀이 Tip

$(a \times 10 + b) \times (c \times 10 + d)$ **이용하기**

예 a, b, c, d가 0부터 9까지의 자연수일 때,

$ab \times cd = (a \times 10 + b) \times (c \times 10 + d) = a \times c \times 100 + (bc + ad) \times 10 + b \times d$

예 $bc + ad = 10$이라면

$ab \times cd = (a \times 10 + b) \times (c \times 10 + d) = a \times c \times 100 + 10 \times 10 + b \times d = a \times c \times 100 + 100 + b \times d$

01 1,000 이하의 자연수 중 18과 42로 나누어 떨어지는 자연수의 개수는 모두 몇 개인가?

① 4개　　　　　　　　　　　② 5개

③ 6개　　　　　　　　　　　④ 7개

02 다음 중 36^5을 나눌 수 있는 수는?

① 121　　　　　　　　　　　② 144

③ 169　　　　　　　　　　　④ 225

| 정답 | 해설 |

01

18과 42의 최소공배수는 126이며, 1,000 이하의 자연수 중 126의 배수는 총 7개가 있다.

02

$36^5=(2^2\times3^2)^5=2^{10}\times3^{10}$

$144=2^4\times3^2$

[오답분석]

① $121=11^2$

③ $169=13^2$

④ $225=3^2\times5^2$

정답 01 ④　02 ②

30초 컷 풀이 Tip

• 최소공배수와 최대공약수를 구하는 경우 주어진 수의 공통된 부분을 찾는 것이 핵심이다.

• 최대공약수는 주어진 수의 가장 큰 공통점이고, 최소공배수는 주어진 수 전체를 포함할 수 있는 최솟값이다.

※ 다음 식을 계산한 값으로 옳은 것을 고르시오. [1~2]

01

$$(78,201+76,104)\div405$$

① 271   ② 298
③ 381   ④ 397

02

$$79,999+7,999+799+79$$

① 88,866   ② 88,876
③ 88,886   ④ 88,896

※ 빈칸에 들어갈 알맞은 숫자를 고르시오. [3~4]

03

$$66+77-88\times\square=-825$$

① 11   ② 22
③ 33   ④ 44

04

$$77+46-\square\times13=6$$

① 6   ② 7
③ 8   ④ 9

PART 1

05

$$41+42+43$$

① $6 \times 6 \times 6$

② $5 \times 4 \times 9$

③ $7 \times 2 \times 3$

④ $3 \times 2 \times 21$

06

$$70.668 \div 151 + 6.51$$

① $3.79 \times 10 - 30.922$

② $6.1 \times 1.2 - 1.163$

③ $89.1 \div 33 + 5.112$

④ $9.123 - 1.5 \times 1.3$

07 두 실수 a, b에 대하여 연산 ◎을 $a◎b = (a-b) + (b \times 10 + 2)$로 정의할 때 $(1◎6) + (4◎2)$의 값은?

① -23

② 23

③ -81

④ 81

08 다음 규칙에 따라 주어진 식의 값을 구하면?

> • 기호 ◇는 그 기호의 양측의 수의 차를 제곱하는 연산이다.
> • 기호 ☆은 그 기호의 우측의 수에 5를 곱한 뒤, 좌측의 수에서 빼는 연산이다.

$$(1◇4)☆2$$

① -1 ② 2

③ -5 ④ 8

09 100 이하의 자연수 중 12와 32로 나누어 떨어지는 자연수의 개수는 몇 개인가?

① 0개   ② 1개

③ 2개   ④ 3개

10 다음 빈칸에 들어갈 값으로 옳은 것은?

$$2.5m+3,250mm=(\qquad)cm$$

① 5.75   ② 575

③ 5,750   ④ 57,500

※ 다음 식을 계산한 값으로 옳은 것을 고르시오. **[1~2]**

01

$$14,465-3,354+1,989-878+1$$

① $11,123$ 　　　　　　　　　　　② $12,233$

③ $11,223$ 　　　　　　　　　　　④ $12,223$

02

$$7-\left(\frac{5}{3}\div\frac{15}{21}\times\frac{9}{4}\right)$$

① $\dfrac{3}{5}$ 　　　　　　　　　　　② $\dfrac{5}{4}$

③ $\dfrac{7}{4}$ 　　　　　　　　　　　④ $\dfrac{7}{5}$

※ 빈칸에 들어갈 알맞은 숫자를 고르시오. **[3~4]**

03

$$46\times3+21=1\square9$$

① 4 　　　　　　　　　　　② 5

③ 6 　　　　　　　　　　　④ 7

04

$$12\times8-\square\div2=94$$

① 2 　　　　　　　　　　　② 4

③ 10 　　　　　　　　　　　④ 12

※ 다음 식과 계산 결과가 같은 것을 고르시오. [5~7]

05

$$(178-302)\div(-1)$$

① $571+48-485$ 　　　　② $95+147-118$

③ $78\times2-48\div2$ 　　　　④ $36+49+38$

PART 1

06

$$\frac{5}{6}\times\frac{3}{4}-\frac{7}{16}$$

① $\dfrac{8}{3}-\dfrac{4}{7}\times\dfrac{2}{5}$ 　　　　② $\dfrac{4}{5}\times\dfrac{2}{3}-\left(\dfrac{3}{7}-\dfrac{1}{6}\right)$

③ $\dfrac{5}{6}\div\dfrac{5}{12}-\dfrac{3}{5}$ 　　　　④ $\left(\dfrac{1}{4}-\dfrac{2}{9}\right)\times\dfrac{9}{4}+\dfrac{1}{8}$

07

$$21\times39+6$$

① $31\times21+174$ 　　　　② $116\times4+362$

③ $5\times5\times32$ 　　　　④ $19\times25+229$

※ 다음 빈칸에 들어갈 수 있는 것을 고르시오. [8~9]

08

$$\frac{7}{9} < (\quad) < \frac{7}{6}$$

① $\frac{64}{54}$ ② $\frac{13}{18}$

③ $\frac{39}{54}$ ④ $\frac{41}{36}$

09

$$0.544 < (\quad) < \frac{26}{29}$$

① $\frac{77}{79}$ ② 0.901

③ $\frac{91}{96}$ ④ 0.758

10 다음 각 빈칸에 해당하는 숫자의 합은?

- $2km=($　　　$)m$
- $3m^2=($　　　$)cm^2$
- 1시간 $=($　　　$)$초
- 3.5할 $=($　　　$)$리

① 5,935   ② 6,250

③ 35,950   ④ 45,950

PART 1

11 스웨덴 화폐 1크로나가 미국 화폐 0.12달러일 때, 120크로나는 몇 달러인가?

① 14.4달러   ② 1.44달러

③ 15.4달러   ④ 1.54달러

12 A은행은 은행에서 추진하는 행사에 대한 후원을 받기 위해 임원진, 직원, 주주와 협력업체 사람들을 후원행사에 초대하였다. 다음 〈조건〉을 참고할 때, 후원행사에 참석한 협력업체 사람들은 모두 몇 명인가?

> 조건
> - 후원행사에 모인 인원은 총 270명이다.
> - 전체 인원 중 50%는 차장급 이하 직원들이다.
> - 차장급 이하 직원들을 제외한 인원의 20%는 임원진이다.
> - 차장급 이하 직원과 임원진을 제외한 나머지 좌석에는 주주들과 협력업체 사람들이 1 : 1비율로 앉아 있다.

① 51명   ② 52명

③ 53명   ④ 54명

13 어떤 상품의 가격을 다음과 같이 조정하였을 때, 옳은 설명을 고르면?

> ⊙ 가격이 1,000원인 상품을 10% 인하 후 10% 인상
> ⓒ 가격이 2,000원인 상품을 60% 인하 후 30% 인상
> ⓒ 1,020원

① ⊙, ⓒ의 가격만 동일
② ⓒ, ⓒ의 가격만 동일
③ ⊙, ⓒ의 가격만 동일
④ ⊙, ⓒ, ⓒ의 가격이 모두 다름

14 가로의 길이가 32cm, 세로의 길이가 24cm인 직사각형의 판에 크기가 같은 여러 개의 정사각형을 붙여 여백이 남지 않도록 하려고 한다. 이때, 가장 큰 정사각형의 넓이는 얼마인가?

① $25cm^2$
② $49cm^2$
③ $64cm^2$
④ $81cm^2$

15 어떤 콘텐츠에 대한 네티즌 평가를 하였다. 1,000명이 참여한 A사이트에서는 평균 평점이 5.0이었으며, 500명이 참여한 B사이트에서는 평균 평점이 8.0이었다. 이 콘텐츠에 대한 두 사이트 전체 참여자의 평균 평점은 얼마인가?

① 4.0점
② 5.5점
③ 6.0점
④ 7.5점

16 A중학교 1, 2, 3학년 학생들의 수학 점수 평균을 구했더니 각각 38점, 64점, 44점이었다. 각 학년의 학생 수가 50명, 20명, 30명이라고 할 때, A중학교 학생들의 전체 수학 점수 평균은 몇 점인가?

① 43점
② 44점
③ 45점
④ 46점

17 다음은 A ~ C버스의 배차간격과 첫차 출발시각에 관한 정보이다. 첫차 출발시각 이후 다음으로 세 버스가 동시에 출발하는 시각으로 적절한 것은?

> **〈정보〉**
> • A버스는 배차간격이 8분이다.
> • B버스는 배차간격이 15분이다.
> • C버스는 배차간격이 12분이다.
> • 세 버스의 첫차 출발시각은 오전 4시 50분으로 동일하다.

① 5시 40분 ② 5시 55분
③ 6시 30분 ④ 6시 50분

18 N은행에서 근무하는 갑, 을, 병사원은 고객설문조사 업무를 맡았다. 갑사원이 혼자 할 경우 12일 걸리고, 을사원은 18일, 병사원은 36일이 걸린다고 한다. 3명의 사원이 함께 업무를 진행한다고 할 때, 걸리는 기간은 며칠인가?

① 8일 ② 7일
③ 6일 ④ 5일

19 원가가 600원인 물품에 20%의 이익을 붙여서 정가를 정했지만, 물품이 팔리지 않아서 정가에서 20%를 할인하여 판매를 했다. 손실액은 얼마인가?(단, 손실액은 원가에서 판매가를 뺀 금액이다)

① 15원 ② 18원
③ 21원 ④ 24원

20 O씨는 구매대행사인 K사에서 신용카드를 사용하여 청소기와 영양제를 직구하려고 한다. 이 직구 사이트에서 청소기와 영양제의 가격이 각각 540달러, 52달러이고, 각각 따로 주문한다고 할 때 원화로 지불할 금액은 얼마인가?

> • 200달러 초과 시 20% 관세 부과
> • 배송비 : 30,000원
> • 구매 당일 환율(신용카드 사용시 매매기준율을 적용) : 1,128원/달러

① 845,600원 ② 846,400원
③ 848,200원 ④ 849,600원

21 A씨는 화씨온도를 사용하는 미국에 제품을 수출하기 위해 보관방법의 내용을 영어로 번역하려고 한다. 보관방법 설명서에 밑줄 친 부분의 단위를 바르게 환산한 것은?[단, $C=\dfrac{5}{9}(F-32)$]

〈보관방법〉

본 제품은 수분, 열에 의한 영향에 민감하므로, 열원이나 직사 광선을 피해 서늘한 곳에 보관하십시오. 온도 30℃ 이상, 상대습도 75% 이상에서는 제품이 변형될 수 있습니다. 어린이 손에 닿지 않는 곳에 보관하십시오.

① 85℉

② 86℉

③ 87℉

④ 88℉

22 120에 자연수 하나를 곱하여 제곱수가 되도록 할 때, 곱할 수 있는 자연수 중 가장 작은 자연수는?

① 18

② 22

③ 26

④ 30

23 금연프로그램을 신청한 흡연자 A씨는 국민건강보험공단에서 진료 및 상담 비용과 금연보조제 비용의 일정 부분을 지원받고 있다. A씨는 의사에게 상담을 6회 받았고, 금연보조제로 니코틴패치 3묶음을 구입했다고 할 때, 다음 지원 현황에 따라 흡연자 A씨가 지불하는 부담금은 얼마인가?

〈금연프로그램 지원 현황〉

구분	진료 및 상담	금연보조제(니코틴패치)
가격	30,000원/회	12,000원/묶음
지원금 비율	90%	75%

※ 진료 및 상담 지원금은 6회까지 지원한다.

① 21,000원

② 23,000원

③ 25,000원

④ 27,000원

24 가영, 민수, 철한이는 현재 각각 4,000원, 2,000원, 9,000원짜리 적금이 있다. 가영이는 매달 12,000원씩, 민수는 매달 2,000원씩, 철한이는 매달 1,000원씩 저축을 한다고 할 때, 가영이가 모은 돈이 민수와 철한이가 모은 돈의 합 3배가 넘는 시점은 몇 개월 후인가?(단, 개월 수는 소수점 첫째 자리에서 올림한다)

① 8개월 후   ② 9개월 후

③ 10개월 후   ④ 11개월 후

25 수학시험에서 동일이는 101점, 나정이는 105점, 윤진이는 108점을 받았다. 천포의 점수까지 합친 점수의 평균이 105점일 때 천포의 점수는?

① 105점   ② 106점

③ 107점   ④ 108점

26 김과장은 월급의 $\frac{1}{4}$ 은 저금하고, 나머지의 $\frac{1}{4}$ 은 모임회비, $\frac{2}{3}$ 는 월세로 내며, 그 나머지의 $\frac{1}{2}$ 은 부모님께 용돈을 드린다고 한다. 나머지를 생활비로 쓴다면 생활비는 월급의 얼마인가?

① $\frac{1}{32}$ ② $\frac{1}{16}$

③ $\frac{1}{12}$ ④ $\frac{1}{8}$

27 H은행은 매년 우수사원을 선발하여 연말에 시상하고 있으며, 2023년도에는 우수사원들에게 부상으로 순금을 제공하기로 하였다. 수상자는 1 ~ 3등 각 1명씩이며, 1등에게는 한 돈에 3.75g짜리 5돈 순금 두꺼비가 부상으로 주어진다. 또한 2등과 3등에겐 10g의 순금 열쇠를 하나씩 수여하기로 하였다. 연말 수상에 필요한 순금은 총 몇 kg인가?

① 0.3875kg   ② 0.03875kg

③ 0.2875kg   ④ 0.02875kg

28 다음 방정식에서 a에 들어갈 수로 적절하지 않은 것은?

(세트당 a회 스쿼트)$\times$(b세트)=총 60회

① 6   ② 9

③ 10   ④ 12

29 세계 표준시는 본초 자오선인 0°를 기준으로 동서로 각각 180°, 360°로 나누어져 있으며, 경도 15°마다 1시간의 시차가 생긴다. 동경 135°인 우리나라가 3월 14일 현재 오후 2시일 때, 동경 120°인 중국은 같은 날 오후 1시이고, 서경 75°인 뉴욕은 같은 날 자정이다. 이를 바탕으로 우리나라가 4월 14일 오전 6시일 때, 서경 120°인 LA의 시각을 구하면?

① 4월 13일, 오후 1시

② 4월 13일, 오후 5시

③ 4월 13일, 오후 9시

④ 4월 14일, 오전 3시

30 A, B 두 개의 톱니가 서로 맞물려 돌아가고 있다. A의 톱니수는 30개, B의 톱니수는 20개이다. A가 4회 회전할 때, B는 몇 회 회전하는가?

① 4회   ② 5회

③ 6회   ④ 7회

03 | 응용수리

대표유형 1 | 거리 · 속력 · 시간

둘레가 600m인 호수가 있다. 서희와 소정이가 자전거를 타고 서로 반대 방향으로 동시에 출발하여 각각 초속 7m, 초속 5m의 속력으로 달렸을 때, 세 번째로 만나는 지점은 출발점에서 얼마나 떨어져 있는가?(단, 양쪽 중 더 짧은 거리를 기준으로 한다)

① 120m

② 150m

③ 200m

④ 220m

정답 | 해설

서희와 소정이가 첫 번째로 만나기까지 걸린 시간을 x초라고 하면, 다음과 같은 식이 성립한다.

$7x + 5x = 600 \rightarrow x = 50$

첫 번째로 만난 지점과 출발점 사이의 거리, 즉 소정이가 이동한 거리를 구하면 $5 \times 50 = 250$m이고, 소정이가 세 번째로 만나는 지점까지 이동한 거리는 $250 \times 3 = 750$m이다.

즉, $750 - 600 = 150$m이므로, 세 번째로 만난 지점은 출발점으로부터 150m 떨어져 있다.

정답 ②

30초 컷 풀이 Tip

• 기차나 터널의 길이, 물과 같이 속력이 있는 장소 등 추가적인 조건을 반드시 확인한다.
• 속력과 시간의 단위를 처음에 정리하여 계산하면 계산 실수 없이 풀이할 수 있다.
  예 1시간=60분=3,600초
     1km=1,000m=100,000cm

농도 4%의 소금물이 들어 있는 컵에 농도 10%의 소금물을 부었더니, 농도 8%의 소금물 600g이 만들어졌다. 처음 들어 있던 4%의 소금물의 양은 얼마인가?

① 160g

② 180g

③ 200g

④ 220g

정답 ｜ 해설

4%의 소금물의 양을 xg이라고 하면, 10%의 소금물의 양은 $(600-x)$g이다.

$$\frac{4}{100}x+\frac{10}{100}(600-x)=\frac{8}{100}\times600$$

$\rightarrow 4x+10(600-x)=4,800$

$\rightarrow 6x=1,200 \rightarrow x=200$

따라서 처음 컵에 들어 있던 4%의 소금물의 양은 200g이다.

정답 ③

30초 컷 풀이 Tip

- 소금물이 증발하는 경우 소금의 양은 유지되지만, 물의 양이 감소한다. 따라서 농도는 증가한다.
- 농도가 다른 소금물 두 가지를 섞는 문제의 경우 보통 두 소금물을 합했을 때의 전체 소금물의 양을 제시하는 경우가 많다. 이때, 각각의 미지수를 x, y로 정하는 것보다 하나를 x로 두고 다른 하나를 (전체)$-x$로 식을 세우면 계산을 간소화할 수 있다.
- 숫자의 크기를 최대한 간소화해야 한다.
  특히, 농도의 경우 분수와 정수가 같이 제시되고, 최근에는 비율을 활용한 문제가 많이 출제되고 있으므로 통분이나 약분을 통해 수를 간소화시켜 계산 실수를 줄일 수 있도록 한다.

대표유형 3   인원수 · 개수

민지네 과일가게에서는 토마토와 배를 한 개당 각각 90원, 210원에 판매를 하고, 한 개의 무게는 각각 120g, 450g이다. 한 바구니에 토마토와 배를 몇 개씩 담아 무게를 달아보니 6.15kg이었고 가격은 3,150원이었다. 바구니의 무게는 990g이고 가격은 300원이라 할 때, 바구니 안에 배는 몇 개 들어 있는가?

① 5개

② 6개

③ 7개

④ 8개

정답   **해설**

토마토의 개수를 x개, 배의 개수를 y개라고 하면, 다음과 같은 식이 성립한다.

$120 \times x + 450 \times y = 6,150 - 990 \rightarrow 4x + 15y = 172 \cdots \bigcirc$

$90 \times x + 210 \times y = 3,150 - 300 \rightarrow 3x + 7y = 95 \cdots \bigcirc\!\!\bigcirc$

$\bigcirc$과 $\bigcirc\!\!\bigcirc$을 연립하면

$x = 13, \ y = 8$

따라서 바구니 안에 배는 8개가 들어 있다.

정답 ④

30초 컷 풀이 Tip

· 연립방정식이 나오는 경우 중복이 많은 문자를 소거할 수 있는 방법을 찾거나 가장 짧은 식을 만든다.

· 인원수나 개수에 관한 문제는 최근 비율과 결합하여 출제되고 있다. 따라서 문제에서 제시하고 있는 시점(과거, 현재, 미래)을 명확히 해서 기준을 정확하게 잡는 것이 중요하다.

민경이는 등산복과 등산화를 납품받아 판매한다. 등산복 한 벌을 판매했을 때 얻는 이익은 2,000원, 등산화 한 켤레를 판매했을 때 얻는 이익은 5,000원이다. 민경이는 총 40개의 제품을 판매했으며, 판매이익이 11만 원이라고 할 때 등산화 판매로 얻은 이익은?

① 3,500원

② 5,000원

③ 25,000원

④ 50,000원

정답 | 해설

등산복 판매량을 x벌, 등산화 판매량을 y켤레라고 하면, 다음과 같은 식이 성립한다.

$x+y=40 \rightarrow x=40-y \cdots \bigcirc$

$2,000x+5,000y=110,000 \cdots \bigcirc$

$\bigcirc$과 $\bigcirc$을 연립하면

$2(40-y)+5y=110 \rightarrow 80+3y=110 \rightarrow 3y=30 \rightarrow y=10$

따라서 등산화는 10켤레를 팔았으며, 등산화 판매로 얻은 이익은 50,000원이다.

정답 ④

30초 컷 풀이 Tip

- 정가가 항상 판매가인 것은 아니다.
- 금액을 계산하는 문제가 출제되면 연립방정식을 활용하지 않는 경우가 더 많고, 다른 응용수리 문제에 비해 식이 단순한 경우가 더 많다. 때문에 미지수를 구하는 문제의 경우에는 식을 세우고, 선택지의 값을 대입해서 푸는 것이 더 빠른 풀이방법일 수 있다.

대표유형 5	일의 양

선규와 승룡이가 함께 일하면 5일이 걸리는 일을 선규가 먼저 4일을 진행하고, 승룡이가 7일을 진행하면 끝낼 수 있다고 한다. 승룡이가 이 일을 혼자 한다면 며칠이 걸리겠는가?

① 11일

② 12일

③ 14일

④ 15일

정답 | 해설

전체 일의 양을 1, 선규가 혼자 일을 끝내는 데 걸리는 기간을 x일, 승룡이가 혼자 일을 끝내는 데 걸리는 기간을 y일이라고 할 때, 다음과 같은 식이 성립한다.

둘이 함께 5일 동안 일을 끝낸다면

$$\left(\frac{1}{x}+\frac{1}{y}\right)\times 5=1 \cdots \bigcirc$$

선규가 먼저 4일 일하고, 승룡이가 7일 동안 일하여 끝낸다면

$$\frac{4}{x}+\frac{7}{y}=1 \cdots \bigcirc\!\!\bigcirc$$

$\bigcirc$과 $\bigcirc\!\!\bigcirc$을 연립하면 $\frac{1}{y}=\frac{1}{15}$이다.

따라서 승룡이 혼자서 일을 끝내려면 15일이 걸린다.

정답 ④

30초 컷 풀이 Tip

- 문제에서 제시하는 단위와 선택지의 단위가 같은지 확인한다.
- 전체의 값을 모르는 상태에서 비율을 묻는 문제의 경우 전체를 1이라고 하면 쉽게 풀이할 수 있다. 이는 단순히 일률을 계산하는 경우뿐만 아니라 조건부 확률과 같이 비율이 나오는 문제에도 공통적으로 적용이 가능하다.

대표유형 6 | 최댓값 · 최솟값

우람이는 자전거로 집에서 출발하여 도서관에 들렀다가 우체국에 가야 한다. 도서관은 우람이네 집을 기준으로 서쪽에 있고, 우체국은 집을 기준으로 동쪽에 있다. 집에서 도서관까지는 시속 5km로 이동하고, 도서관에서 집을 거쳐 우체국까지는 시속 3km로 이동한다. 집에서 우체국까지의 거리가 10km이고, 도서관에 갔다가 우체국에 갈 때까지 걸리는 시간이 4시간 이내라면, 도서관은 집에서 최대 몇 km 떨어진 지점 내에 있어야 하는가?

① 1km

② $\dfrac{5}{4}$ km

③ 2km

④ $\dfrac{5}{2}$ km

정답 | 해설

우람이네 집에서 도서관까지의 거리를 x km라고 하면, 집에서 출발하여 도서관에 갔다가 집을 거쳐 우체국에 가는 데 걸리는 시간은 $\left(\dfrac{x}{5} + \dfrac{x+10}{3}\right)$ 시간이다.

이때, 이동하는 데 걸리는 시간이 4시간 이내여야 하므로 $\dfrac{x}{5} + \dfrac{x+10}{3} < 4 \rightarrow 3x + 5(x+10) < 60$

$\rightarrow 8x < 10 \rightarrow x < \dfrac{5}{4}$

따라서 도서관은 집에서 $\dfrac{5}{4}$ km 이내에 있어야 한다.

정답 ②

30초 컷 풀이 Tip

• 문제에 이상, 이하, 초과, 미만, 최대, 최소 등의 표현이 사용된다.
• 미지수가 2개 이상 나오는 경우나 부등식이 2개 사용되는 경우 그래프를 활용하면 실수의 확률을 줄일 수 있다.
• 최대를 묻는 경우의 부등호의 방향은 미지수가 작은 쪽($x \leq n$)으로 나타내고, 최소를 묻는 경우 부등호의 방향은 미지수가 큰 쪽($x \geq n$)으로 나타낸다.

대표유형 7 경우의 수·확률

A, B, C, D, E 다섯 명을 전방을 향해 일렬로 배치할 때, B와 E 사이에 1명 또는 2명이 있도록 하는 경우의 수는?

① 30가지

② 60가지

③ 90가지

④ 120가지

정답 해설

1) B와 E 사이에 1명이 있는 경우

A, C, D 중 B와 E 사이에 위치할 1명을 골라 줄을 세우는 방법 : $_3P_1$ 가지

B와 E, 가운데 위치한 1명을 한 묶음으로 생각하고, B와 E가 서로 자리를 바꾸는 것도 고려하면 전체 경우의 수는 $_3P_1 \times 3! \times 2 = 3 \times 6 \times 2 = 36$가지이다.

2) B와 E 사이에 2명이 있는 경우

A, C, D 중 B와 E 사이에 위치할 2명을 골라 줄을 세우는 방법 : $_3P_2$ 가지

B와 E, 가운데 위치한 2명을 한 묶음으로 생각하고, B와 E가 서로 자리를 바꾸는 것도 고려하면 전체 경우의 수는 $_3P_2 \times 2! \times 2 = 6 \times 2 \times 2 = 24$가지이다.

따라서 구하는 전체 경우의 수는 $36 + 24 = 60$가지이다.

정답 ②

30초 컷 풀이 Tip

- 확률과 경우의 수 문제는 빠르게 계산할 수 있는 방법을 생각해야 한다. 특히 '이상'과 같은 표현이 사용됐다면 1(전체)에서 나머지 확률(경우의 수)을 빼는 방법(여사건 활용)이 편리하다.
- '함께', '짝' 등의 표현이 사용되면, 하나의 경우의 수를 보고 전체 경우의 수를 구한 후 묶음 안에서 발생할 수 있는 경우의 수를 따로 구하여 곱한다.

01 둘레가 2,100m인 연못의 둘레를 형은 매분 80m의 속력으로, 동생은 매분 60m의 속력으로 돌고 있다. 어느 한 지점에서 서로 반대 방향으로 동시에 출발하였을 때, 두 번째로 만나는 것은 몇 분 후인가?

① 11분 후　　　　　　　　　　　　　　　　② 18분 후

③ 25분 후　　　　　　　　　　　　　　　　④ 30분 후

02 어떤 공원의 트랙 모양 산책로를 걷는데 민주는 시작 지점에서 분속 40m의 속력으로 걷고, 같은 지점에서 세희는 분속 45m의 속력으로 서로 반대 방향으로 걷고 있다. 출발한 지 40분 후에 둘이 두 번째로 마주치게 된다고 할 때, 산책로의 길이는?

① 1,320m　　　　　　　　　　　　　　　　② 1,400m

③ 1,550m　　　　　　　　　　　　　　　　④ 1,700m

03 길이가 800m인 다리에 기차가 진입하는 순간부터 다리를 완전히 벗어날 때까지 걸린 시간은 36초였다. 기차의 속력은 몇 km/h인가?(단, 기차의 길이는 100m이다)

① 60km/h　　　　　　　　　　　　　　　② 70km/h

③ 80km/h　　　　　　　　　　　　　　　④ 90km/h

04 지원이는 집에서 4km 떨어진 학원까지 50m/min의 속력으로 걸어가다가 학교에 숙제한 것을 두고 온 것이 생각나서 학교에 잠시 들렀다. 그랬더니 수업에 늦을 것 같아서 학교 자전거를 빌려 타고 150m/min의 속력으로 다시 학원에 갔다. 집에서 학원까지 도착하는 데 총 30분이 걸렸을 때, 지원이가 자전거를 탄 시간은 몇 분인가?(단, 학교에서 지체한 시간은 고려하지 않으며, 집, 학교, 학원 순서로 일직선상에 위치한다)

① 10분　　　　　　　　　　　　　　　　　② 15분

③ 20분　　　　　　　　　　　　　　　　　④ 25분

05 4%의 설탕물 400g이 들어있는 컵을 방에 두고 자고 일어나서 보니 물이 증발하여 농도가 8%가 되었다. 남아있는 물의 양은 몇 g인가?

① 100g

② 200g

③ 300g

④ 400g

06 6%의 소금물과 11%의 소금물을 섞어서 9%의 소금물 500g을 만들려고 한다. 이때 6%의 소금물은 몇 g을 섞어야 하는가?

① 200g

② 300g

③ 400g

④ 500g

07 농도를 알 수 없는 설탕물 500g에 3%의 설탕물 200g을 온전히 섞었더니 설탕물의 농도는 7%가 되었다. 처음 500g의 설탕물에 녹아있던 설탕은 몇 g인가?

① 40g

② 41g

③ 42g

④ 43g

08 20%의 소금물 100g이 있다. 소금물 xg을 덜어내고, 덜어낸 양만큼의 소금을 첨가하였다. 거기에 11%의 소금물 yg을 섞었더니 26%의 소금물 300g이 되었다. 이때 $x+y$의 값은?

① 195

② 213

③ 235

④ 245

09 H사원은 물 200g과 녹차가루 50g으로 같은 부서 동료인 A사원과 B사원에게 농도가 다른 녹차를 타주려고 한다. A사원의 녹차는 물 65g과 녹차가루 35g으로 만들어 주었고, B사원에게는 남은 물과 녹차가루로 녹차를 타준다고 할 때, B사원이 마시는 녹차의 농도는 몇 %인가?(단, 모든 물과 녹차가루를 남김없이 사용한다)

① 10%   ② 11%

③ 12%   ④ 13%

10 S은행은 신입사원을 채용하였으며, 각 부서마다 다음과 같이 인원을 배정하였다. 전체 신입사원의 수는 몇 명인가?(단, 부서는 인사, 총무, 연구, 마케팅 네 부서만 있다)

> 전체 신입사원 중 $\frac{1}{5}$은 인사부, $\frac{1}{4}$은 총무부, $\frac{1}{2}$의 인원은 연구부이며, 마케팅부로 배정한 인원은 100명이다.

① 1,000명   ② 1,200명

③ 1,500명   ④ 2,000명

11 K은행은 올해 하반기 공채를 통해 신입사원을 뽑았다. 신입사원을 뽑았음에도 상반기 퇴직자로 인해, 남자 직원은 전년 대비 5% 감소했고, 여자 직원은 전년 대비 10% 증가했다. K은행의 전체 직원 수는 전년 대비 4명 증가하여, 284명의 직원이 근무하고 있다고 할 때, 올해 하반기 공채 이후 남자 직원 수는 몇 명인가?

① 120명   ② 132명

③ 152명   ④ 156명

12 H은행에서 성과금을 지급하려고 한다. 한 사원에게 50만 원씩 주면 100만 원이 남고, 60만 원씩 주면 500만 원이 부족하다고 할 때, 사원 수는 총 몇 명인가?

① 50명　　　　　　　　　　　　② 60명
③ 70명　　　　　　　　　　　　④ 80명

PART 1

13 과일 판매대를 운영하고 있는 K는 사과 2개와 배 5개를 한 세트로 하여 하루 종일 특가로 판매하였다. 영업 시작 전 사과와 배의 개수는 3 : 7의 비율로 있었는데, 영업 마감 후에는 사과만 42개 남았다고 할 때, 영업 시작 전 사과와 배는 총 몇 개가 있었는가?

① 1,000개　　　　　　　　　　② 1,400개
③ 1,800개　　　　　　　　　　④ 2,100개

14 유치원에서 6명의 아이들이 한 명씩 과자 자판기 버튼을 누르며 나오는 과자를 먹고 있다. 과자 자판기의 버튼은 빨간색과 파란색 두 가지이며, 버튼마다 나오는 과자 개수가 다르다. 빨간색 버튼과 파란색 버튼을 한 번씩 누르면 아이들이 총 10개의 과자를 먹을 수 있고, 빨간색 버튼 세 번과 파란색 버튼 두 번을 누르면 6명의 아이들이 과자를 4개씩 먹을 수 있다. 이때 파란색 버튼을 한 번 누르면 아이들은 과자 몇 개를 먹을 수 있는가?

① 6개　　　　　　　　　　　　② 7개
③ 8개　　　　　　　　　　　　④ 9개

15 A회사는 대표 화장품인 T제품의 병 디자인을 새로 만들려고 한다. 새로 만든 화장품 병의 용량은 1.8L이고, 화장품을 80% 채울 예정이며, 예전의 화장품 병은 2.0L에 75%를 채워 판매하였다. A회사에서 예전의 병 48병을 채울 수 있는 화장품 양을 새로운 병에 넣으려고 할 때, 새로운 병은 몇 병이 필요한가?

① 50병　　　　　　　　　　　　② 52병
③ 54병　　　　　　　　　　　　④ 56병

16 A은행 직원 A ~ E 5명은 점심식사를 하고 카페에서 각자 원하는 음료를 주문하였다. 다음 내용을 참고할 때, 카페라테 한 잔의 가격은 얼마인가?

> - 5명이 주문한 음료의 총금액은 21,300원이다.
> - A를 포함한 3명의 직원은 아메리카노를 주문하였다.
> - B는 혼자 카페라테를 주문하였다.
> - 나머지 한 사람은 5,300원인 생과일주스를 주문하였다.
> - A와 B의 음료 금액은 총 8,400원이다.

① 4,500원   ② 4,600원

③ 4,700원   ④ 4,900원

17 12시 이후 처음으로 시침과 분침의 각도가 55°가 되는 시각은 12시 몇 분인가?

① 10분   ② 11분

③ 12분   ④ 13분

18 대학 서적을 도서관에서 빌리면 10일간 무료이고 그 이상은 하루에 100원의 연체료가 부과되며 연체료가 부과되는 시점부터 한 달 단위마다 연체료는 두 배로 늘어난다. 1학기 동안 대학 서적을 도서관에서 빌려 사용하는 데 얼마의 비용이 드는가?(단, 1학기의 기간은 15주이고, 한 달은 30일이다)

① 18,000원   ② 20,000원

③ 23,000원   ④ 25,000원

19 K사원은 입사 후 저축 계획을 세우려고 한다. K사원의 월급이 270만 원이고 첫 몇 달 동안은 월급의 50%를 저축하고, 그 후에는 월급의 60%를 저축해서 1년 동안 1,800만 원을 저축하려고 한다. 이때 60%를 저축해야 하는 최소 기간은?

① 6개월   ② 7개월

③ 8개월   ④ 9개월

20 A은행의 야유회에서 경비의 30%는 교통비, 교통비의 50%는 식비로 사용하여 남은 돈이 33,000원이라면, 처음 경비는 얼마인가?

① 60,000원

② 70,000원

③ 80,000원

④ 90,000원

21 다음 내용에 해당되는 자연수로 옳은 것은?

- 두 자리 자연수이다.
- 이 자연수는 각 자릿수를 더한 값의 8배이다.
- 이 자연수는 각 자릿수의 자리를 바꾼 값보다 45가 많다.

① 55

② 27

③ 68

④ 72

22 전체 길이가 2.5m인 나무토막을 3등분하려고 한다. 가장 긴 막대의 길이는 중간 길이의 막대보다 32cm 더 길고, 가장 짧은 막대는 중간 막대보다 16cm 짧다고 할 때, 가장 긴 막대의 길이는?

① 107cm

② 108cm

③ 109cm

④ 110cm

23 대리 혼자서 프로젝트를 진행하면 16일이 걸리고 사원 혼자 진행하면 48일이 걸릴 때, 두 사람이 함께 프로젝트를 진행하는 데 소요되는 기간은?

① 12일

② 13일

③ 14일

④ 15일

24 A와 B가 같이 일을 하면 12일이 걸리고, B와 C가 같이 일을 하면 6일, C와 A가 같이 일을 하면 18일이 걸리는 일이 있다. 만약 A, B, C가 모두 함께 72일 동안 일을 하면 기존에 했던 일의 몇 배의 일을 할 수 있는가?

① 9배
② 10배
③ 11배
④ 12배

25 A와 B는 가위바위보 게임을 하기로 했다. 게임에서 이긴 사람에게는 C가 10만 원을 주고, 진 사람은 C에게 7만 원을 주기로 했다. 게임이 끝난 후, A는 49만 원, B는 15만 원을 가지고 있었다면, 게임에서 A는 몇 회 이겼는가?(단, A와 B는 각각 20만 원을 가진 채로 게임을 시작했다)

① 4회
② 5회
③ 6회
④ 7회

26 어느 회사에서는 A, B 두 제품을 주력 상품으로 제조하고 있다. A제품을 1개 만드는 데 재료비는 3,600원, 인건비는 1,600원이 들어간다. 또한 B제품을 1개 만드는 데 재료비는 1,200원, 인건비는 2,000원이 들어간다. 이 회사는 한 달 동안 두 제품을 합하여 40개를 생산하려고 한다. 재료비는 12만 원 이하, 인건비는 7만 원 이하가 되도록 하려고 할 때, A제품을 최대 몇 개 생산할 수 있는가?

① 25개
② 26개
③ 28개
④ 30개

27 경기도 Y시에는 세계 4대 테마파크로 꼽히는 W랜드가 있다. W랜드는 회원제 시스템을 운영 중이다. 비회원은 매표소에서 자유이용권 1장을 20,000원에 구매할 수 있고, 회원은 자유이용권 1장을 20% 할인된 가격에 구매할 수 있다. 회원 가입비가 50,000원이라 할 때, W랜드를 최소 몇 번 이용해야 회원 가입한 것이 이익인가?(단, 회원 1인당 1회 방문 시 자유이용권 1장을 구매할 수 있다)

① 11회
② 12회
③ 13회
④ 14회

28 어느 통신회사는 휴대전화의 통화시간에 따라 월 2시간까지는 기본요금, 2시간 초과에서 3시간까지는 분당 a원, 3시간 초과부터는 $2a$원을 부과한다. 다음 자료와 같이 요금이 청구되었을 때, a의 값을 구하면?

〈휴대전화 이용요금〉		
구분	통화시간	요금
1월	3시간 30분	21,600원
2월	2시간 20분	13,600원

① 50
② 80
③ 100
④ 120

29 신년을 맞이하여 회사에서 달력을 주문하려고 한다. A업체와 B업체를 고려하고 있다고 할 때, 달력을 최소 몇 권 이상 주문해야 A업체에서 주문하는 것이 B업체에서 주문하는 것보다 유리해지는가?

구분	권당 가격(원)	배송비(원)
A업체	1,650	3,000
B업체	1,800	무료

① 19권
② 20권
③ 21권
④ 22권

30 다음 그림과 같이 집에서 학교까지 가는 경우의 수는 3가지, 학교에서 도서관까지 가는 경우의 수는 5가지, 도서관에서 학교를 거치지 않고 집까지 가는 경우의 수는 1가지이다. 집에서 학교를 거쳐 도서관을 갔다가 다시 학교로 돌아오는 경우의 수는 몇 가지인가?

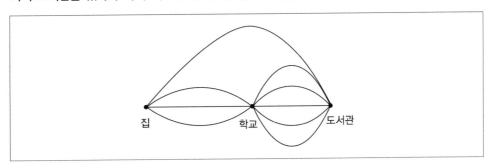

① 10가지
② 13가지
③ 30가지
④ 75가지

31 A~G 일곱 팀이 토너먼트로 시합을 하려고 한다. 한 팀은 부전승으로 올라가 경기를 진행한다고 할 때, 대진표를 작성하는 경우의 수는?

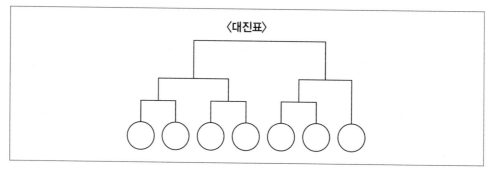

① 300가지   ② 315가지

③ 340가지   ④ 380가지

32 비가 온 다음 날 비가 올 확률은 $\frac{1}{3}$, 비가 안 온 다음 날 비가 올 확률은 $\frac{1}{8}$이다. 내일 비가 올 확률이 $\frac{1}{5}$일 때, 모레 비가 안 올 확률은?

① $\frac{1}{4}$ ② $\frac{5}{6}$

③ $\frac{5}{7}$ ④ $\frac{6}{11}$

33 민우, 현호, 용재, 경섭, 진수가 일렬로 줄을 설 때 양끝에 현호와 진수가 서게 될 확률은 $\frac{b}{a}$이다. 이때, $a+b$는?(단, a와 b는 서로소이다)

① 9   ② 10

③ 11   ④ 12

34 H시 문화센터의 5월 회원 중 6월 글쓰기반에 등록한 회원은 전체의 $\frac{2}{3}$, 캘리그라피반에 등록한 회원은 전체의 $\frac{7}{10}$ 이다. 글쓰기반과 캘리그라피반에 모두 등록한 회원은 전체의 $\frac{13}{20}$ 일 때, 모두 등록하지 않은 회원은 얼마인가?

① $\frac{3}{20}$　　　　　　　　　② $\frac{17}{20}$

③ $\frac{17}{60}$　　　　　　　　　④ $\frac{23}{60}$

35 매일 날씨 자료를 수집 및 분석한 결과, 전날의 날씨를 기준으로 그 다음 날의 날씨가 변할 확률은 다음과 같았다. 만약 내일 날씨가 화창하다면, 사흘 뒤에 비가 올 확률은 얼마인가?

전날 날씨	다음 날 날씨	확률
화창	화창	25%
화창	비	30%
비	화창	40%
비	비	15%

※ 날씨는 '화창'과 '비'로만 구분하여 분석함

① 12%　　　　　　　　　② 13%

③ 14%　　　　　　　　　④ 15%

01 K은행에 재직 중인 김사원은 이틀간 일하고 하루 쉬기를 반복하고, 박사원은 월 ~ 금요일 닷새간 일하고 토 ~ 일요일 이틀간 쉬기를 반복한다. 김사원이 7월에 일한 날이 20일이라면, 김사원과 박사원이 7월에 함께 일한 날의 수는?(단, 7월 1일은 월요일이다)

① 15일

② 16일

③ 17일

④ 18일

02 농부 A씨는 자신의 논을 모두 경작하는 데 8일이 걸린다. 경작을 시작한 첫날부터 마지막 날까지 항상 전날의 2배 넓이를 경작한다고 할 때, 논 전체의 $\frac{1}{4}$을 완료한 날은 경작을 시작한 지 며칠째 되는 날인가?

① 3일

② 4일

③ 5일

④ 6일

03 14분과 22분을 잴 수 있는 두 모래시계가 있다. 두 모래시계를 이용하여 30분을 측정하는 데 걸리는 시간은 몇 분인가?

① 30분

② 36분

③ 44분

④ 52분

04 한 직선 위에서 시속 1km의 속도로 오른쪽으로 등속 운동하는 두 물체가 있다. 이 직선상에서 두 물체의 왼쪽에 있는 한 점 P로부터 두 물체까지의 거리의 비는 현재 4 : 1이다. 13시간 후 P로부터의 거리의 비가 7 : 5가 된다면 현재 P로부터 두 물체까지의 거리는 각각 몇 km인가?

① 6km, 2km

② 8km, 2km

③ 12km, 3km

④ 18km, 32km

05 영희는 회사에서 150km 떨어져 있는 지역에 운전하여 출장을 가게 되었다. 회사에서 출발하여 일정한 속력으로 가던 중 회사로부터 60km 떨어진 곳에서 차에 이상이 생겨 원래 속력에서 50% 느리게 운전했다. 목적지에 도착하는 데 총 1시간 30분이 걸렸다면 고장이 나기 전 처음 속력은?

① 180km/h

② 160km/h

③ 140km/h

④ 120km/h

06 효인이가 속한 부서는 단합대회로 등산을 가기로 하였다. A산 등산 코스를 알아보기 위해 산악 관련 책자를 살펴보니 입구에서 각 지점까지의 거리를 다음과 같이 정리할 수 있었다. 오를 때 시속 3km, 내려올 때 시속 4km로 이동한다고 할 때, 2 ~ 3시간 사이에 왕복할 수 있는 코스를 모두 고른 것은?

구분	P지점	Q지점	R지점
거리	3.2km	4.1km	5.0km

① P지점

② Q지점

③ Q, R지점

④ P, Q지점

07 농도가 각각 10%, 6%인 설탕물을 섞어서 300g의 설탕물을 만들었다. 여기에 설탕 20g을 더 넣었더니 농도가 12%인 설탕물이 되었다면 농도가 6%인 설탕물의 양은 얼마인가?

① 10g

② 20g

③ 280g

④ 290g

08 농도 12% 소금물 600g에서 소금물을 조금 퍼내고, 그 양만큼의 물을 다시 부었다. 그리고 여기에 농도 4% 소금물을 더 넣어 농도 5.5%의 소금물 800g을 만들었다면, 처음에 퍼낸 소금물의 양은 얼마인가?

① 100g

② 200g

③ 300g

④ 400g

09 8% 소금물 200g에서 소금물을 조금 퍼낸 후, 퍼낸 소금물만큼 물을 부었다. 그리고 소금 50g을 넣어 24%의 소금물 250g을 만들었을 때, 처음 퍼낸 소금물의 양은?

① 75g
② 80g
③ 90g
④ 95g

10 다음은 200명의 시민을 대상으로 A, B, C회사에서 생산한 자동차의 소유 현황을 조사한 결과이다. 조사 대상자 중, 세 회사에서 생산된 어떤 자동차도 가지고 있지 않은 사람은 몇 명인가?

- 자동차를 2대 이상 가진 사람은 없다.
- A사 자동차를 가진 사람은 B사 자동차를 가진 사람보다 10명 많다.
- B사 자동차를 가진 사람은 C사 자동차를 가진 사람보다 20명 많다.
- A사 자동차를 가진 사람 수는 C사 자동차를 가진 사람 수의 2배이다.

① 20명
② 40명
③ 60명
④ 80명

11 G편의점에서는 A, B, C도시락을 판매한다. 어느 날 오전 중에 팔린 도시락의 수가 다음과 같을 때, 판매된 A도시락의 수는?

- 오전 중 판매된 A, B, C도시락은 총 28개이다.
- B도시락은 A도시락보다 한 개 더 많이 팔렸다.
- C도시락은 B도시락보다 두 개 더 많이 팔렸다.

① 8개
② 9개
③ 10개
④ 11개

12 S회사의 연구부서에 4명의 연구원 A, B, C, D가 있다. B, C연구원의 나이의 합은 A, D연구원 나이의 합보다 5살 적고, A연구원은 C연구원보다 2살 많으며, D연구원보다는 5살 어리다. A연구원이 30살일 때, B연구원의 나이를 구하면?

① 28살
② 30살
③ 32살
④ 34살

13 서울 시내의 M지점에서 D지점까지 운행하는 버스는 V지점의 정거장에서만 정차한다. 이 버스의 운행요금은 M지점에서 V지점까지는 1,050원, V지점에서 D지점까지는 1,350원, M지점에서 D지점까지는 1,450원이다. 어느 날 이 버스가 승객 53명을 태우고 M지점을 출발하였고, D지점에서 하차한 승객은 41명이었다. 이날 승차권 판매요금이 총 77,750원일 때, V지점의 정거장에서 하차한 승객은 몇 명인가?

① 16명　　　　　　　　　　　② 17명
③ 18명　　　　　　　　　　　④ 19명

14 신도시를 건설 중인 A국 정부는 보행자를 위한 신호등을 건설하려고 하는데, 노인 인구가 많은 도시의 특징을 고려하여 신호등의 점멸 신호 간격을 조정하려고 한다. 이와 관련된 A국의 도로교통법이 아래와 같다고 할 때, 5m와 20m 거리의 횡단보도 신호등 점멸 시간은 각각 얼마인가?

〈도로교통법 시행령〉

- 일반적으로 성인이 걷는 속도인 60cm/초에 기초해 점멸 시간을 정한다.
- 전체길이가 10m를 넘는 횡단보도의 경우, 초과분에 대해서 1.2초/m의 시간을 추가해 점멸 시간을 정한다.
- 신도시에 새롭게 건설되는 신호등에 대해서는 추가로 3초의 여유 시간을 추가해 점멸 시간을 정한다.
- 노인이 많은 지역에서는 일반적인 성인이 걷는 속도를 1.5로 나눈 값에 기초해 점멸 시간을 정한다.

	5m	20m
①	8.3초	53초
②	8.3초	62초
③	15.5초	53초
④	15.5초	65초

15 어느 해의 3월 2일은 금요일일 때, 한 달 후인 4월 2일은 무슨 요일인가?

① 월요일　　　　　　　　　　② 화요일
③ 수요일　　　　　　　　　　④ 목요일

16 A회사의 올해 매출액과 순이익에 대한 진술이 다음과 같을 때, 올해의 매출액은 얼마인가?[단, (순이익)＝(매출액)－(원가)이다]

> • 작년의 매출액보다 올해의 매출액은 120% 증가했다.
> • 올해의 원가는 작년과 같고, 올해의 순이익은 1억 4천만 원이다.
> • 작년의 원가는 작년 매출액의 50%이다.

① 2억 원
② 2억 4천만 원
③ 2억 8천만 원
④ 3억 원

17 가영이는 찬형이에게 2시간 뒤에 돌아올 때까지 2,400L의 물이 들어가는 수영장에 물을 가득 채워 달라고 했다. 찬형이는 1분에 20L의 물을 채우기 시작했는데 20분이 지난 후, 수영장 안을 살펴보니 금이 가 있어서 수영장의 $\frac{1}{12}$ 밖에 차지 않았다. 가영이가 돌아왔을 때 수영장에 물이 가득 차 있으려면 찬형이는 남은 시간 동안 1분에 최소 몇 L 이상의 물을 부어야 하는가?

① 28L
② 29L
③ 32L
④ 34L

18 L은행에서 2023년 신입사원을 채용하기 위해 필기시험을 진행하였다. 시험 결과 합격자 전체 평균이 83.35점이고, 이 중 남성 합격자의 평균은 82점, 여성 합격자의 평균은 85점이었다. 합격자 전체 인원이 40명일 때, 남성과 여성 합격자는 각각 몇 명인가?

	남성 합격자	여성 합격자
①	22명	18명
②	18명	22명
③	23명	17명
④	17명	23명

19 다음은 의약품 종류별 상자 수에 따른 가격표이다. 종류별 상자 수를 가중치로 적용하여 가격에 대한 가중평균을 구하면 66만 원이다. 이때 빈칸에 알맞은 가격은 얼마인가?

〈의약품 종류별 가격 및 상자 수〉

(단위 : 만 원, 개)

구분	A	B	C	D
가격		70	60	65
상자 수	30	20	30	20

① 60만 원
② 65만 원
③ 70만 원
④ 75만 원

20 현재 A와 B의 근속연수는 각각 x년과 y년이다. B의 근속연수가 A의 근속연수의 2배가 되는 것은 언제인가?

- A와 B의 근속연수 합은 21년이다.
- 3년 전 B의 근속연수는 A의 근속연수보다 4배 많았다.

① 3년 후
② 4년 후
③ 5년 후
④ 6년 후

21 L공사에서 부동산 및 자동차 관련 업무처리기준 제정을 위한 공청회를 개최하였다. 공청회 자리에 참석한 남자의 인원은 공청회에 참석한 전체 인원의 $\frac{1}{5}$보다 65명 많았고, 여자의 인원은 전체 인원의 $\frac{1}{2}$보다 5명 적다고 할 때, 공청회에 참석한 전체 인원은 몇 명인가?

① 150명
② 200명
③ 250명
④ 300명

22 S공장에서 제조하는 휴대전화 장식품은 원가가 700원이고 표시된 정가는 a원이다. 서울의 L매장에서 이 장식품을 표시된 정가에서 14% 할인하여 50개 팔았을 때의 이익과 M매장에서 20% 할인하여 80개 팔았을 때의 이익이 같다고 할 때, a의 각 자리의 수를 모두 더한 값은?

① 1

② 2

③ 3

④ 4

23 축구 중계 방송이 끝나고 3분간 광고 방송을 하려고 한다. 30초짜리 광고 3개와 10초짜리, 20초짜리 광고를 합쳐 총 10개의 광고 방송을 한다. 10초짜리 광고 수를 a개, 20초짜리 광고 수를 b개라 할 때, $a - b$의 값은?(단, 두 광고 사이에 시간의 공백은 없다)

① -3

② -1

③ 1

④ 3

24 출판업자 L씨는 어떤 창고에 도서를 보관하기로 하였다. 창고 A에 보관 작업 시 작업자 3명이 5시간 동안 작업을 하여 10,300권의 책을 보관할 수 있다. 창고 B에는 작업자 5명을 투입시킨다면 몇 시간 후에 일을 끝마치게 되며, 몇 권까지 보관이 되겠는가?(단, 〈보기〉에 주어진 조건을 고려한다)

〈창고 A〉

사이즈 : 가로 10m×세로 5m×높이 3m

〈창고 B〉

사이즈 : 가로 15m×세로 10m×높이 2m

보기

1. 도서가 창고 공간을 모두 차지한다고 가정한다.
2. 작업자의 작업 능력은 동일하다.

	보관 도서 수	시간
①	약 10,300권	약 5시간
②	약 10,300권	약 6시간
③	약 20,600권	약 5시간
④	약 20,600권	약 6시간

25 S야구팀의 작년 승률은 40%였고, 올해는 총 120경기 중 65승을 하였다. 작년과 올해의 경기를 합하여 구한 승률이 45%일 때, 승리한 횟수는 얼마인가?

① 151회   ② 152회

③ 153회   ④ 154회

26 N은행에서는 농가소득 창출을 위한 농식품 생산 사업의 이익을 높이기 위해 다양한 방식을 고민하고 있다. 다음 정보를 볼 때, 가장 많은 이익을 얻을 수 있는 방법은 무엇인가?

〈정보〉

- 상품 1개당 판매가격은 12,000원이며, 상품 1개당 생산비용은 5,500원이다.
- 현재 상품의 한 달 생산량은 600개이며, 생산량 중 불량품을 제외하고 모두 판매한다.
- 현재 불량률은 15%이며, 불량률을 1% 감소시킬 때마다 추가 생산비용이 2만 원씩 생긴다.

※ 불량률(%)$=\dfrac{(불량품\ 개수)}{(생산량)}\times100$

※ (이익)=(판매량)×[(개당 판매 가격)−(개당 생산 비용)]−(추가 생산 비용)

① 불량률을 5% 감소시킨다.

② 불량률을 10% 감소시킨다.

③ 불량률을 15% 감소시킨다.

④ 생산량을 10% 증가시킨다.

27 욕조에 물을 채우는 데 A관은 30분, B관은 40분 걸리고, 가득 채운 물을 배수하는 데는 20분이 걸린다. A관과 B관을 동시에 틀고, 동시에 배수를 할 때, 욕조에 물이 가득 채워질 때까지 걸리는 시간은?

① 60분   ② 80분

③ 100분   ④ 120분

28 P전자 ○○영업점에서 노트북 판매를 담당하는 C사원은 기본금 150만 원에 한 달 동안 판매한 금액의 3%를 수당으로 합하여 월급을 받는다. 노트북 한 대의 가격이 200만 원이라고 할 때, 월급을 250만 원 이상 받기 위해서 C사원은 매달 몇 대 이상의 노트북을 판매해야 하는가?

① 14대 ② 15대
③ 16대 ④ 17대

29 이탈리안 음식을 판매하는 B레스토랑에서는 두 가지 음식을 묶은 런치세트를 구성해 판매한다. 런치세트 메뉴와 금액이 다음과 같을 때, 아라비아따의 할인 전 가격은?

〈런치세트 메뉴〉

세트 메뉴	구성 음식	금액(원)
A세트	까르보나라, 알리오올리오	24,000
B세트	마르게리따피자, 아라비아따	31,000
C세트	까르보나라, 고르곤졸라피자	31,000
D세트	마르게리따피자, 알리오올리오	28,000
E세트	고르곤졸라피자, 아라비아따	32,000

※ 런치세트 메뉴의 가격은 파스타 종류는 500원, 피자 종류는 1,000원을 할인하여 책정한 가격이다.
※ 파스타 : 까르보나라, 알리오올리오, 아라비아따
※ 피자 : 마르게리따피자, 고르곤졸라피자

① 14,000원 ② 14,500원
③ 15,000원 ④ 15,500원

30 다음 주어진 자료에 따라 하루 동안 고용할 수 있는 최대 인원을 구하면?

총예산	본예산	500,000원
	예비비	100,000원
인건비	1인당 수당	50,000원
	산재보험료	(수당)×0.504%
	고용보험료	(수당)×1.3%

① 10명 ② 11명
③ 12명 ④ 13명

31 B은행의 2023년 상반기 신입사원 지원자 수는 7,750명이다. 채용절차는 서류전형 → 면접전형 → 최종합격 순이며 합격자 조건이 다음과 같을 때 서류 합격자의 비율은 얼마인가?

〈합격자 조건〉		
서류 합격자 비율	면접 합격자 비율	최종합격
	30%	93명

① 40%   ② 30%

③ 15%   ④ 4%

32 L사원이 처리해야 할 업무는 발송업무, 비용정산업무 외에 5가지가 있다. 이 중에서 발송업무, 비용정산업무를 포함한 5가지의 업무를 오늘 처리하려고 하는데 상사의 지시로 발송업무를 비용정산업무보다 먼저 처리해야 한다. 이때 오늘 처리할 업무를 택하고, 택한 업무의 처리 순서를 정하는 경우의 수는?

① 600가지   ② 720가지

③ 840가지   ④ 960가지

33 은탁이는 1, 1, 1, 2, 2, 3을 가지고 여섯 자릿수의 암호를 만들어야 한다. 이때 가능한 암호의 개수는 몇 가지인가?

① 30가지   ② 42가지

③ 60가지   ④ 72가지

34 서로 다른 8개의 컵 중에서 4개만 식탁 위에 원형으로 놓는 방법의 수는?

① 400가지   ② 410가지

③ 420가지   ④ 430가지

35 10명의 각 나라 대표들이 모여 당구 경기를 진행하려고 한다. 경기는 토너먼트 방식으로 다음과 같이 진행될 때, 만들어 질 수 있는 대진표의 경우의 수는?

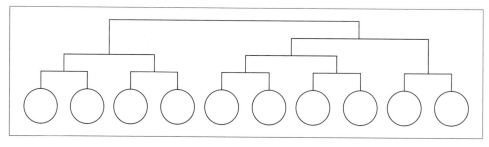

① 27,200가지

② 27,560가지

③ 28,000가지

④ 28,350가지

36 M사의 출근 시각은 오전 9시이다. M사는 지하철역에서 M사 정문까지 셔틀버스를 운행한다. 셔틀 버스가 정문에 출근 시각까지 도착할 확률은 $\frac{1}{2}$, 출근 시각보다 늦게 도착할 확률은 $\frac{1}{8}$, 출근 시각보다 일찍 도착할 확률은 $\frac{3}{8}$ 이다. 지하철역에서 3대가 동시에 출발할 때, 2개의 버스는 출근 시각보다 일찍 도착하고, 1대의 버스는 출근 시각에 도착할 확률은?

① $\frac{1}{128}$

② $\frac{3}{128}$

③ $\frac{9}{128}$

④ $\frac{27}{128}$

37 아이스크림을 제조·판매하는 B회사의 K연구원은 연간 아이스크림 판매량이 그해 여름의 평균 기온에 의해 크게 좌우된다는 사실을 발견했다. K연구원의 연구결과가 다음 자료와 같고, 일기예보에 따르면 내년 여름의 평균 기온이 예년보다 높을 확률이 0.5, 예년과 비슷할 확률이 0.3, 예년보다 낮을 확률이 0.2라고 할 때, B회사가 내년에 목표액을 달성할 확률은?

〈기온에 따른 판매 목표액을 달성할 확률〉

예년 기준 기온	높을 경우	비슷할 경우	낮을 경우
확률	0.85	0.6	0.2

① 0.565

② 0.585

③ 0.625

④ 0.645

38 9개의 숫자 1, 2, 3, 4, 5, 6, 7, 8, 9 중에서 서로 다른 3개의 숫자를 택할 때, 각 자리의 수 중 어떤 두 수의 합도 9가 아닌 수를 만들려고 한다. 예를 들어 217은 2와 7의 합이 9이므로 조건을 만족시키지 않는다. 조건을 만족시키는 세 자리 자연수의 개수는?

① 144개   ② 168개

③ 250개   ④ 336개

39 A, B, C, D, E, F를 한 줄로 세울 때, A와 B가 나란히 서 있을 확률은?

① $\dfrac{1}{6}$ ② $\dfrac{1}{3}$

③ $\dfrac{1}{2}$ ④ $\dfrac{2}{3}$

40 숫자 0, 1, 2, 3, 4가 적힌 5장의 카드에서 2장을 뽑아 두 자리 정수를 만들 때 그 수가 짝수일 확률은?

① $\dfrac{3}{8}$ ② $\dfrac{5}{8}$

③ $\dfrac{6}{8}$ ④ $\dfrac{7}{8}$

04 | 금융상품 활용

대표유형 1 | 단리법

연이율 1.8%를 제공하는 2년 만기 정기예금에 500만 원을 예치하고, 180일 후에 해지하였다면 수령할 총금액은?(단, 이자는 단리를 적용하고, 한 달은 30일로 계산한다. 또한 중도해지금리는 적용하지 않는다)

① 504만 원
② 504만 5천 원
③ 505만 원
④ 505만 5천 원

정답 해설

단리 이자를 S라 할 때, S=(원금)×(이율)×(기간)이다.

따라서 이자는 $5,000,000 \times 0.018 \times \dfrac{6}{12} = 45,000$원이고, 수령할 총금액은 $5,000,000+45,000=5,045,000$원이다.

정답 ②

30초 컷 풀이 Tip

예금과 적금의 차이
• 예금 : 일정한 계약에 의해 은행에 돈을 맡기는 일을 의미하지만, 시험에서 묻는 예금의 의미는 일정한 금액을 한 번에 납입한 후 추가 납입 없이 이자를 받는 방식을 의미한다.
• 적금 : 일정 금액을 계약 기간 동안 정기적으로 추가 납입하여 이자를 받는 방식을 의미한다.

대표유형 2   복리법

A은행에서는 적금 상품 '더 커지는 적금'을 새롭게 출시하였다. K씨는 이번 달부터 이 상품에 가입하려고 한다. K씨가 모든 우대금리 조건을 만족한다고 할 때, K씨가 얻을 수 있는 이자액은 얼마인가?(단, $1.024^{\frac{1}{12}}=1.0019$로 계산하고, 금액은 백의 자리에서 반올림한다)

〈A은행 적금 상품〉

- 상품명 : 더 커지는 적금
- 가입기간 : 12개월
- 가입금액 : 매월 초 200,000원 납입
- 적용금리 : 기본금리(연 2.1%)+우대금리(최대 연 0.3%p)
- 저축방법 : 정기적립식, 만기일시지급, 연복리
- 우대금리 조건
  - A은행 입출금통장 보유 시 : +0.1%p
  - 연 500만 원 이상의 A은행 예금상품 보유 시 : +0.1%p
  - 급여통장 지정 시 : +0.1%p
  - 이체 실적이 20만 원 이상 시 : +0.1%p

---

① 131,000원
② 132,000원
③ 138,000원
④ 141,000원

정답 | 해설

연복리 이자는 (월납입금)$\times\dfrac{(1+r)^{\frac{n+1}{12}}-(1+r)^{\frac{1}{12}}}{(1+r)^{\frac{1}{12}}-1}$$-$(적립원금)과 같다.

K씨는 모든 우대금리 조건을 만족하므로 최대 연 0.3%p가 기본 금리에 적용되어 2.1+0.3=2.4%가 된다.
이에 따라 K씨의 연복리 적금 이자액을 구하면 다음과 같다.

$$200,000\times\frac{(1.024)^{\frac{13}{12}}-(1.024)^{\frac{1}{12}}}{(1.024)^{\frac{1}{12}}-1}-200,000\times12=200,000\times1.0019\times\frac{1.024-1}{0.0019}-2,400,000\fallingdotseq2,531,000-2,400,000$$

$$=131,000원$$

정답 ①

30초 컷 풀이 Tip

- 금액을 계산하는 문제는 금융상품과 결합하여 난이도 높은 문제로 출제되는 경우가 많다.
- 금융상품과 함께 출제되는 경우 문제의 조건을 먼저 확인하는 것이 가장 중요하다. 제시되는 조건으로는 우대금리 이율, 단리식, 복리식 등이 있다.

P씨는 가격이 30만 원인 가방을 6개월 할부로 월초에 구입하고, 그 달 말부터 매달 일정한 금액으로 6개월 동안 나누어서 갚기로 하였다. 이때 P씨는 매달 얼마씩 갚아야 하는가?(월 이자율은 2.0%이며, $1.02^5 =$ 1.1, $1.02^6 = 1.12$로 계산한다)

① 45,000원
② 50,000원
③ 55,000원
④ 60,000원

정답 해설

매월 갚아야 하는 금액을 x원이라고 하면, 다음과 같이 나타낼 수 있다.

0개월 말	1개월 말	2개월 말	3개월 말	4개월 말	5개월 말
x	$x(1.02)$	$x(1.02)^2$	…	…	$x(1.02)^5$
	x	…	…	…	$x(1.02)^4$
		x	…	…	$x(1.02)^3$
			x	…	…
				x	…
					x
30	$30 \times (1.02)$	$30 \times (1.02)^2$	$30 \times (1.02)^3$	$30 \times (1.02)^4$	30만 원$\times (1.02)^5$

5개월 말에 나와 있는 x에 관한 항을 모두 더하면 이자가 더해진 가방 금액과 같다(∵ 등비수열의 합 공식을 이용).

$$\frac{x \times [(1.02)^6 - 1]}{1.02 - 1} = 300,000 \times (1.02)^5$$

$$\frac{x \times 0.12}{0.02} = 300,000 \times 1.1 = 330,000$$

∴ $x = 55,000$

따라서 P씨가 6개월 동안 매달 갚아야 하는 금액은 55,000원이다.

정답 ③

30초 컷 풀이 Tip

원리금 균등분할 상환
대출금 만기일까지의 총이자와 원금을 합하고, 이를 대출기간으로 나누어서 매번 일정금액을 상환하는 방식으로 마지막 달에는 빚을 다 갚아서 원리금 합계가 0원이 되어야 한다.

S은행의 연금 상품에 가입한 고객 C는 올해부터 10년 동안 연초에 물가상승률 연 10%가 적용되는 연금을 받기로 하였으며, 올해 말에는 $500(1+0.1)$만 원이 나온다고 한다. 그런데 갑자기 사정이 생겨 목돈이 필요해진 고객 C는 이 연금을 올해 초에 일시불로 받으려고 은행을 찾았다. 이때, 고객 C가 일시불로 받을 수 있는 금액은 얼마인가?(단, 만의 자리 미만은 버리고 $1.1^{10}=2.5$로 계산한다)

① 2,300만 원
② 2,800만 원
③ 3,000만 원
④ 3,300만 원

정답 | 해설

매년 초에 물가상승률(r)이 적용된 연금을 n년 동안 받게 되는 총금액(S)은 다음과 같다(x는 처음 받는 연금액).

$$S=\frac{x(1+r)\left[(1+r)^n-1\right]}{r}$$

올해 초에 500만 원을 받고 매년 연 10% 물가상승률이 적용되어 10년 동안 받는 총금액은 다음과 같다.

$$S=\frac{500\times(1+0.1)\times\left[(1+0.1)^{10}-1\right]}{0.1}=\frac{500\times1.1\times(2.5-1)}{0.1}=8,250$$만 원

일시불로 받을 연금을 y만 원이라고 하면,

$$y(1.1)^{10}=8,250 \rightarrow y=\frac{8,250}{2.5}=3,300$$

따라서 올해 초에 일시불로 받을 연금은 3,300만 원이다.

정답 ④

30초 컷 풀이 Tip

• 시간의 가치는 항상 복리로 계산한다.
• 현재 a원의 가치와 1년이 지난 후 a원의 가치가 다르다는 것을 이해해야 한다($\because$ 물가상승률).

대표유형 5   환율

다음은 S은행에서 환율우대 50%를 기준으로 제시한 환율이다. K씨가 2주 전 엔화와 달러로 환전한 금액은 각각 800,000엔과 7,000달러였고, 그때보다 환율이 올라 다시 원화로 환전했다. 2주 전 엔화 환율은 998 원/100엔이었고, K씨가 오늘 엔화와 달러를 원화로 환전한 후 얻은 수익이 같다고 할 때, 2주 전 미국 USD 환율은 얼마였는가?

〈통화별 환율 현황〉

(단위 : 원)

통화명	매매기준율	현찰	
		팔 때	살 때
미국 USD	1,120.70	1,110.90	1,130.50
일본 JPY 100	1,012.88	1,004.02	1,021.74
유럽연합 EUR	1,271.66	1,259.01	1,284.31
중국 CNY	167.41	163.22	171.60

① 1,102.12원/달러

② 1,104.02원/달러

③ 1,106.12원/달러

④ 1,108.72원/달러

정답 | 해설

K씨가 원화로 환전했다고 했으므로 '현찰 팔 때'의 환율로 계산해야 한다.

엔화 환율 차이로 얻은 수익은 $(1,004.02-998)\times800,000\times\dfrac{1}{100}=6.02\times8,000=48,160$원이다.

미국 USD 달러도 같은 수익이 났다고 했으므로 2주 전 '현찰 살 때'의 환율(x)은 다음과 같다.

$(1,110.90-x)\times7,000=48,160 \rightarrow 1,110.90-x=6.88 \rightarrow x=1,104.02$원/달러

따라서 2주 전 미국 달러의 환율은 1,104.02원/달러임을 알 수 있다.

정답 ②

30초 컷 풀이 Tip

- (환율)$=\dfrac{(\text{자국 화폐 가치})}{(\text{외국 화폐 가치})}$

- (자국 화폐 가치)$=$(환율)$\times$(외국 화폐 가치)

- (외국 화폐 가치)$=\dfrac{(\text{자국 화폐 가치})}{(\text{환율})}$

01 현재 1,000만 원을 보유한 A씨는 매년 이자가 10%인 ○○예금상품에 3년 동안 전액을 예치하려 한다. 예금방식이 단리식과 복리식이 있을 때, 두 방식의 원리합계의 합은 얼마인가?(단, 연 복리를 적용하고, $(1.1)^3 = 1.331$이다)

> • 단리예금 : 목돈을 원하는 만큼 맡기고, 원금과 원금에 대해서만 이자를 산정하여 만기 시까지 추가 입금이 불가한 금융상품
> • 복리예금 : 원금과 이자에 대한 이자를 받을 수 있고, 만기 시까지 추가 입금이 불가하며, 이자 지급기간에 따라 연 복리, 월 복리, 일 복리로 구분하는 금융상품

① 2,122만 원   ② 2,482만 원
③ 2,631만 원   ④ 2,896만 원

02 K은행에 100만 원을 맡기면 다음 달에 104만 원을 받을 수 있다. 이번 달에 50만 원을 입금하여 다음 달에 30만 원을 출금했다면 그 다음 달 찾을 수 있는 최대 금액은 얼마인가?

① 218,800원   ② 228,800원
③ 238,800원   ④ 248,800원

03 귀하에게 고객 A가 찾아와 매년 말에 일정한 금액을 적립하여 19년 후에 1억 원이 되는 목돈을 만들려고 한다고 하였다. 이에 따라 귀하는 연이율 10%인 연 복리 상품을 추천하였다. 고객 A가 매년 말에 얼마를 적립해야 되는지를 묻는다면, 귀하가 안내해야 할 금액은 얼마인가?(단, $1.1^{20} = 6.7$로 계산하고, 만의 자리 미만은 버린다)

① 160만 원   ② 175만 원
③ 180만 원   ④ 190만 원

04 N은행에서 고객들을 유치하기 위해 새로운 상품들을 내놓았으며, J고객은 그중 두 상품을 선택했다. 첫 번째는 연 복리적금 상품으로 매달 초에 12만 원씩 납입하며 연 2.4%의 금리를 적용하는 3년 만기 복리적금상품이고, 두 번째는 400만 원을 예치하는 단기예금으로 연 2.8%의 금리를 적용하는 2년 만기 상품이다. J고객이 가입한 두 상품이 각각 만기가 되어 돈을 찾는다고 할 때, 두 상품의 금액 차이는 얼마인가?(단, $1.024^{\frac{1}{12}} ≒ 1.002$, $1.024^3 ≒ 1.074$로 계산한다)

① 214,880원   ② 222,880원

③ 224,880원   ④ 226,800원

05 W은행으로부터 신용담보로 가계 대출을 받은 A씨는 최근 사업이 잘되어 기존에 빌렸던 돈을 중간에 상환하려고 한다. 〈조건〉이 다음과 같을 때 A씨가 은행에 내야 할 중도상환수수료는 얼마인가?

조건

- 중도상환수수료 : 약정 만기 전에 대출금을 상환함에 따라 대출 취급 시 은행이 부담한 취급비용 등을 일부 보전하기 위해 수취하는 수수료이다.
- A씨가 W은행으로부터 빌린 정보
  1) 대출 금액 : 2억 원
  2) 중도상환 금액 : 3천만 원
  3) 대출 기간 : 4년 / 잔존 기간 : 3년
  4) (수수료 금액)=(중도상환 금액)×(요율)×[잔존 기간(연)]÷[대출 기간(연)]
- 요율 : 부동산담보 1.8%(가계, 기업), 신용 및 기타담보 0.7%(가계), 1.4%(기업)
  (개별 대출 종류 및 상품에 따라 별도 중도상환해약금 요율을 적용할 수 있음)
---

① 132,500원   ② 144,500원

③ 155,500원   ④ 157,500원

06 백화점에서 60만 원짜리 코트를 구매한 갑순이는 결제 시 7개월 할부를 이용하였다. 할부요율 및 조건이 아래와 같을 때, 갑순이의 할부수수료 총액은 얼마인가?(단, 매월에 내는 할부 금액은 동일한 것으로 가정한다)

〈신용카드 할부수수료〉

(단위 : %)

할부기간	3개월 미만	3 ~ 5개월	6 ~ 9개월	10 ~ 12개월
수수료율(연)	11	13	15	16

※ (할부수수료)=(할부잔액)×(할부수수료율)÷12

※ (할부잔액)=(이용원금)−(기결제원금)

※ (총 할부수수료)=(할부원금)×(수수료율)×$\left[\dfrac{(\text{할부개월 수})+1}{2} \right]$÷12

① 20,000원   ② 25,000원

③ 30,000원   ④ 35,000원

07 외국인 지사업무를 맡고 있는 K씨는 한 외국 투자자가 출금한 명세표를 보고 있다. 명세표가 다음과 같을 때, 빈칸에 들어갈 금액을 구하면?(단, 일 원에서 반올림한다)

- 계좌번호 : 165-542-3642
- 거래종류 : 외화보통예금 일반 출금
- 출금액 : USD 2,400
- 거래날짜 : 2022-12-24
- 현금수수료 : (　　　　　　　　)원
- 수수료 적용환율 : 달러당 1,080.2원
- 수수료율 : 2%

※ 수수료 대상금액은 출금액의 80%로 한다.

※ (현금수수료)=(수수료 대상금액)×(수수료 적용환율)×(수수료율)

① 40,340원   ② 41,180원

③ 41,480원   ④ 41,540원

08 A자동차기업은 신차 생산을 위한 베어링 100만 개를 주문하기 위하여 K외국기업과 수입거래를 하려고 한다. 다음 자료는 K외국기업에서 취급하는 베어링의 통화별 생산단가표이다. 이를 참고할 때, 어떤 나라의 통화로 거래하는 것이 가장 가격경쟁력이 있는가?

〈생산단가표〉

구분	미국	일본	중국	호주	프랑스
생산단가	90 USD	10,100 JPY	580 CNY	130 AUD	80 EUR
1달러당 교환비율	1	110	6.5	1.4	0.9

① 프랑스   ② 일본
③ 중국   ④ 호주

09 다음은 C고객의 외국환거래 계산서의 일부이다. C고객에게 적용된 환율은 얼마인가?

계좌번호	거래명	외화로 대체한 금액	입금한 원화 합계
123-456-789102	외국통화구입(지폐)		547,865

구분	통화명	외화금액	적용환율	원화금액
외화금액(원화 대가) ※ 수수료가 없는 거래입니다.	JPY 100	50,000.00		547,865

① 1,015.23원/100엔   ② 1,072.85원/100엔
③ 1,095.73원/100엔   ④ 1,100.12원/100엔

10 다음은 금융기관별 보험료 산정산식이다. 금융기관 A ~ D사의 정보가 다음과 같을 때, A ~ D사 중 연간 보험료가 가장 낮은 곳은 어디인가?

〈금융기관별 연간 보험료 산식〉

금융기관	연간 보험료 산식
투자매매·중개업자	예금 등의 연평균잔액×15/10,000
보험회사	(책임준비금＋수입보험료)/2×15/10,000
종합금융회사	예금 등의 연평균잔액×15/10,000
상호저축은행	예금 등의 연평균잔액×40/10,000

〈금융기관별 정보〉

(단위 : 원)

구분	금융기관 종류	예금 등의 연평균잔액	책임준비금	수입보험료
A사	보험회사	34억 1천만	25억 2천만	13억 6천만
B사	종합금융회사	21억 5천만	–	–
C사	투자매매업자	12억 9천만	–	–
D사	상호저축은행	5억 2천만	–	–

① A사   ② B사
③ C사   ④ D사

11 A대리는 새 자동차 구입을 위해 1개의 적금 상품에 가입하고자 하며, 후보 적금 상품에 대한 정보는 다음과 같다. A대리가 만기환급금이 더 큰 적금 상품에 가입한다고 할 때, A대리가 가입할 적금 상품과 상품의 만기환급금이 바르게 연결된 것은?

〈후보 적금 상품 정보〉

상품명	직장인사랑적금	미래든든적금
가입자	개인실명제	개인실명제
가입기간	36개월	24개월
가입금액	매월 1일 100,000원 납입	매월 1일 150,000원 납입
적용금리	연 2.0%	연 1.5%
저축방법	정기적립식	정기적립식
이자지급방식	만기일시지급, 단리식	만기일시지급, 단리식

      적금 상품   만기환급금
① 직장인사랑적금   3,656,250원
② 직장인사랑적금   3,711,000원
③ 미래든든적금   3,925,000원
④ 미래든든적금   3,656,250원

12 다음은 다주택자의 양도소득세 기준과 기본세율이다. 3주택자가 8,000만 원짜리의 일반지역 부동산 1채를 팔려고 할 때 지불해야 하는 세금은 얼마인가?(단, 이 부동산은 취득한 지 3년이 넘었으며, 기본세율 계산의 경우 해당 구간 누진 공제액을 적용한다. 기본세율의 연수는 취득시점을 기준으로 한다)

<양도소득세 기준>

3주택	조정대상지역	1년 미만	40%	中 세액이 가장 큰 것
			기본세율+10%p	
	일반지역	2년 미만	40%	(경합 없음)
		2년 이상	기본세율	

<기본세율>

2018년 이후 기본세율	과표	1,200만 원 이하	4,600만 원 이하	8,800만 원 이하	1.5억 원 이하	3억 원 이하
	세율	7%	12%	24%	35%	38%
	누진 공제	–	108만 원	522만 원	1,490만 원	1,940만 원

※ 누진 공제액은 초과누진세율이 적용된 만큼의 금액을 납세자에게 돌려주는 금액이다.

① 522만 원
② 1,121만 원
③ 1,398만 원
④ 1,920만 원

13 W은행에서 근무하는 A사원은 고객 甲에게 적금 만기를 통보하고자 한다. 甲의 가입 상품 정보가 다음과 같을 때, A사원이 甲에게 안내할 금액은?

- 상품명 : W은행 희망적금
- 가입자 : 甲(본인)
- 가입기간 : 24개월
- 가입금액 : 매월 초 200,000원 납입
- 적용금리 : 연 2.0%
- 저축방법 : 정기적립식
- 이자지급방식 : 만기일시지급, 단리식

① 4,225,000원
② 4,500,000원
③ 4,725,000원
④ 4,900,000원

※ A씨는 올해 퇴직금 4,000만 원을 정산을 받아 S은행에 예금하고자 한다. 다음 S은행에서 제공하는 예금상품을 보고 이어지는 물음에 답하시오. [14~15]

<S은행 예금상품>

구분	기간	기본이율(연)	App 경유 가입 시 이율(연)
단리예금상품	3년	7%	9%
연 복리예금상품	3년	10%	12%

14 예금을 복리로 넣을 때와 단리로 넣을 때의 만기 시 수령 금액의 차이는?(단, 예금은 기본이율을 적용하고, $1.1^3 = 1.331$로 계산한다)

① 489만 원
② 464만 원
③ 468만 원
④ 484만 원

15 A씨는 단리예금상품에 퇴직금을 예치하고자 한다. App을 경유해 가입할 경우, 기본이율과 비교하여 만기 시 얼마의 이득을 더 얻을 수 있는가?

① 200만 원
② 220만 원
③ 240만 원
④ 260만 원

〈직장가입자 소득월액보험료〉

1. 개요
- '보수월액의 산정에 포함된 보수를 제외한 직장가입자의 소득(이하 '보수 외 소득')'이 연간 3,400만 원을 초과하는 직장가입자는 소득월액보험료 부과대상자가 된다.
- 소득월액보험료는 '보수 외 소득'을 소득종류별로 평가한 후 합산하여 12로 나눈 금액(소득월액)에 보험료율의 100분의 50을 곱하여 얻은 금액으로 부과(2018년 6월 이전 소득월액에 적용)한다.

2. 소득월액
- 보수월액에 포함된 보수를 제외한 직장가입자의 소득으로 이자, 배당, 사업, 근로, 연금, 기타소득을 12로 나눈 금액(근로소득, 연금소득 : 30% 적용)
- (소득월액)=[(연간 보수 외 소득)−(3,400만 원)]÷12
  ※ 소득종류별 평가
    - 이자・배당・사업・기타소득 : 100%
    - 근로・연금소득 : 30%
- 소득월액의 상한 및 하한 : 상한 ⇒ 3,182,760원 / 하한 ⇒ 없음

3. 소득월액보험료 산정방법
- (소득월액보험료)=(소득월액)×(건강보험료율)
- (장기요양보험료)=(소득월액보험료)×(장기요양보험료율)
- 소득월액보험료는 직장가입자 본인이 부담한다.

4. 보험료율
- 연도별 보험료율

적용기간	건강보험료율	장기요양보험료율	비고
2018.07. ~	6.46%	8.51%	건강보험율의 50%는 2018.06. 이전 소득월액에 적용

5. 건강보험료 경감 종류 및 경감률
- 섬・벽지 경감 : 보험료액의 50% 경감
- 군인 경감 : 보험료액의 20% 경감
- 사업장 화재 등 경감 : 보험료액의 30% 경감
- 종류가 중복될 경우 최대 경감률은 50%이다.

6. 건강보험료 면제 사유
- 국외 체류(여행・업무 등으로 1월 이상 체류하고 국내 거주 피부양자가 없는 경우), 현역병 등으로 군 복무, 교도소 기타 이에 준하는 시설에 수용된 자

7. 장기요양보험료 경감 사유 및 경감률
- 등록장애인(1 ~ 2급), 희귀난치성질환자(6종) : 30% 경감

16 H사원은 2022년 연말 정산을 하던 중 월급 이외의 기타소득으로 올해 4,000만 원을 벌었다는 사실을 깨달았다. H사원이 앞으로 매달 부담해야 할 소득월액보험료는?

① 25,960원

② 28,120원

③ 32,300원

④ 34,500원

17 ○○회사에 다니는 P대리가 2023년 1월부터 장기요양보험료로 매월 3,300원을 납부해야 한다면 P가 벌어들인 2022년도 소득월액은 얼마인가?(단, 보수 외 소득은 배당에 해당하고, 모든 계산 시 100원 미만은 버림한다)

① 668,000원

② 647,000월

③ 625,000원

④ 599,000원

※ 다음은 S은행의 환율과 관련된 자료들이다. 각 물음에 답하시오. [18~20]

〈S은행 환율 조회〉

(2023.03.21. AM 10:49 기준)

통화명	매매기준율	현찰 살 때	현찰 팔 때	송금 보낼 때	송금 받을 때
미국 USD	1,122.00	1,141.63	1,102.37	1,132.90	1,111.10
일본 JPY 100	1,005.92	1,023.52	988.32	1,015.77	996.07
유럽연합 EUR	1,252.15	1,277.06	1,227.24	1,264.67	1,239.63
중국 CNY	163.03	171.18	154.88	164.66	161.40
호주 AUD	836.00	852.46	819.54	844.36	827.64

※ 2023년 3월 동안 인터넷 환전 고객님께는 미국달러화, 일본엔화, 유로화는 80%, 기타통화는 30%로 수수료를 할인해드리는 할인쿠폰을 드립니다(보유 통화는 영업점마다 다르니 확인 후 방문해주시기 바랍니다).
※ 현찰 실거래 가격은 매매기준율에 환전 수수료를 더한 가격이다.

〈외환 수수료 규정〉

		국내 간 외화송금	실시간 국내송금(결제원이체)
외화자금 국내이체 수수료(당·타발)		USD 5,000 이하 : 5,000원 USD 10,000 이하 : 7,000원 USD 10,000 초과 : 10,000원	USD 10,000 이하 : 5,000원 USD 10,000 초과 : 10,000원
		※ 인터넷뱅킹 : 5,000원 ※ 실시간이체 : 타발 수수료는 없음	
해외로 외화송금	송금 수수료	USD 500 이하 : 5,000원 USD 2,000 이하 : 10,000원 USD 5,000 이하 : 15,000원 USD 20,000 이하 : 20,000원 USD 20,000 초과 : 25,000원 ※ 인터넷뱅킹 이용 시 건당 3,000 ~ 5,000원, ATM 및 자동이체 이용 시 40 ~ 70% 우대(타 서비스와 중복 할인 가능)	
		해외 및 중계은행 수수료를 신청인이 부담하는 경우 국외 현지 및 중계은행의 통화별 수수료를 추가로 징수(USD 18, EUR 20, JPY 3,000, GBP 12, CAD 20, AUD 20 등)	
	전신료	8,000원 ※ 인터넷뱅킹 및 자동이체 : 5,000원	
	조건변경 전신료	8,000원	
해외 / 타행에서 받은 송금		건당 10,000원	

18 S은행에 근무하는 Y사원은 다음과 같은 고객의 문의를 받게 되었다. 이에 대한 답변으로 옳은 것은?

안녕하세요.
일주일 뒤에 유럽 여행을 가기 전에 환전을 해두려고 합니다.
1,500유로를 영업점에 가서 환전하려면 얼마 정도의 비용이 드는지와 인터넷뱅킹으로 환전하면 얼마 정도 드는지 각각 알려주시면 감사하겠습니다.

① 고객님께서 환전하시는 데 드는 금액은 현재 환율 기준으로 1,885,930원이며, 인터넷뱅킹 이용 시 80% 환전 수수료 할인쿠폰을 적용하여 1,795,125원이 듭니다.

② 고객님께서 환전하시는 데 드는 금액은 현재 환율 기준으로 1,915,110원이며, 인터넷뱅킹 이용 시 80% 환전 수수료 할인쿠폰을 적용하여 1,802,105원이 듭니다.

③ 고객님께서 환전하시는 데 드는 금액은 현재 환율 기준으로 1,915,160원이며, 인터넷뱅킹 이용 시 80% 환전 수수료 할인쿠폰을 적용하여 1,835,725원이 듭니다.

④ 고객님께서 환전하시는 데 드는 금액은 현재 환율 기준으로 1,915,590원이며, 인터넷뱅킹 이용 시 80% 환전 수수료 할인쿠폰을 적용하여 1,885,698원이 듭니다.

19 A씨는 친구의 부탁으로 보유하고 있는 엔화를 국내의 타 은행으로 송금해야 한다. A씨가 800,000엔을 타 은행으로 송금 시 인터넷뱅킹을 이용할 경우와 영업점을 이용할 경우 수수료의 차이는 얼마인가?(단, 이날 일본 JPY 100 대비 미국 USD 매매기준율은 0.92달러/100엔이다)

① 1,000원 ② 2,000원
③ 3,000원 ④ 5,000원

20 자녀를 외국으로 유학을 보낸 고객이 찾아와 유학생 자녀에게 다음과 같이 송금을 하고자 한다. 고객이 지불해야 할 금액은 얼마인가?(단, 1원 미만은 절사한다)

• 송금 금액 : USD 4,000
• 송금 수수료 : 30% 할인쿠폰을 가지고 있음
• 중계은행 수수료 본인 부담

① 4,418,065원 ② 4,448,842원
③ 4,515,854원 ④ 4,570,492원

※ 다음은 대출에 관련된 금융 용어에 대한 설명이다. 자료를 참고하여 이어지는 질문에 답하시오. **[1~2]**

〈금융 용어〉

1) 거치기간 : 대출을 받은 후 원금을 제외하고, 이자만 납입하는 기간
2) 거치식상환 : 거치기간 동안 이자만 지불하며, 거치기간이 종료되면 원금과 이자를 원하는 방식으로 상환
3) 만기일시상환 : 약정기간 동안 이자만 부담하고 만기에 대출금을 모두 상환
4) 원금균등상환 : 대출원금을 대출기간으로 균등하게 나누어 매월 일정한 금액을 상환하고 이자는 매월 원금의 상환으로 줄어든 대출 잔액에 대해서만 지급
5) 원리금균등상환 : 대출원금과 이자를 융자기간 동안 매달 같은 금액으로 나누어 상환

01 다음 그래프는 대출상환방식에 따른 납입 원금금액과 납입 이자금액 그래프이다. 대출상환방식과 그 방식에 맞는 그래프가 가장 적절하게 연결된 것을 〈보기〉에서 모두 고르면?(단, 7회차가 만기일 이다)

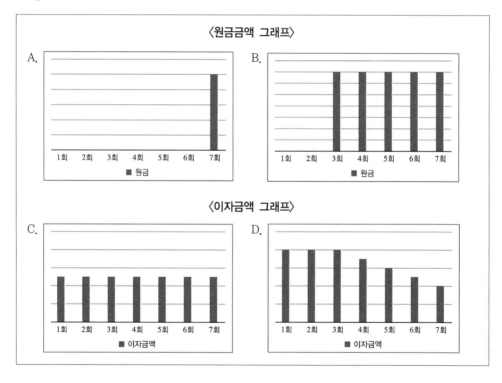

ㄱ. A - C, 만기일시상환
ㄴ. A - D, 만기일시상환
ㄷ. B - C, 거치식원금균등상환
ㄹ. B - D, 거치식원금균등상환
ㅁ. B - D, 원금균등상환

① ㄱ, ㄷ   ② ㄱ, ㄹ

③ ㄱ, ㅁ   ④ ㄴ, ㄷ

02 다음은 갑, 을, 병, 정 네 사람의 대출상환방식에 대한 요구사항이다. 요구사항을 고려하여 대출상환방식을 정하려고 할 때, 네 사람이 각각 선택할 대출상환방식이 적절하게 연결된 것은?(단, 모두 다른 대출상환방식을 택했다)

- 갑 : 저는 최대한 이자를 적게 내고 싶습니다.
- 을 : 저는 자금을 계획적으로 운영하고 있습니다. 이에 틀어지지 않도록 매달 상환금액이 동일했으면 좋겠습니다.
- 병 : 저는 전세자금 마련을 위해 큰 금액의 대출을 받아야 하기 때문에 원금과 이자를 매달 상환하는 것은 부담이 됩니다. 하지만 전세기간이 만료되면 원금 전액을 즉시 상환할 수 있습니다.
- 정 : 저는 갑작스러운 병원비로 목돈이 나가 생계가 곤란하여 대출을 받게 되었습니다. 대출은 필요하지만 현 상황에 있어서 상환은 부담이 됩니다. 하지만 매월 소득이 있기에 상황이 안정되면 매달 일정금액의 원리금을 상환할 수 있습니다.

	거치식상환	만기일시상환	원금균등상환	원리금균등상환
①	병	정	갑	을
②	병	정	을	갑
③	병	을	갑	정
④	정	병	갑	을

03 회사원 B씨는 퇴직하여 2007년도부터 매년 말에 연금 2,000만 원을 받았다. 연금은 매년 8%씩 증가하여 나온다. B씨는 저축을 위해 매년 말에 받은 연금으로 그 다음 해 연초에 연 3% 복리예금 비과세 상품 1개를 들었다. 2022년 말에 회사원 B씨가 모은 돈은 얼마인가?(단, 2022년에 받는 연금까지 합산하며, $\dfrac{1.08}{1.03}=1.05$, $1.03^{15}=1.6$, $1.08^{15}=1.6$, $1.05^{16}=2.2$로 계산한다)

① 2억 3,600만 원
② 5억 2,700만 원
③ 6억 5,800만 원
④ 7억 6,800만 원

04 A씨는 무역회사에서 재직하고 있으며, 해외 출장을 자주 다닌다. 최근 무역계약을 위해 홍콩에 방문할 계획이 잡혔다. A씨는 여러 나라를 다니면서 사용하고 남은 화폐를 모아 홍콩달러로 환전하고자 한다. 다음에 제시된 자료를 토대로 A씨가 받을 수 있는 금액은 얼마인가?(단, 환전에 따른 기타 수수료는 발생하지 않는다)

〈은행상담내용〉

A씨 : 제가 가지고 있는 외화들을 환전해서 홍콩달러로 받고 싶은데요. 절차가 어떻게 진행되나요?

행원 : A고객님. 외화를 다른 외화로 환전하실 경우에는 먼저 외화를 원화로 환전한 뒤, 다시 원하시는 나라의 외화로 환전해야 합니다. 그렇게 진행할까요?

A씨 : 네. 그렇게 해주세요. 제가 가지고 있는 외화는 미화 $1,000, 유로화 €500, 위안화 ￥10,000, 엔화 ￥5,000입니다. 홍콩달러로 얼마나 될까요?

〈환율전광판〉

(단위 : 원)

통화명	매매기준율	현찰		송금	
		살 때	팔 때	보낼 때	받을 때
미국 USD	1,211.60	1,232.80	1,190.40	1,223.40	1,199.80
유럽연합 EUR	1,326.52	1,356.91	1,300.13	1,339.78	1,313.26
중국 CNY	185.15	198.11	175.90	187.00	183.30
홍콩 HKD	155.97	159.07	152.87	157.52	154.42
일본 JPY 100	1,065.28	1,083.92	1,046.64	1,075.71	1,054.85

※ 환전 시 소수점 단위 금액은 절사한다.

① HK$ 20,184
② HK$ 21,157
③ HK$ 22,957
④ HK$ 23,888

05 직장인 A씨는 업무 시간에는 도저히 은행에 갈 수 없어서 퇴근 후인 6시 30분에 회사 1층에 있는 N은행 자동화기기를 사용하여 거래하려고 한다. A씨는 N은행 카드로 10만 원을 우선 출금한 후 P은행 통장으로 5만 원을 이체한 후 남은 5만 원을 본인이 가지고 있는 K은행 카드에 입금하려고 한다. 이때 A씨가 지불해야 하는 총수수료는?

<자동화기기 거래>

구분			영업시간 내			영업시간 외		
			3만 원 이하	10만 원 이하	10만 원 초과	3만 원 이하	10만 원 이하	10만 원 초과
N은행 자동화기기 이용 시	출금		면제			250원	500원	
	이체	N은행으로 보낼 때	면제			면제		
		다른 은행으로 보낼 때	400원	500원	1,000원	700원	800원	1,000원
	타행카드 현금입금		700원			1,000원		
다른 은행 자동화기기 이용 시	출금		800원			1,000원		
	이체		500원		1,000원	800원		1,000원

※ N은행 자동화기기 출금 시 수수료 감면 사항
 – 만 65세 이상 예금주의 출금거래는 100원 추가 할인
 – 당일 영업시간 외에 10만 원 초과 출금 시 2회차 거래부터 수수료 50% 감면
※ 영업시간 내 기준 : 평일 08:30 ~ 18:00, 토요일 08:30 ~ 14:00(공휴일 및 휴일은 영업시간 외 적용)

① 800원

② 1,300원

③ 1,600원

④ 2,300원

06 다음은 확정급여형과 확정기여형 2가지의 퇴직연금제도에 대한 자료이다. A씨의 근무정보 및 예상 투자수익률 등에 대한 정보가 〈보기〉와 같을 때, 퇴직연금제도별로 A씨가 수령할 것으로 예상되는 퇴직금 총액이 바르게 연결된 것은?

〈퇴직연금제도〉

○ 확정급여형(DB형)
- 근로자가 받을 퇴직금 급여의 수준이 사전에 결정되어 있는 퇴직연금제도로서, 회사는 금융기관을 통해 근로자의 퇴직금을 운용하고 근로자는 정해진 퇴직금을 받는 제도이다.
- (퇴직금)=(직전 3개월 평균임금)×(근속연수)

○ 확정기여형(DC형)
- 회사가 부담해야 할 부담금 수준이 사전에 결정되어 있는 제도로서, 회사가 회사부담금을 금융기관에 납부하고, 회사부담금 및 근로자부담금을 근로자가 직접 운용해서 부담금(원금) 및 그 운용손익을 퇴직금으로 받는 제도이다.
- $(퇴직금)=\left[(연\ 임금총액의\ 총합)\times\dfrac{1}{12}\times(1+운용수익률)\right]$

보기

- A는 퇴직하려는 회사에 2012년 5월 7일에 입사하였고, 2022년 8월 2일에 퇴직할 예정이다.
- A가 퇴직하려는 해의 A의 월급은 평균 900만 원이다.
- A의 월급은 매년 1월 1일에 50만 원씩 인상되었다.
- A의 예상 운용수익률은 매년 10%이다.
- 매년 회사의 퇴직금 부담률은 A의 당해 연도 평균월급의 50%이다.

	확정급여형	확정기여형
①	1억 원	7,425만 원
②	1억 원	6,750만 원
③	9,000만 원	7,425만 원
④	9,000만 원	6,750만 원

07 K씨는 대출 계산기에 다음과 같이 입력한 후, 〈보기〉와 같은 결과를 얻었다. 다음 중 〈보기〉의 (가) ~ (라)에 들어갈 수치로 적절하지 않은 것은?(단, 대출이자는 소수점 첫째 자리에서 반올림한 값이다)

대출금액	대출기간	연이자율	상환방법
3,000,000원	1년	5%	원금균등

보기

〈월별 상환금과 대출잔금〉

회차	납입원금	대출이자	월상환금	대출잔금
1	250,000원	12,500원	262,500원	2,750,000원
2	250,000원		(가)	2,500,000원
3	250,000원	10,417원	260,417원	2,250,000원
4	250,000원	9,375원	259,375원	2,000,000원
5	250,000원		(나)	1,750,000원
6	250,000원	7,292원	257,292원	1,500,000원
7	250,000원	(다)		1,250,000원
8	250,000원	5,208원	255,208원	1,000,000원
9	250,000원		(라)	750,000원
10	250,000원	3,125원	253,125원	500,000원
11	250,000원	254,167원		250,000원
12	250,000원	1,042원	251,042원	0원

① (가) : 261,458원 ② (나) : 258,333원
③ (다) : 6,150원 ④ (라) : 254,167원

08 W은행에서는 다음과 같은 조건으로 적금을 판매하고 있다. 주부 A씨가 이 적금에 가입할 때, 수령하게 될 만기환급금은 얼마인가?(단, 이자 계산 시 천 원 단위에서 반올림하고, 이자 소득세는 15%로 천 원 단위까지 계산한다. 또한 다른 세금은 고려하지 않는다)

⟨W은행 적금⟩

- 가입자 조건 : 없음
- 가입 기간 : 36개월
- 가입 금액 : 월초 30만 원씩 납입
- 적용 금리 : 연 2.5%
- 저축 방식 : 정기적금
- 이자 계산 방식 : 단리형, 만기일시지급형

---

① 1,115.7만 원
② 1,118.3만 원
③ 1,120만 원
④ 1,122만 원

09 K씨는 W은행에서 금융상품 상담을 담당하고 있다. W은행에 방문한 고객에게 다음 4가지 상품 중 수익이 가장 높은 상품을 선택하고자 할 때, K씨가 추천해줄 상품으로 옳은 것은?[단, $\left(1+\dfrac{0.03}{12}\right)^{24}=1.06$, $\left(1+\dfrac{0.02}{12}\right)^{12}=1.02$, $\left(1+\dfrac{0.02}{12}\right)^{36}=1.06$이다]

⟨W은행 금융상품⟩

상품명	가입금액(만 원)	가입기간	금리
햇살예금	200	2년	연 3%(연 복리)
별빛예금	120	2년	연 3%(월 복리)
새싹예금	220	1년	연 3%(연 복리)
이슬예금	200	1년	연 2%(월 복리)

※ 모든 상품은 이자지급방식으로 만기이자지급식을 채택한다.
※ 상품 선택에 있어서 이자소득세는 고려하지 않는다.

① 햇살예금
② 별빛예금
③ 새싹예금
④ 이슬예금

※ 다음은 ○○공사의 보험료 과오납의 처리 규정이다. 다음 자료를 읽고 이어지는 질문에 답하시오.
[10~11]

○ 과오납의 처리

- 금융기관이 보험료(특별기여금 포함)를 과납한 경우 증빙자료를 첨부하여 공사에 환급을 요청할 수 있으며, 이때 공사는 사실 확인을 하여 정당하다고 판단될 경우 과납한 보험료에 환급이자를 가산하여 환급합니다.
  - 환급이자는 과납금액에 납부일 다음 날부터 환급일까지의 일수만큼 국세기본법시행령 제43조의 3의 환급이자율을 곱하여 산정
- 금융기관은 보험료 및 특별기여금을 납부기한까지 납부하지 아니하거나 부족하게 납부한 경우, 동 미납액에 연체료를 합산한 금액을 공사에 즉시 납부하여야 합니다.
  - 연체료는 미납액에 납부 지연일수만큼 연체이자율(납부기일의 일반은행 일반자금대출 시 평균연체이자율)을 곱하여 산정

10 금융회사인 A사는 2022년 4월 7일에 ○○공사에 1,000,000원의 보험료를 과납하였다. A사는 즉시 증빙자료를 첨부하여 ○○공사에 환급 요청을 하였으며, ○○공사는 이를 정당하다고 판단하였다. ○○공사가 2022년 4월 11일 A사에 환급하였다고 할 때, ○○공사가 A사에 환급한 금액은 얼마인가?[단, 환급이자율은 1.2%이며, $(1.012)^4 ≒ 1.04$로 계산한다]

① 1,010,000원
② 1,025,000원
③ 1,040,000원
④ 1,075,000원

11 금융회사인 B사는 2022년 7월 2일까지 ○○공사에 납부하여야 하는 1,200,000원의 보험료를 미납하였다. B사가 2022년 7월 5일에 미납액과 연체료를 합산한 금액을 모두 납부하였다고 할 때, 그 금액은 얼마인가?[단, 연체이자율은 2.0%이며, $(1.02)^3 ≒ 1.06$으로 계산한다]

① 1,258,000원
② 1,261,000원
③ 1,272,000원
④ 1,278,000원

※ 다음은 A대리가 가입하고자 하는 W은행의 단리적금상품인 '별빛적금'에 대한 정보이다. 자료를 읽고 이어지는 질문에 답하시오. **[12~13]**

<h3 style="text-align:center">〈별빛적금 상품정보〉</h3>

- 가입대상

  실명의 개인
- 가입기간

  24개월, 36개월, 48개월 중 선택(해당 기간 외 임의 선택 불가)
- 적립방법 및 저축금액

  − 정액적립 : 매월 1만 원 이상 250만 원 이하

  − 추가적립 : 월 정액적립금액을 초과한 금액으로 최대 50만 원 이하
- 기본금리

가입기간	금리
24개월	연 1.20%
36개월	연 1.50%
48개월	연 2.00%

- 금리 우대사항

우대사항	적용이율	내용
월급이체 우대	연 0.20%p	월급통장에서 해당 적금 계좌로 정기 이체할 경우
제휴통신사 우대	연 0.10%p 또는 연 0.15%p	− 해당 적금 가입일 현재 K통신사 고객이며 W은행 계좌에서 통신요금을 자동이체 중인 경우(연 0.10%p) − 해당 적금 가입일 현재 P통신사 고객이며 W은행 계좌에서 통신요금을 자동이체 중인 경우(연 0.15%p)
제휴보험사 보험상품 가입 우대	연 0.20%p	해당 적금 가입일 현재 T보험사의 자동차보험 혹은 생명보험에 가입한 경우
우수거래 고객 우대	연 0.20%p	해당 적금 가입일 기준 예금주의 W은행 거래기간이 2년 이상인 경우(W은행 계좌 최초개설일을 거래기간의 기산점으로 한다.)

※ 우대금리는 최대 연 0.4%p까지 적용

※ 만기 전 해지 시 우대이율 미적용

---

12 A대리는 2023년 2월 1일에 별빛적금에 가입하고자 한다. A대리에 대한 정보가 다음과 같을 때, A대리의 만기수령액은?

〈정보〉

- 가입기간을 36개월로 하여 본인 명의로 가입하고자 한다.
- 월급통장에서 별빛적금통장으로 매월 1일 100만 원을 납입할 계획이다.
- K통신사 고객이며, 타 은행 계좌에서 통신요금을 자동이체 중이다.
- 2022년 8월부터 T보험사의 생명보험에 가입 중이다.
- 별빛적금 가입이 W은행과의 최초거래이다.

① 36,150,700원　　　　　　　② 36,940,200원
③ 37,054,500원　　　　　　　④ 37,505,000원

13 A대리에 대한 정보가 다음과 같이 바뀌었다. A대리가 2023년 3월 1일에 별빛적금에 가입하고자 할 때, A대리에게 적용되는 금리와 만기 시 수령할 이자액으로 옳은 것은?

〈정보〉

- 가입기간을 24개월로 하여 본인 명의로 가입하고자 한다.
- 월급통장이 아닌 통장에서 매월 1일 150만 원을 납입할 계획이다.
- P통신사 고객이며 W은행 계좌에서 통신요금을 자동이체 중이다.
- 2022년 12월부터 Q보험사의 자동차보험에 가입 중이다.
- 2020년 1월에 W은행 계좌를 처음으로 개설하였다.

	적용금리	만기수령 이자액
①	연 1.40%	525,000원
②	연 1.55%	581,250원
③	연 1.55%	637,500원
④	연 1.70%	581,250원

※ 비과세 절세상품을 알아보던 직장인 B씨는 최근 조합 예탁금 및 적금이라는 상품을 알게 되었다. 다음은 해당 상품에 대해 B씨가 조사한 내용이다. 자료를 바탕으로 이어지는 질문에 알맞은 답을 고르시오. [14~15]

〈조합 예탁금 · 적금〉

■ 세부정보

조합 예탁금 가입 금융기관	M금고, N은행, S은행, S조합
특징	• 이자소득세 부분 또는 전체 면제, 농특세 비면제 금융 상품 • 예금과 적금 모두 가능
1인당 예탁금 한도	합산 3,000만 원
대상	제한 없음
세율 안내	• 세금우대저축(단계별적용) − 2020년까지 발생하는 소득 : 이자소득세 0%, 농특세 1.4% − 2021.1.1. ~ 2021.12.31. : 이자소득세 5%, 농특세 0.9% − 2022년 이후 발생하는 소득 : 이자소득세 9%, 농특세 0.5% • 비과세종합저축(2015년부터 2019년까지 가입 시) 이자소득세 0%, 농특세 0% • 생계형저축(2014년 12월 31일 이전에 가입한 경우) 이자소득세 0%, 농특세 0% • 세금우대종합저축(2014년 12월 31일 이전에 가입한 경우) 이자소득세 9%, 농특세 0.5%
주의사항	• 일반통장의 이자소득세 면제 혜택을 보기 위해서는 출자금통장이 필요 • 출자금통장은 조합원인 경우에만 발급 가능 • 조합원의 요건 − 금고 업무 구역 내에 주소나 거소가 있는 자 또는 생업에 종사하는 자 − 출자금 납입(3 ~ 5만 원) ※ 출자금통장은 정해진 이율이 없으며 영업실적에 따라서 매년 배당을 해주rh, 현재 다른 조건이 없으면 2.5%로 계산한다. ※ 출자금통장에 납부한 3만 원은 나중에 다시 돌려받을 수 있다.

■ 예탁금(예금) − 단리(세전)

(단위 : %)

가입기간	1개월 이상	3개월 이상	6개월 이상	12개월 이상	24개월 이상	36개월 이상
금리(연)	1.2	1.4	1.5	2.05	2.1	2.1

■ 정기적금 − 단리(세전)

(단위 : %)

가입기간	1개월 이상	3개월 이상	6개월 이상	12개월 이상	24개월 이상	36개월 이상
금리(연)	1.5	2.1	2.2	2.5	2.6	2.6

14 다음은 B씨가 현재까지 가입한 통장 및 앞으로의 계획이다. 조합원 자격을 획득한 B씨는 모든 상품을 일반통장에 넣었을 때보다 이자에 과세되는 세금을 얼마만큼 절세할 수 있는가?(단, 일반통장의 이자소득세는 15.4%이며, 최종 금액의 천 원 단위에서 반올림한다)

<B씨가 가입한 상품>

상품	가입 기간	납입액
세금우대저축용 정기적금	2017. 3. 2. ~ 2019. 3. 1.	월 20만 원
세금우대저축용 예금	2018. 5. 3. ~ 2022. 2. 1.	예치금 2,000만 원
생계형저축 정기적금	2015. 5. 3. ~ 2016. 7. 2.	월 15만 원
비과세종합저축 예금	2018. 1. 1. ~ 2018. 12. 31.	예치금 300만 원

※ 정기적금은 처음 개설일 일자를 기준으로 매달 납입한다.

① 19만 원   ② 23만 원

③ 25만 원   ④ 28만 원

15 B씨와 그의 동료들은 조합 예탁금 적금 상품을 이용하고자 한다. 다음과 같은 조건으로 각각 납입하고자 할 때, 납부해야 할 세금이 가장 많은 사람부터 적은 사람 순으로 알맞게 나열한 것은?(단, 일반 이자소득세는 15.4%로 가정하며 조합적금은 모두 비과세 저축용 상품이다)

> **조건**
>
> • A씨 : 집주소가 근처 S은행에 있고 해외에서 근무하며, 출자금 5만 원을 납입하고 출자금통장을 만들려고 한다. 2017년 2월 1일에 가입하였으며 2년 동안 매월 1일에 20만 원씩 조합 적금을 들려고 한다.
> • B씨 : 기존 조합원의 자격을 가지고 있으며 출자금통장을 보유하고 있다. 2017년도 1월부터 매월 1일에 10만 원씩 1년 동안 조합 적금을 들고자 한다.
> • C씨 : 농사를 짓고 있으며 근처 N은행에서 출자금 3만 원을 내고 출자금통장을 만들려고 한다. 2018년도 1월부터 1년 동안 매월 1일에 40만 원씩 조합 적금을 들려고 한다.

① C－B－A   ② A－B－C

③ A－C－B   ④ B－C－A

배우기만 하고 생각하지 않으면 얻는 것이 없고,
생각만 하고 배우지 않으면 위태롭다.

- 공자 -

PART **2**

합격의 공식 SD에듀 www.sdedu.co.kr

수추리능력

01 수추리능력 이론

01 등차수열과 등비수열

1. 등차수열

첫째항부터 차례로 일정한 수를 더하여 얻어지는 수열이다.

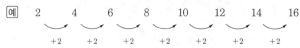

2. 등비수열

첫째항부터 차례로 일정한 수를 곱하여 얻어지는 수열이다.

02 여러 가지 수열

1. 계차수열

(1) **계차(階差, Difference)** : 이웃하는 두 항 사이의 차를 말한다.

(2) **계차수열** : 계차가 일정한 규칙을 가지는 수열을 말한다.

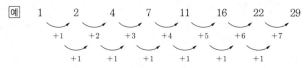

2. 건너뛰기수열

두 개 이상의 수열이 일정한 간격을 두고 번갈아가며 나타나는 수열이다.

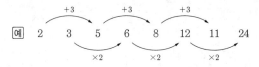

3. 교대수열

+, −, ×, ÷의 규칙이 번갈아 가면서 규칙성을 가지는 수열이다.

예
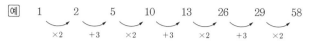

4. 피보나치수열

앞의 두 항의 합이 다음 항을 이루는 수열이다.

예
$$1 \quad 1 \quad \underset{1+1}{2} \quad \underset{1+2}{3} \quad \underset{2+3}{5} \quad \underset{3+5}{8} \quad \underset{5+8}{13} \quad \underset{8+13}{21}$$

5. 분수수열

분수의 분자와 분모가 규칙을 가지는 수열이다.

예
$$\frac{1}{7} \quad \frac{2}{9} \quad \frac{4}{11} \quad \frac{8}{13} \quad \frac{16}{15} \quad \frac{32}{17} \quad \frac{64}{19} \quad \frac{128}{21}$$

(분자 ×2, 분모 +2)

6. 군수열(그룹수열)

일정한 규칙성으로 몇 항씩 군(그룹)으로 분할하여 나열한 수열이다.

예

---

03 특수한 규칙의 수열

1. 앞의 항에 일정하게 변화된 수를 곱하거나 나누어 진행하는 수열

예
$$1 \quad 1 \quad 2 \quad 6 \quad 24 \quad 120 \quad 720 \quad 5,040$$

$$\times 1 \quad \times 2 \quad \times 3 \quad \times 4 \quad \times 5 \quad \times 6 \quad \times 7$$

2. 등차수열과 등비수열이 결합하여 나타나는 수열

예

3. $a_{n+1} = pa_n + q$ (p, q는 수 또는 식) 꼴의 수열

04 문자수열 추리

1. 문자수열의 추리방법

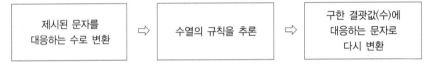

2. 문자수열 대응표

(1) 알파벳

1	2	3	4	5	6	7	8	9	10	11	12	13	14	15	16	17	18	19	20
A	B	C	D	E	F	G	H	I	J	K	L	M	N	O	P	Q	R	S	T
21	22	23	24	25	26	27	28	29	30	31	32	33	34	35	36	37	38	39	40
U	V	W	X	Y	Z	A	B	C	D	E	F	G	H	I	J	K	L	M	N

(2) 한글자음

1	2	3	4	5	6	7	8	9	10	11	12	13	14	15	16	17	18	19	20
ㄱ	ㄴ	ㄷ	ㄹ	ㅁ	ㅂ	ㅅ	ㅇ	ㅈ	ㅊ	ㅋ	ㅌ	ㅍ	ㅎ	ㄱ	ㄴ	ㄷ	ㄹ	ㅁ	ㅂ

(3) 한글모음

1	2	3	4	5	6	7	8	9	10	11	12	13	14	15	16	17	18	19	20
ㅏ	ㅑ	ㅓ	ㅕ	ㅗ	ㅛ	ㅜ	ㅠ	ㅡ	ㅣ	ㅏ	ㅑ	ㅓ	ㅕ	ㅗ	ㅛ	ㅜ	ㅠ	ㅡ	ㅣ

1. 도형수열의 추리방법

(1) 하나의 도형이 제시된 경우

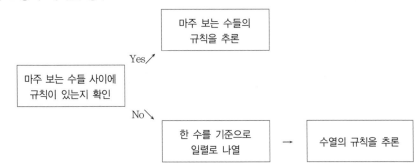

(2) 여러 개의 도형이 제시된 경우

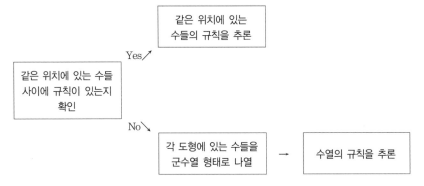

2. 도형수열의 예

(1) 삼각형 수열

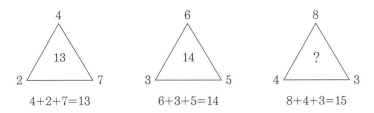

$$4+2+7=13 \qquad 6+3+5=14 \qquad 8+4+3=15$$

(2) 단일 표 수열

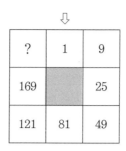

1^2	3^2	5^2	7^2	9^2	11^2	13^2	15^2
1	9	25	49	81	121	169	225

(3) 다중 표 수열

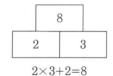 →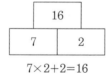

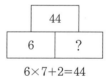

$3\times4=12$	$14\times4=56$
$7\times4=28$	$2\times4=8$

(4) 피라미드 수열

	8				16				44	
2		3		7		2		6		?

$2\times3+2=8$ $7\times2+2=16$ $6\times7+2=44$

(5) 가지형 수열

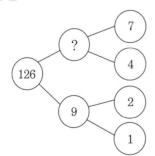

$(7+4)\times3=33$	
	$(33+9)\times3=126$
$(2+1)\times3=9$	

(6) 단일 원형 수열

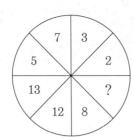

마주 보는 수의 합이 일정하다.
$2+13=15$
$3+12=15$
$7+8=15$
$5+10=15$

(7) 다중 원형 수열

$2+4+1=7$ $\qquad$ $5+7+1=13$ $\qquad$ $6+8+1=15$

02 │ 수열 추리

대표유형 | **수열 추리**

일정한 규칙으로 수를 나열할 때, 빈칸에 들어갈 수는?

| 0 | 3 | 5 | 10 | 17 | 29 | 48 | ( ) |

① 55 　　　　　　　　　　② 60

③ 71 　　　　　　　　　　④ 79

정답 | **해설**

n을 자연수라 하면 $(n+1)$항에서 n항을 더하고 $+2$를 한 값인 $(n+2)$항이 되는 수열이다.
따라서 ( )=48+29+2=79이다.

정답 ④

30초 컷 풀이 Tip

수열을 풀이할 때는 다음과 같은 규칙이 적용되는지를 순차적으로 판단한다.
1. 각 항에 일정한 수를 사칙연산(+, −, ×, ÷)하는 규칙
2. 홀수 항, 짝수 항 규칙
3. 피보나치 수열과 같은 계차를 이용한 규칙
4. 군수열을 활용한 규칙
5. 항끼리 사칙연산을 하는 규칙

※ 일정한 규칙으로 수를 나열할 때, 빈칸에 들어갈 알맞은 수를 고르시오. [1~30]

01

| | 1 | 6 | −4 | ( ) | −9 | 16 |

① 5　　　　　　　　　　　　② 9
③ 11　　　　　　　　　　　④ 13

02

| | 3 | 10 | 24 | ( ) | 73 | 108 |

① 45　　　　　　　　　　　② 50
③ 55　　　　　　　　　　　④ 60

03

| | 121 | 121 | 243 | 484 | 487 | ( ) | 975 |

① 918　　　　　　　　　　② 964
③ 1,000　　　　　　　　　④ 1,089

04

| | 19 | 29 | 20 | ( ) | 22 | 26 | 25 | 23 |

① 25　　　　　　　　　　　② 26
③ 27　　　　　　　　　　　④ 28

05

	1	2	3	(	)	4	7	9	2	6	9	10	5

① 3   ② 2

③ 1   ④ 0

06

		5	-2	17	-23	74	(	)

① -85 ② -143

③ -151 ④ -215

07

		0	(	)	-6	-18	-24	-72	-78

① -6 ② -2

③ 0   ④ 2

08

		$\dfrac{7}{11}$	$\dfrac{2}{22}$	$-\dfrac{4}{44}$	$-\dfrac{11}{77}$	$-\dfrac{19}{121}$	(	)

① $-\dfrac{20}{150}$ ② $-\dfrac{26}{176}$

③ $-\dfrac{22}{154}$ ④ $-\dfrac{28}{176}$

09

$\dfrac{1}{3}$	$\dfrac{4}{3}$	$\dfrac{11}{6}$	$\dfrac{13}{6}$	$\dfrac{29}{12}$	( )

① $\dfrac{10}{3}$ ② $\dfrac{19}{6}$

③ $\dfrac{31}{12}$ ④ $\dfrac{157}{60}$

10

2	4	4	2	3	( )	9	3	5	10	25	5

① 3   ② 4

③ 5   ④ 6

11

2	512	20	512	200	256	2,000	( )

① 60   ② 64

③ 128   ④ 164

12

7	20	59	176	527	( )

① 1,482   ② 1,580

③ 1,582   ④ 1,680

13

-15	( )	-26	-30	-33

① -21 ② -22

③ -23 ④ -24

14

	1	2	8	( )	148	765	4,626

① 12　　　　　　　　　　　　② 33
③ 24　　　　　　　　　　　　④ 27

15

$$\frac{2}{7} \qquad \frac{10}{6} \qquad \frac{50}{5} \qquad \frac{250}{4} \qquad (\quad)$$

① $\dfrac{1,250}{4}$　　　　　　　② $\dfrac{1,000}{4}$

③ $\dfrac{1,250}{3}$　　　　　　　④ $\dfrac{1,000}{3}$

16

0.8	2.0	1.0	2.2	1.1	( )	1.15

① 2.0　　　　　　　　　　　　② 2.3
③ 2.6　　　　　　　　　　　　④ 2.9

17

1	3	6	11	( )	29

① 16　　　　　　　　　　　　② 18
③ 21　　　　　　　　　　　　④ 23

18

$$\frac{101}{399} \qquad \frac{126}{374} \qquad (\quad) \qquad \frac{221}{279} \qquad \frac{284}{216}$$

① $\dfrac{112}{578}$

② $\dfrac{67}{312}$

③ $\dfrac{19}{481}$

④ $\dfrac{77}{223}$

19

$$121 \qquad 144 \qquad 169 \qquad (\quad) \qquad 225$$

① 182

② 186

③ 192

④ 196

20

$$51 \qquad 50 \qquad 42 \qquad 59 \qquad 13 \qquad 88 \qquad 72 \qquad (\quad)$$

① 27

② 29

③ 31

④ 33

21

$$4 \qquad \frac{1}{2} \qquad \frac{1}{2} \qquad \frac{8}{6} \qquad \frac{3}{8} \qquad 2 \qquad \frac{7}{9} \qquad 3 \qquad (\quad)$$

① $\dfrac{3}{7}$

② $\dfrac{4}{7}$

③ $\dfrac{5}{7}$

④ $\dfrac{3}{9}$

22

| 7 | 8 | 9.1 | 11.1 | 13.3 | 16.3 | 19.6 | 23.6 | ( ) |

① 28　　　　　　　　　　　　② 28.3
③ 28.6　　　　　　　　　　　④ 29.1

23

| 11 | 9 | 2 | 14 | 5 | 4 | 27 | 7 | ( ) |

① 5　　　　　　　　　　　　② 6
③ 7　　　　　　　　　　　　④ 8

24

| 3 | −10 | −4 | −7 | 10 | −1 | ( ) | 8 |

① 4　　　　　　　　　　　　② −12
③ 8　　　　　　　　　　　　④ −18

25

| 1 | 2 | 3 | 20 | 13 | 6 | 70 | ( ) | 2 |

① 32　　　　　　　　　　　　② 34
③ 36　　　　　　　　　　　　④ 38

26

| 10 | 49 | 33 | 47 | 102 | 45 | ( ) |

① 306　　　　　　　　　　　② 307
③ 308　　　　　　　　　　　④ 309

27

| | | 1 | 2 | 2 | 6 | 4 | 1 | (|) | |

① 8   ② 9

③ 10   ④ 12

28

| | | 1 | 2 | 3 | 5 | 8 | (|) | |

① 12   ② 13

③ 14   ④ 15

29

| | | 10 | 3 | 7 | −4 | 11 | −15 | (|) | |

① 22   ② 24

③ 26   ④ 28

30

| | | 4 | 2 | 6 | −2 | 14 | −18 | (|) | |

① 46   ② −46

③ 52   ④ −52

※ 일정한 규칙으로 수를 나열할 때, 빈칸에 들어갈 알맞은 수를 고르시오. [1~20]

01

| 6 | 5 | 7 | 11 | 10 | 12 | 26 | 25 | ( ) |

① 27　　　　　　　　　　　　　　② 28
③ 29　　　　　　　　　　　　　　④ 30

02

| 3 | 4 | 5 | 6 | 16 | 30 | 12 | ( ) | 180 | 24 | 256 | 1,080 |

① 45　　　　　　　　　　　　　　② 64
③ 75　　　　　　　　　　　　　　④ 80

03

| 10 | 8 | 16 | 13 | 39 | 35 | ( ) |

① 90　　　　　　　　　　　　　　② 100
③ 120　　　　　　　　　　　　　　④ 140

04

| −296 | 152 | −72 | 40 | −16 | ( ) | −2 |

① 4　　　　　　　　　　　　　　② 7
③ 8　　　　　　　　　　　　　　④ 12

05

$$-73 \quad -42 \quad -31 \quad -11 \quad -20 \quad 9 \quad (\quad)$$

① -29　　　　　　　　　　② -14
③ 12　　　　　　　　　　④ 20

06

$$\frac{6}{15} \quad \frac{18}{15} \quad \frac{18}{45} \quad (\quad) \quad \frac{54}{135}$$

① $\dfrac{36}{135}$　　　　　　　② $\dfrac{54}{135}$
③ $\dfrac{54}{68}$　　　　　　　④ $\dfrac{54}{45}$

07

$$2 \quad 12 \quad 32 \quad 72 \quad 152 \quad 312 \quad 632 \quad (\quad)$$

① $1,252$　　　　　　　② $1,262$
③ $1,264$　　　　　　　④ $1,272$

08

$$-3 \quad -1 \quad -5 \quad 3 \quad -13 \quad (\quad)$$

① 12　　　　　　　　② -15
③ 19　　　　　　　　④ -21

09

	5	6	1	$\frac{3}{2}$	$\frac{3}{2}$	3	12	( )	-1

① 4 ② $\frac{11}{3}$

③ $\frac{10}{3}$ ④ 3

10

	$\frac{36}{2}$	$\frac{37}{4}$	$\frac{38}{8}$	$\frac{39}{16}$	( )

① $\frac{40}{32}$ ② $\frac{40}{36}$

③ $\frac{40}{48}$ ④ $\frac{40}{52}$

11

	-3	-6	( )	-66	-258	$-1,026$

① -55 ② -47
③ -27 ④ -18

12

	1	$-\frac{1}{2}$	0.2	$\frac{1}{6}$	0.06	$\frac{1}{24}$	0.024	$-\frac{1}{120}$	0.012	( )

① $-\frac{1}{240}$ ② $-\frac{1}{360}$

③ $-\frac{1}{600}$ ④ $-\frac{1}{720}$

13

| 150 | 7 | 149 | 8 | 138 | 12 | 27 | ( ) | −1,084 | 37 |

① 18　　　　　　　　　　　② 21
③ 22　　　　　　　　　　　④ 24

14

| 96 | 24 | 6 | 6 | 3 | ( ) |

① 1　　　　　　　　　　　② 2
③ 3　　　　　　　　　　　④ 4

15

| 0.5 | 1.4 | 1.2 | 4.1 | 2.8 | 12.2 | 6.2 | ( ) |

① 36.5　　　　　　　　　　② 36.6
③ 37.5　　　　　　　　　　④ 37.6

16

| 23 | 46 | 44 | 88 | ( ) | 172 | 170 |

① 84　　　　　　　　　　　② 86
③ 88　　　　　　　　　　　④ 90

	18	13	10.5	9.25	(	)

① 6.5   ② 8.625
③ 9.2   ④ 9.625

	225	256	289	324	(	)	400

① 148   ② 242
③ 263   ④ 361

	3	15	4	2	20	(	)	4	16	5

① 1   ② 2
③ 3   ④ 4

	10	7	6	9	(	)	35	62

① 18   ② 20
③ 22   ④ 24

03 | 문자 · 도형 추리

대표유형 1 문자 추리

일정한 규칙으로 문자를 나열할 때, 빈칸에 들어갈 문자는?

E	I	O	W	G	( )

① J
② M
③ P
④ S

정답 해설

알파벳에 따라 숫자로 변환하면 다음과 같다.

A	B	C	D	E	F	G	H	I	J	K	L	M
1	2	3	4	5	6	7	8	9	10	11	12	13
N	O	P	Q	R	S	T	U	V	W	X	Y	Z
14	15	16	17	18	19	20	21	22	23	24	25	26

앞의 항에 +4, +6, +8, +10, +12를 하는 수열이다.

E	I	O	W	G	(S)
5	9	15	23	33(=26+7)	45(=26+19)

정답 ④

30초 컷 풀이 Tip

- 문자열이 출제되는 경우, 문제를 풀기 전에 영문자와 한글을 번호에 맞춰 쓰고 풀이를 시작하면 시간을 절약할 수 있다.
- 한글 자음, 한글 모음, 알파벳이 숫자로 제시되는 경우 각각의 주기를 갖는다. 이를 고려하여 풀이에 활용한다.
  - 한글 자음 : +14
  - 한글 모음 : +10
  - 알파벳 : +26

※ 다음 숫자들의 배열 규칙을 찾아 ?에 들어갈 알맞은 수를 고르시오. [1~2]

01

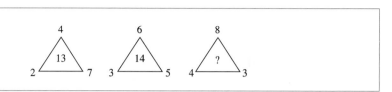

① 9
② 13
③ 15
④ 16

02

3	9	21		16	3	23		3	7	2
	11				14				?	

① 2
② 4
③ 6
④ 8

01

삼각형 내부의 숫자와 외부의 숫자의 합이 같다. 따라서 ?는 8+4+3=15이다.

02

각 상자 위의 세 수의 평균이 아래 칸의 수이다.

$$\frac{3+7+2}{3} = \frac{12}{3} = ?$$

∴ ?=4

정답 01 ③ 02 ②

※ 일정한 규칙에 따라 수·문자를 나열할 때, 빈칸에 들어갈 알맞은 것을 고르시오. [1~10]

01

| ㄴ ㄷ ㅁ ㅇ ㅌ ㄷ ( ) |

① ㅂ   ② ㅅ
③ ㅇ   ④ ㅈ

02

| D C E F F L ( ) X |

① C   ② G
③ J   ④ Q

03

| ㅈ ㄷ ㅅ ㅁ ㅁ ( ) |

① ㄷ   ② ㅁ
③ ㅅ   ④ ㅊ

04

ㅋ   ㄹ   (   )   ㅅ   ㅁ   ㅊ

① ㄷ   ② ㅂ

③ ㅅ   ④ ㅇ

05

S   ㅎ   十   G   ㅁ   (   )

① 一   ② 二

③ 三   ④ 四

06

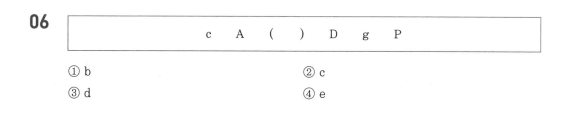

c   A   (   )   D   g   P

① b   ② c

③ d   ④ e

07

ㅍ   ㅋ   ㅈ   ㅅ   ㅁ   (   )

① ㅍ   ② ㅈ

③ ㅂ   ④ ㄷ

08

| | A | ㄴ | 3 | (|) | E | ㅂ | 7 | 八 |

① 4　　　　　　　　　　② D

③ ㄹ　　　　　　　　　　④ 四

09

| | H | ㄷ | (|) | ㅂ | ㄴ | ㅌ |

① B　　　　　　　　　　② D

③ J　　　　　　　　　　④ I

10

| | Z | (|) | P | K | F | A |

① W　　　　　　　　　　② X

③ V　　　　　　　　　　④ U

※ 다음의 공통된 규칙을 찾아 ?에 들어갈 알맞은 수를 고르시오. [11~20]

11

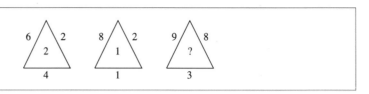

① 2   ② 3

③ 4   ④ 5

12

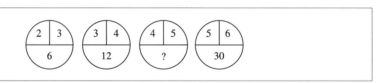

① 9   ② 15

③ 18   ④ 20

13

1	2	3	2
4	3	3	2
5	5	?	4
9	8	9	6

① 3   ② 4

③ 5   ④ 6

14

3	1	2	4
−3			3
?			−1
4	5	−9	1

① 5   ② −5

③ 3   ④ −3

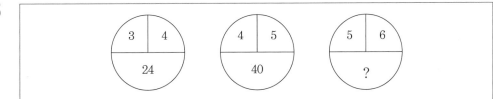

15

① 30   ② 55

③ 60   ④ 90

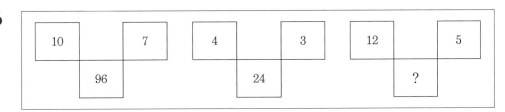

16

① 76   ② 80

③ 84   ④ 88

17

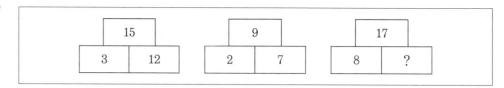

① 3

② 5

③ 9

④ 11

18

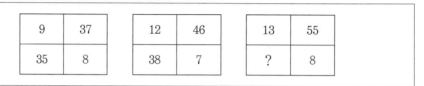

① 47

② 49

③ 51

④ 53

19

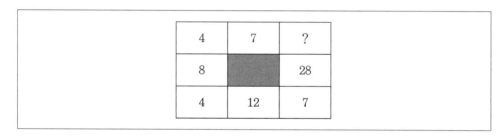

① 16

② 18

③ 20

④ 22

20

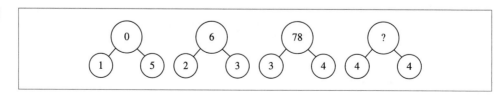

① 214

② 236

③ 252

④ 264

※ 일정한 규칙에 따라 수·문자를 나열할 때, 빈칸에 들어갈 알맞은 것을 고르시오. [1~6]

01

| | A | ㄴ | B | 三 | ㄷ | C | ⅳ | 四 | (|) | D |

① ㄹ   ② 7

③ ㅈ   ④ 9

02

| | ㄹ | 5 | 六 | ㅠ | (|) | 11 | ㅊ | N |

① ㅠ   ② P

③ ㅎ   ④ 九

03

| | E | C | J | H | P | N | (|) |

① W   ② Y

③ F   ④ U

04

ㄹ   ㄷ   ㅁ   ㄴ   ㅂ   ( )

① ㄱ   ② ㄴ
③ ㄷ   ④ ㄹ

05

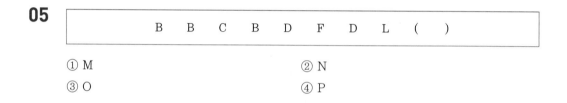

B   B   C   B   D   F   D   L   ( )

① M   ② N
③ O   ④ P

06

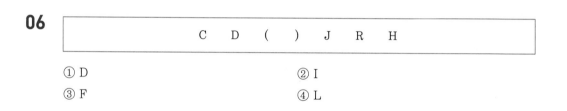

C   D   ( )   J   R   H

① D   ② I
③ F   ④ L

※ 다음의 공통된 규칙을 찾아 ?에 들어갈 알맞은 수를 고르시오. [7~9]

07

2	0	3	8	7
7	5	4	6	3
15	1	13	49	?

① 20   ② 21

③ 22   ④ 23

08

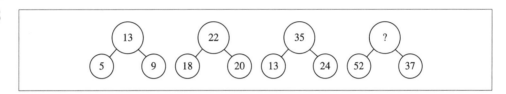

① 16   ② 22

③ 28   ④ 34

09

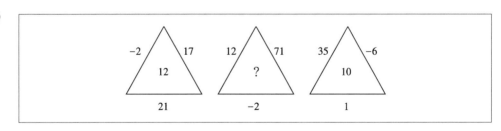

① 20   ② 24

③ 27   ④ 40

10 다음은 4차 마방진이다. 빈칸에 들어갈 알맞은 수의 합은?

3	10	6	15
( )	8	( )	1
16	5	9	4
( )	11	( )	14

① 33

② 34

③ 35

④ 36

PART 3

합격의 공식 SD에듀 www.sdedu.co.kr

자료해석능력

01 | 자료해석능력 이론

01 기초통계능력

1. 통계의 의의

(1) 통계란?

집단현상에 대한 구체적인 양적 기술을 반영하는 숫자를 의미하며, 특히 사회집단 또는 자연집단의 상황을 숫자로 나타낸 것을 말한다.

(2) 통계의 의의

사회적, 자연적인 현상이나 추상적인 수치를 포함한 모든 집단적 현상을 숫자로 나타낸 것을 말한다.

(3) 통계의 본질

① 구체적인 일정집단에 대한 숫자자료가 통계이며, 단일개체에 대한 숫자자료일 때에는 통계라고 하지 않는다.
② 통계의 요소인 단위나 표지를 어떻게 규정하는지에 따라 통계자료가 다르게 나타나게 되므로 이들에 대한 구체적 개념이나 정의를 어떻게 정하는가가 중요하다.
③ 통계의 필요성이나 작성능력의 측면에서 볼 때 대부분 정부나 지방자치단체 등에 의한 관청통계로 작성되고 있다.

(4) 통계의 기능

- 많은 수량적 자료를 처리가능하고 쉽게 이해할 수 있는 형태로 축소시킴
- 표본을 통해 연구대상 집단의 특성을 유추할 수 있게 함
- 의사결정의 보조수단으로 이용됨
- 관찰가능한 자료를 통해 논리적으로 결론을 추출·검증할 수 있게 함

(5) 통계의 속성

① 단위와 표지

집단을 구성하는 각 개체를 단위라 하며, 이 단위가 가지고 있는 공통의 성질을 표지라고 한다.

② 표지의 분류

속성통계	질적인 표지	남녀, 산업, 직업 등
변수통계	양적인 표지	연령, 소득금액 등

(6) 기본적인 통계치

종류	내용
빈도	어떤 사건이 일어나거나 증상이 나타나는 정도
빈도분포	빈도를 표나 그래프로 종합적이면서도 일목요연하게 표시하는 것
평균	모든 사례의 수치를 합한 후 총 사례 수로 나눈 값
백분율	백분비라고도 하며, 전체의 수량을 100으로 하여, 해당되는 수량이 그중 몇이 되는가를 가리키는 수를 %로 나타낸 것
범위	분포의 흩어진 정도를 가장 간단히 알아보는 방법으로, 최고값에서 최저값을 뺀 값
분산	각 관찰값과 평균값과의 차이의 제곱의 평균을 의미하며, 구체적으로는 각 관찰값과 평균값 차이의 제곱을 모두 합한 값을 개체의 수로 나눈 값
표준편차	분산의 제곱근 값을 의미하며, 개념적으로는 평균으로부터 얼마나 떨어져 있는가를 나타내는 개념으로서 분산과 개념적으로 동일함

2. 통계자료의 해석

(1) 다섯숫자 요약

종류	내용
최솟값(m)	원자료 중 값의 크기가 가장 작은 값
최댓값(M)	원자료 중 값의 크기가 가장 큰 값
중앙값(Q_2)	최솟값부터 최댓값까지 크기에 의하여 배열하였을 때 중앙에 위치하는 값
하위 25%값(Q_1)	원자료를 크기 순서로 배열하여 4등분한 값을 의미하며 백분위 수의 관점에서 25백분위수, 75백분위
상위 25%값(Q_3)	수로 표기

(2) 평균값과 중앙값

① 원자료에 대한 대푯값으로써 평균값과 중앙값은 엄연히 다른 개념이지만 모두 중요한 역할을 하게 되므로 통계값을 제시할 때에는 어느 수치를 이용했는지를 명확하게 제시해야 한다.

② 평균값이 중앙값보다 높다는 의미는 자료 중에 매우 큰 값이 일부 있음을 의미하며, 이와 같은 경우는 평균값과 중앙값 모두를 제시해줄 필요가 있다.

1. 도표의 종류와 활용

(1) 도표의 종류

도표는 크게 목적별·용도별·형상별로 구분할 수 있는데, 실제로는 목적, 용도와 형상을 여러 가지로 조합하여 하나의 도표로 작성하게 된다.

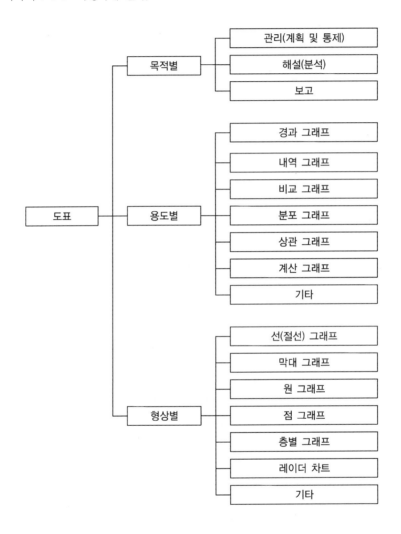

(2) 도표의 활용

종류	내용
선 그래프	• 시간적 추이(시계열 변화)를 표시하고자 할 때 적합 예 연도별 매출액 추이 변화
막대 그래프	• 수량 간의 대소관계를 비교하고자 할 때 적합 예 영업소별 매출액
원 그래프	• 내용의 구성비를 분할하여 나타내고자 할 때 적합 예 제품별 매출액 구성비
층별 그래프	• 합계와 각 부분의 크기를 백분율로 나타내고 시간적 변화를 보고자 할 때 적합 예 상품별 매출액 추이
점 그래프	• 지역분포를 비롯한 기업 등의 평가나 위치, 성격을 표시하고자 할 때 적합 예 광고비율과 이익률의 관계
방사형 그래프	• 다양한 요소를 비교하고자 할 때 적합 예 매출액의 계절변동

2. 도표의 형태별 특징

(1) 선 그래프

시간의 경과에 따라 수량에 의한 변화의 상황을 선의 기울기로 나타내는 그래프로, 시간적 변화에 따른 수량의 변화를 표현하기에 적합하다.

〈한국 자동차부품 수입 국가별 의존도〉

(단위 : %)

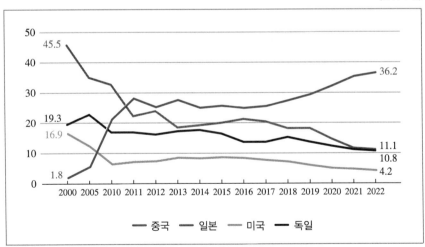

(2) 막대 그래프

비교하고자 하는 수량을 막대 길이로 표시하고 그 길이를 비교하여 각 수량 간의 대소관계를 나타내는 그래프로서, 전체에 대한 구성비를 표현할 때 다양하게 활용할 수 있다.

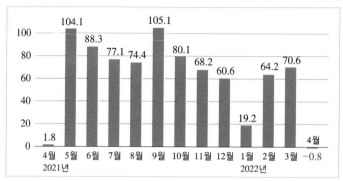

〈경상수지 추이〉

(잠정치, 단위 : 억 달러)

(3) 원 그래프

내용의 구성비를 원을 분할하여 작성하는 그래프로서, 전체에 대한 구성비를 표현할 때 다양하게 활용할 수 있다.

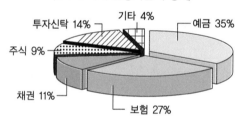

〈C국의 가계 금융자산 구성비〉

(4) 층별 그래프

선의 움직임보다는 선과 선 사이의 크기로써 데이터 변화를 나타내는 그래프로서, 시간적 변화에 따른 구성비의 변화를 표현하고자 할 때 활용할 수 있다.

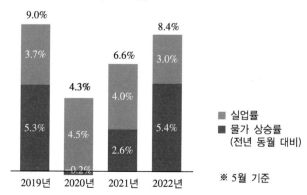

〈경제고통지수 추이〉

(5) 점 그래프

종축과 횡축에 두 개의 요소를 두고, 보고자 하는 것이 어떤 위치에 있는가를 알고자 하는 데 쓰인다.

〈OECD 국가의 대학졸업자 취업률 및 경제활동인구 비중〉

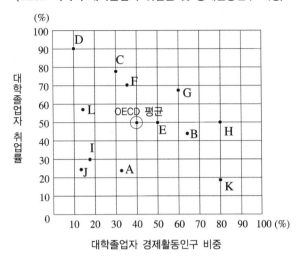

(6) 방사형 그래프(레이더 차트, 거미줄 그래프)

비교하는 수량을 직경 또는 반경으로 나누어 원의 중심에서의 거리에 따라 각 수량의 관계를 나타내는 그래프로서 대상들을 비교하거나 경과를 나타낼 때 활용할 수 있다.

〈외환위기 전후 한국의 경제상황〉

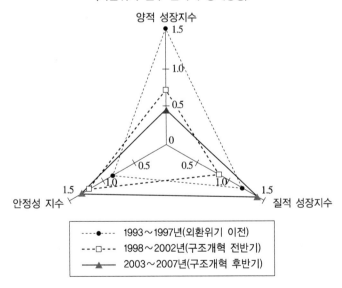

3. 도표 해석 시 유의사항

- 요구되는 지식의 수준을 넓혀야 한다.
- 도표에 제시된 자료의 의미를 정확히 숙지하여야 한다.
- 도표로부터 알 수 있는 것과 없는 것을 구별하여야 한다.
- 총량의 증가와 비율의 증가를 구분하여야 한다.
- 백분위수와 사분위수를 정확히 이해하고 있어야 한다.

02 | 자료의 계산

대표유형 1 | 빈칸완성

다음은 시·군지역의 성별 비경제활동 인구에 관해 조사한 자료이다. 빈칸 (가), (다)에 알맞은 수를 바르게 나열한 것은?(단, 인구수는 백의 자리에서 반올림하고, 비중은 소수점 첫째 자리에서 반올림한다)

〈성별 비경제활동 인구〉

(단위 : 천 명, %)

구분	총계	남자	비중	여자	비중
시지역	7,800	2,574	(가)	5,226	(나)
군지역	1,149	(다)	33.5	(라)	66.5

	(가)	(다)			(가)	(다)
①	30	385		②	30	392
③	33	378		④	33	385

정답 | 해설

- (가) : $\dfrac{2,574}{7,800} \times 100 = 33$
- (다) : $1,149 \times 0.335 ≒ 385$

정답 ④

30초 컷 풀이 Tip

- 빈칸이 여러 개인 경우 계산이 간단한 1 ~ 2칸의 값을 먼저 찾고, 역으로 대입하는 것이 풀이 시간을 단축하는 방법이다.
- 금융권 NCS 수리능력의 경우 마지막 자리까지 정확하게 계산하는 것을 요구한다. 따라서 선택지에 주어진 값의 차이가 크지 않다면 어림값을 활용하는 것이 오히려 풀이 속도를 지연시킬 수 있다.

N은행은 최근 미세먼지와 황사로 인해 실내 공기질이 많이 안 좋아졌다는 건의가 들어와 내부 검토 후 예산 400만 원으로 공기청정기 40대를 구매하기로 하였다. 다음 두 업체 중 어느 곳에서 공기청정기를 구매하는 것이 얼마나 더 저렴한가?

업체	할인 정보	가격
S전자	• 8대 구매 시, 2대 무료 증정 • 구매 금액 100만 원당 2만 원 할인	8만 원/대
B마트	• 20대 이상 구매 : 2% 할인 • 30대 이상 구매 : 5% 할인 • 40대 이상 구매 : 7% 할인 • 50대 이상 구매 : 10% 할인	9만 원/대

※ 1,000원 단위 이하는 절사한다.

① S전자, 82만 원
③ B마트, 12만 원
② S전자, 148만 원
④ B마트, 20만 원

정답 | 해설

• S전자 : 8대 구매 시 2대를 무료로 증정하기 때문에 32대를 사면 8개를 무료로 증정받아 32대 가격으로 총 40대를 살 수 있다. 32대의 가격은 80,000×32=2,560,000원이다. 그리고 구매 금액 100만 원당 2만 원이 할인되므로 구매 가격은 2,560,000-40,000=2,520,000원이다.
• B마트 : 40대 구매 금액인 90,000×40=3,600,000원에서 40대 이상 구매 시 7% 할인 혜택을 적용하면 3,600,000×0.93=3,348,000원이다. 1,000원 단위 이하는 절사하므로 구매 가격은 3,340,000원이다.
따라서 B마트에 비해 S전자가 3,340,000-2,520,000=82만 원 저렴하다.

정답 ①

30초 컷 풀이 Tip

문제해결능력과 비슷한 유형으로, 조건을 하나하나 따져보고 해당되지 않는 것을 빠르게 소거하는 것이 중요하다.

01 S은행은 추석을 맞이해 직원들에게 선물을 보내려고 한다. 비슷한 가격대의 상품으로 다음과 같이 내역을 준비하였으며, 전 직원을 대상으로 투표를 실시하였다. 가장 많은 표를 얻은 상품 하나를 선정하여 선물을 보낸다고 할 때, 총 얼마의 비용이 들겠는가?

상품 내역		투표 결과					
상품명	가격	총무부	기획부	영업부	생산부	관리부	연구소
한우Set	80,000원	2	1	5	13	1	1
영광굴비	78,000원	0	3	3	15	3	0
장뇌삼	85,000원	1	0	1	21	2	2
화장품	75,000원	2	1	6	14	5	1
전복	70,000원	0	1	7	19	1	4

※ 투표에 대해 무응답 및 중복응답은 없다.

① 9,200,000원   ② 9,450,000원

③ 9,650,000원   ④ 9,800,000원

02 다음 표는 정부의 스마트워크 유형별 취업인구수 추정치이다. 빈칸에 들어갈 숫자로 옳은 것은?

〈스마트워크 유형별 취업인구수 추정치〉

(단위 : 천 명)

구분		2018년	2019년	2020년	2021년	2022년	2023년
재택근무	공공	39	58	85	116	149	184
	민간	343	480	686	1,029	1,715	2,881
스마트워크센터	공공	1	2	4	6	6	7
	민간	3	37	62	125	125	125
모바일워크	공공	6	9	15	24		63
	민간	600	1,000	1,500	2,100	2,800	3,600

① 36   ② 39

③ 42   ④ 45

03 다음 그림은 OECD 국가의 대학졸업자 취업에 관한 자료이다. A ~ L국가 중 '전체 대학졸업자' 대비 '대학졸업자 중 취업자' 비율이 OECD 평균보다 높은 국가만으로 바르게 연결된 것은?

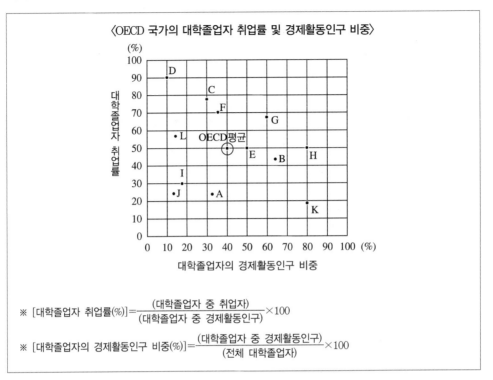

⟨OECD 국가의 대학졸업자 취업률 및 경제활동인구 비중⟩

※ [대학졸업자 취업률(%)] = $\dfrac{(대학졸업자\ 중\ 취업자)}{(대학졸업자\ 중\ 경제활동인구)} \times 100$

※ [대학졸업자의 경제활동인구 비중(%)] = $\dfrac{(대학졸업자\ 중\ 경제활동인구)}{(전체\ 대학졸업자)} \times 100$

① A, D

② B, C

③ D, H

④ G, K

04 증권회사에 근무 중인 귀하는 자사의 HTS 및 MTS 프로그램 인지도를 파악하기 위하여 설문조사 계획을 수립하려고 한다. 설문조사는 퇴근시간대인 16:00 ~ 20:00에 30 ~ 40대 직장인을 대상으로 유동인구가 100,000명인 명동에서 실시할 예정이다. 설문조사를 원활하게 진행하기 위해서 사전에 설문지를 준비할 계획인데, 유동인구 관련 자료를 찾아본 결과 다음과 같이 일부 정보가 누락된 유동인구 현황을 확인할 수 있었다. 귀하는 직장인 30 ~ 40대에게 배포하기 위하여 최소 몇 장의 설문지를 준비하여야 하는가?

〈유동인구 현황〉

(단위 : %)

구분	10대	20대	30대	40대	50대	60대	70대	합계
08:00 ~ 12:00	1	1	3	4	1	0	1	11
12:00 ~ 16:00	0	2	3	–	3	1	0	13
16:00 ~ 20:00	–	3	–	–	2	1	1	32
20:00 ~ 24:00	5	6	–	13	–	2	0	44
합계	10	12	30	–	10	–	2	100

① 4,000장   ② 11,000장
③ 13,000장   ④ 21,000장

05 다음은 기술개발 투자 현황 자료이다. 이를 근거로 일본의 GDP 총액을 산출하면 얼마인가?(단, 소수점 이하는 버림한다)

〈기술개발 투자 및 성과〉

구분	한국	미국	일본
R&D 투자 총액(억 달러)	313	3,688	1,508
매율	1.0	11.78	4.82
GDP 대비(%)	3.37	2.68	3.44
기술수출액÷기술도입액	0.45	1.70	3.71

※ GDP 대비 : GDP 총액 대비 R&D 투자 총액의 비율

① 26,906억 달러   ② 37,208억 달러
③ 31,047억 달러   ④ 43,837억 달러

06 다음 요금표를 기준으로 한 달에 400kWh를 사용했을 때의 전기요금은?

〈주택용 전력(저압) 전기요금표〉

기본요금(원/호)		전력량요금(원/kWh)	
200kWh 이하 사용	910	처음 200kWh까지	93.3
201 ~ 400kWh 사용	1,600	다음 200kWh까지	187.9

※ 부가가치세는 총요금의 10%이다.
※ 국고금단수법에 의해 총합에서 10원 미만은 절사한다.

① 39,830원　　　　　　　② 56,970원
③ 57,660원　　　　　　　④ 63,620원

07 P씨는 지난 15년간 외식프랜차이즈를 운영하면서 다수의 가맹점을 관리해왔으며, 2022년 말 기준으로 총 52개의 점포를 보유하고 있다. 다음의 자료를 참고하였을 때, 가장 많은 가맹점이 있었던 시기는 언제인가?

〈A프랜차이즈 개업 및 폐업 현황〉

(단위 : 개점)

구분	2016년	2017년	2018년	2019년	2020년	2021년	2022년
개업	5	10	1	5	0	1	11
폐업	3	4	2	0	7	6	5

※ 점포 현황은 매년 초부터 말까지 조사한 내용이다.

① 2017년 말　　　　　　② 2018년 말
③ 2019년 말　　　　　　④ 2020년 말

08 다음은 각종 범죄 발생건수 및 체포건수에 대한 자료이다. 2021년과 2020년의 발생건수 대비 체포건수의 비율의 차는?(단, 비율 계산 시 소수점 셋째 자리에서 반올림한다)

〈범죄 발생건수 및 체포건수〉

(단위 : 건)

구분	2018년	2019년	2020년	2021년	2022년
발생건수	4,064	7,457	13,321	19,513	21,689
체포건수	2,978	5,961	6,989	16,452	5,382

① 31.81%p　　　　　　② 31.82%p
③ 31.83%p　　　　　　④ 31.84%p

09 다음 자료는 가야 문화재 발굴단에서 실시한 2020 ~ 2022년까지의 발굴 작업 현황을 나타낸 것이다. 가장 비용이 많이 든 연도와 그 비용은?

〈발굴 작업 현황〉

(단위 : 건)

구분	2020년	2021년	2022년
정비 발굴	21	23	19
순수 발굴	10	4	12
수중 발굴	13	18	7

※ 발굴 작업 1건당 비용은 정비 발굴은 12만 원, 순수 발굴은 3만 원, 수중 발굴은 20만 원이다.

① 2020년, 542만 원
② 2020년, 642만 원
③ 2021년, 648만 원
④ 2022년, 404만 원

10 다음은 2022년 우리나라의 LPCD(Liter Per Capita Day)에 관한 자료이다. 1인 1일 사용량에서 영업용 사용량이 차지하는 비중과 1인 1일 가정용 사용량의 하위 두 항목이 차지하는 비중을 순서대로 나열한 것은?(단, 소수점 셋째 자리에서 반올림한다)

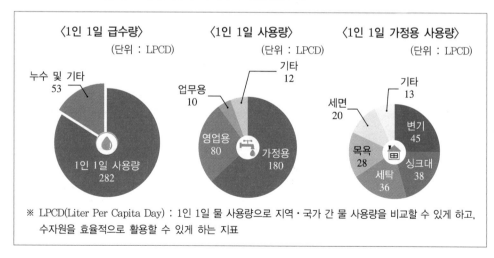

※ LPCD(Liter Per Capita Day) : 1인 1일 물 사용량으로 지역·국가 간 물 사용량을 비교할 수 있게 하고, 수자원을 효율적으로 활용할 수 있게 하는 지표

① 27.57%, 16.25%
② 27.57%, 19.24%
③ 28.37%, 18.33%
④ 28.37%, 19.24%

01 다음 개정된 종합부동산세율과 세금 납부자에 대한 정보를 참고할 때, 세금 납부자 가 ~ 다의 개정 전 세금과 개정 후 세금의 차이의 총합은 얼마인가?(단, 제시된 자료 외의 부동산은 없다)

〈종합부동산세율〉

(단위 : %)

구분	2주택 이하		3주택 이상 (단, 조정대상지역의 경우 2주택)	
	개정 전	개정 후	개정 전	개정 후
3억 원 이하	0.5	0.6	0.6	1.2
3억 원 초과 ~ 6억 원 이하	0.7	0.8	0.9	1.6
6억 원 초과 ~ 12억 원 이하	1.0	1.2	1.3	2.2
12억 원 초과 ~ 50억 원 이하	1.4	1.6	1.8	3.6
50억 원 초과 ~ 94억 원 이하	2.0	2.2	2.5	5.0
94억 원 초과	2.7	3.0	3.2	6.0

〈세금 납부자 정보〉

- 가 : 일반 지역의 2주택 소유자로, 주택의 공시가격은 각각 8억 원과 9억 원이다.
- 나 : 조정대상지역의 1주택 소유자로, 주택의 공시가격은 12억 원이다.
- 다 : 일반 지역의 3주택 소유자로, 주택의 공시가격은 각각 12억 원, 27억 원, 15억 원이다.

① 131,300,000원
② 136,500,000원
③ 140,800,000원
④ 145,400,000원

02 다음은 선풍기 조립공장의 작업인원수별 시간당 생산량을 나타낸 자료이다. 인원수별 생산량의 관계가 다음과 같을 때 (가)과 (나)에 들어갈 수는?

작업인원	1	2	3	4	5
생산량	8	(가)	48	-	(나)

※ (생산량)$= a$(작업인원수)$^2 + b^2$(작업인원수) (단, $b > 0$)

	(가)	(나)
①	16	248
②	24	240
③	16	960
④	24	120

03 다음은 제30회 공인중개사 시험 응시자와 합격자를 나타낸 자료이다. 다음 자료에 따를 때, 제1차 시험 대비 제2차 시험 합격률의 증가율은 얼마인가?

〈제30회 공인중개사 시험 현황〉

구분	접수자	응시자	응시율	합격자
제1차 시험	250,000	155,000	62%	32,550
제2차 시험	120,000	75,000	62.5%	17,325

※ 응시율은 접수자 중 응시자의 비율을 의미하고, 합격률은 응시자 중 합격자의 비율을 의미한다.

① 1%
② 2%
③ 5%
④ 10%

04 다음은 우리나라의 2018 ~ 2022년 부양인구비를 나타낸 자료이다. 2022년 15세 미만 인구 대비 65세 이상 인구의 비율은 얼마인가?(단, 비율은 소수점 둘째 자리에서 반올림한다)

〈부양인구비〉

(단위 : %)

구분	2018년	2019년	2020년	2021년	2022년
부양비	37.3	36.9	36.8	36.8	36.9
유소년부양비	22.2	21.4	20.7	20.1	19.5
노년부양비	15.2	15.6	16.1	16.7	17.3

※ (유소년부양비)$=\dfrac{(15세 미만 인구)}{(15 \sim 64세 인구)} \times 100$

※ (노년부양비)$=\dfrac{(65세 미만 인구)}{(15 \sim 64세 인구)} \times 100$

① 72.4%
② 77.6%
③ 81.5%
④ 88.7%

05 귀하는 각 생산부서의 사업평가 자료를 취합하였는데 커피를 흘려 일부 자료가 훼손되었다. 다음 중 (가) ~ (라)에 들어갈 수치로 옳은 것은?(단, 인건비와 재료비 이외의 투입요소는 없다)

〈사업평가 자료〉

구분	목표량	인건비	재료비	산출량	효과성 순위	효율성 순위
A부서	(가)	200	50	500	3	2
B부서	1,000	(나)	200	1,500	2	1
C부서	1,500	1,200	(다)	3,000	1	3
D부서	1,000	300	500	(라)	4	4

※ (효과성)=(산출량)÷(목표량)
※ (효율성)=(산출량)÷(투입량)
※ 효과성과 효율성 순위는 효과성과 효율성이 높을수록 높아진다.

	(가)	(나)	(다)	(라)		(가)	(나)	(다)	(라)
①	300	500	800	800	②	500	800	300	800
③	800	500	300	300	④	500	300	800	800

06 다음은 2022년도 연령별 인구수 현황을 나타낸 그래프이다. 다음 그래프를 볼 때, 각 연령대를 기준으로 남성 인구가 40% 이하인 연령대 (가)와 여성 인구가 50% 초과 60% 이하인 연령대 (나)가 바르게 연결된 것은?

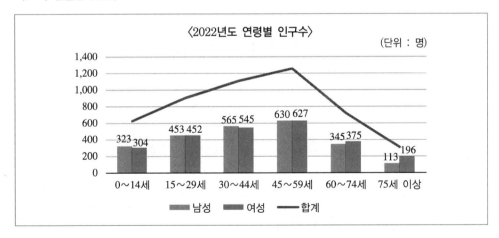

	(가)	(나)
①	0 ~ 14세	15 ~ 29세
②	30 ~ 44세	15 ~ 29세
③	45 ~ 59세	60 ~ 74세
④	75세 이상	60 ~ 74세

07 2023년 상반기 I은행 홍보팀 입사자는 2022년 하반기에 비해 20% 감소하였으며, 2023년 상반기 인사팀 입사자는 2022년 하반기 마케팅팀 입사자 수의 2배이고, 영업팀 입사자는 2022년 하반기보다 30명이 늘었다. 2023년 상반기 마케팅팀의 입사자는 2023년 상반기 인사팀의 입사자와 같다. 2023년 상반기 전체 입사자가 2022년 하반기 대비 25% 증가했을 때, 2022년 하반기 대비 2023년 상반기 인사팀 입사자의 증감률은?

〈I은행 입사자 수〉

(단위 : 명)

구분	마케팅	영업	홍보	인사	합계
2022년 하반기 입사자 수	50		100		320

① -15%
② 0%
③ 15%
④ 25%

08 다음은 S은행의 지역별 지점 수 증감과 관련한 표일 때, 2019년에 지점이 두 번째로 많은 지역의 지점 수는 몇 개인가?

〈지역별 지점 수 증감〉

(단위 : 개)

지역	2019년 대비 2020년 증감 수	2020년 대비 2021년 증감 수	2021년 대비 2022년 증감 수	2022년 지점 수
서울	2	2	-2	17
경기	2	1	-2	14
인천	-1	2	-5	10
부산	-2	-4	3	10

① 10개
② 12개
③ 14개
④ 16개

09 C씨는 올해 총 6번의 토익시험에 응시하였다. 2회차 시험점수가 620점 이상 700점 이하였고 토익 평균점수가 750점이었을 때, (나)에 들어갈 수 있는 최소 점수는?

1회	2회	3회	4회	5회	6회
620점	(가)	720점	840점	(나)	880점

① 720점

② 740점

③ 760점

④ 780점

10 다음은 실업자 및 실업률 추이에 관한 그래프이다. 2022년 11월의 실업률은 2022년 2월 대비 얼마나 증감했는가?(단, 소수점 첫째 자리에서 반올림한다)

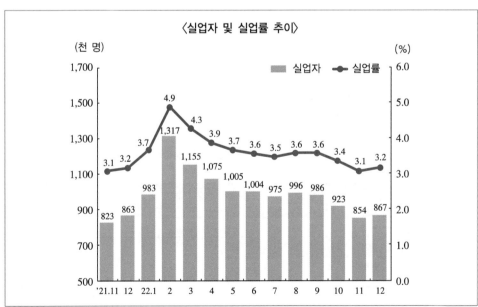

① −37%

② −36%

③ −35%

④ +37%

03 | 자료의 추론

대표유형	추론분석

다음은 C은행 직원 250명을 대상으로 조사한 자료이다. 자료에 대한 설명으로 옳은 것은?(단, 소수점 첫째 자리에서 버림한다)

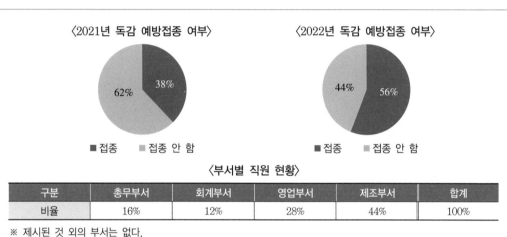

〈2021년 독감 예방접종 여부〉

62% | 38%

■접종 ■접종 안 함

〈2022년 독감 예방접종 여부〉

44% | 56%

■접종 ■접종 안 함

〈부서별 직원 현황〉

구분	총무부서	회계부서	영업부서	제조부서	합계
비율	16%	12%	28%	44%	100%

※ 제시된 것 외의 부서는 없다.
※ 2021년과 2022년 부서별 직원 현황은 변동이 없다.

① 2021년의 독감 예방접종자가 2022년에도 예방접종을 했다면, 2021년에는 예방접종을 하지 않았지만 2022년에 예방접종을 한 직원은 총 54명이다.
② 2021년 대비 2022년에 예방접종을 한 직원의 수는 49% 이상 증가했다.
③ 2021년의 예방접종을 하지 않은 직원들을 대상으로 2022년의 독감 예방접종 여부를 조사한 자료라고 한다면, 2021년과 2022년 모두 예방접종을 하지 않은 직원은 총 65명이다.
④ 2021년과 2022년의 독감 예방접종 여부가 총무부서에 대한 자료라고 할 때, 총무부서 직원 중 예방접종을 한 직원은 2021년 대비 2022년에 약 7명 증가했다.

PART 3

총무부서 직원은 총 250×0.16=40명이다. 2021년과 2022년의 독감 예방접종 여부가 총무부서에 대한 자료라면, 총무부서 직원 중 2021년과 2022년의 예방접종자 수의 비율 차는 56-38=18%p이다. 따라서 40×0.18≒7.2이므로 약 7명 증가하였다.

[오답분석]

① 2021년 독감 예방접종자 수는 250×0.38=95명, 2022년 독감 예방접종자 수는 250×0.56=140명이므로, 2021년에는 예방 접종을 하지 않았지만, 2022년에는 예방접종을 한 직원은 총 140-95=45명이다.

② 2021년의 예방접종자 수는 95명이고, 2022년의 예방접종자 수는 140명이다. 따라서 $\frac{140-95}{95} \times 100 ≒ 47\%$ 증가했다.

③ 2021년의 예방접종을 하지 않은 직원들을 대상으로 2022년의 독감 예방접종 여부를 조사한 자료라고 한다면, 2021년과 2022년 모두 예방접종을 하지 않은 직원은 총 250×0.62×0.44≒68명이다.

정답 ④

30초 컷 풀이 Tip

선택지에서 계산을 요구하는 유형으로, 비율 · 증감폭 · 증감률 등의 문제가 출제되며, 가장 많은 시간을 필요로 하는 유형이다.

01   다음은 흡연율에 관한 자료이다. 이에 대한 설명으로 옳지 않은 것은?

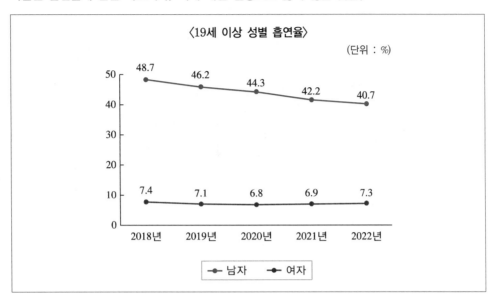

① 여자의 흡연율은 감소에서 증가로 바뀌었다.
② 남자와 여자의 흡연율 차이는 감소하고 있다.
③ 남자의 흡연율이 전년도와 가장 많은 차이를 보이는 해는 2019년이다.
④ 여자의 흡연율이 전년도와 가장 많은 차이를 보이는 해는 2020년이다.

02 다음은 2018 ~ 2022년의 폐기물 처리량을 나타낸 자료이다. 자료에 대한 설명으로 옳지 않은 것은?

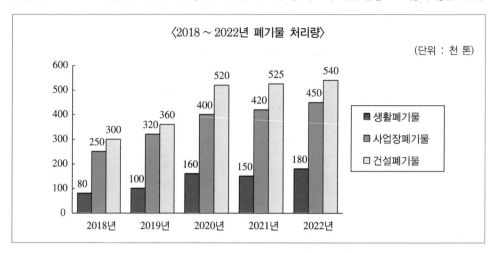

① 각 종류별 폐기물에서 2019 ~ 2022년 매년 전년 대비 폐기물량이 증가하고 있다.
② 생활폐기물의 전년 대비 증가율은 2020년이 2022년의 3배이다.
③ 2018 ~ 2022년 생활폐기물과 사업장폐기물 처리량의 합은 건설폐기물 처리량보다 많다.
④ 2018년과 2020년의 사업장폐기물 대비 생활폐기물이 차지하는 비율 차이는 8%p이다.

03 다음은 A국과 B국의 축구 대결을 앞두고 양국의 골키퍼, 수비(중앙 수비, 측면 수비), 미드필드, 공격(중앙 공격, 측면 공격) 능력을 각 영역별로 평가한 자료이다. 이에 대한 설명으로 옳지 않은 것은?(단, 원 중심에서 멀어질수록 점수가 높아진다)

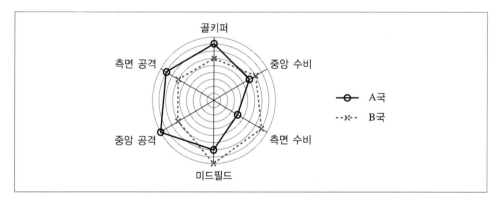

① A국은 공격보다 수비에 약점이 있다.
② B국은 미드필드보다 수비에서의 능력이 뛰어나다.
③ A국과 B국은 측면 수비 능력에서 가장 큰 차이가 난다.
④ A국과 B국 사이에 가장 작은 차이를 보이는 영역은 중앙 수비이다.

04 다음은 2013 ~ 2022년 전국 풍수해 규모에 관한 자료이다. 이에 대한 설명으로 옳은 것은?

〈연도별 전국 풍수해 규모〉

(단위 : 억 원)

구분	2013년	2014년	2015년	2016년	2017년	2018년	2019년	2020년	2021년	2022년
태풍	118	1,609	8	0	1,725	2,183	10,037	17	53	134
호우	19,063	435	581	2,549	1,808	5,276	384	1,581	1,422	12
대설	52	74	36	128	663	480	204	113	324	130
강풍	140	69	11	70	2	0	267	9	1	39
풍랑	57	331	0	241	70	3	0	0	0	3
전체	19,430	2,518	636	2,988	4,268	7,942	10,892	1,720	1,800	318

① 2014 ~ 2022년간 발생한 전체 풍수해 규모의 전년 대비 증감 추이는 태풍으로 인한 풍수해 규모의 증감 추이와 비례한다.

② 풍랑으로 인한 풍수해 규모는 매년 가장 낮았다.

③ 2022년 호우로 인한 풍수해 규모의 전년 대비 감소율은 97% 미만이다.

④ 전체 풍수해 규모에서 대설로 인한 풍수해 규모가 차지하는 비중은 2020년이 2018년보다 크다.

05 다음 자료는 A ~ D사의 남녀 직원 비율을 나타낸 것이다. 이에 대한 설명으로 옳지 않은 것은?

〈회사별 남녀 직원 비율〉

(단위 : %)

구분	A사	B사	C사	D사
남자	54	48	42	40
여자	46	52	58	60

① 여직원 대비 남직원 비율이 가장 높은 회사는 A이며, 가장 낮은 회사는 D이다.

② B, C, D사의 여직원 수의 합은 남직원 수의 합보다 크다.

③ A사의 남직원이 B사의 여직원보다 많다.

④ A, B사의 전체 직원 중 남직원이 차지하는 비율이 52%라면 A사의 전체 직원 수는 B사 전체 직원 수의 2배이다.

06 다음은 양파와 마늘의 재배에 관한 자료의 일부이다. 이에 대한 설명으로 적절하지 않은 것은?

〈연도별 양파 재배면적 조사 결과〉

(단위 : ha, %)

구분	2021년	2022년(A)	2023년(B)	증감(C=B−A)	증감률(C/A)	비중
양파	18,015	19,896	19,538	−358	−1.8	100.0
조생종	2,013	2,990	2,796	−194	−6.5	14.3
중만생종	16,002	16,906	16,742	−164	−1.0	85.7

〈연도별 마늘 재배면적 및 가격 추이〉

※ 마늘 가격은 연평균임(2023년은 1 ~ 4월까지 평균임)

① 2023년 양파 재배면적의 감소율은 조생종이 중만생종보다 크다.

② 마늘 가격은 마늘 재배면적에 반비례한다.

③ 마늘의 재배면적은 2019년이 가장 넓다.

④ 2023년 재배면적은 작년보다 양파는 감소하였고, 마늘은 증가하였다.

07 다음은 K금융의 2018 ~ 2022년까지 부채현황에 관한 자료이다. 〈보기〉의 직원 중 다음 부채현황에 대해 옳은 설명을 한 사람을 모두 고른 것은?

〈K금융 부채현황〉

(단위 : 백만 원)

구분	2018년	2019년	2020년	2021년	2022년
자산	40,544	41,968	44,167	44,326	45,646
자본	36,642	38,005	39,295	40,549	41,800
부채	3,902	3,963	4,072	3,777	3,846
금융부채	–	–	–	–	–
연간이자	–	–	–	–	–
부채비율	10.7%	10.4%	10.4%	9.3%	9.2%
당기순이익	1,286	1,735	1,874	1,902	1,898

보기

• 김대리 : 2019년부터 2021년까지 당기순이익과 부채의 전년 대비 증감 추이는 동일해.
• 이주임 : 2021년 부채의 전년 대비 감소율은 10% 미만이야.
• 최주임 : 2020년부터 2022년까지 부채비율은 전년 대비 매년 감소했어.
• 박사원 : 자산 대비 자본의 비율은 2021년에 전년 대비 증가했어.

① 김대리, 이주임
② 김대리, 최주임
③ 최주임, 박사원
④ 이주임, 박사원

08 다음은 김포공항의 2021년과 2022년 에너지 소비량 및 온실가스 배출량에 대한 자료이다. 〈보기〉의 설명 중 자료에 대한 설명으로 옳은 것을 모두 고르면?

〈김포공항 에너지 소비량〉

(단위 : TOE)

구분	에너지 소비량									
	합계	건설 부문				이동 부문				
		소계	경유	도시가스	수전전력	소계	휘발유	경유	도시가스	천연가스
2021년	11,658	11,234	17	1,808	9,409	424	25	196	13	190
2022년	17,298	16,885	58	2,796	14,031	413	28	179	15	191

〈김포공항 온실가스 배출량〉

(단위 : 톤CO$_2$eq)

구분	온실가스 배출량				
	합계	고정 연소	이동 연소	공정 배출	간접 배출
2021년	30,823	4,052	897	122	25,752
2022년	35,638	6,121	965	109	28,443

보기

ㄱ. 에너지 소비량 중 이동 부문에서 경유가 차지하는 비중은 2022년에 전년 대비 10%p 이상 감소하였다.

ㄴ. 건설 부문의 도시가스 소비량은 2022년에 전년 대비 30% 이상 증가하였다.

ㄷ. 2022년 온실가스 배출량 중 간접 배출이 차지하는 비중은 2021년 온실가스 배출량 중 고정 연소가 차지하는 비중의 5배 이상이다.

① ㄱ ② ㄴ
③ ㄱ, ㄷ ④ ㄴ, ㄷ

09 A공사의 운영본부에서 근무 중인 귀하는 국토교통부에서 제공한 국제 여객·화물 수송량 및 분담률 통계자료를 확인하였으며, 여객서비스 및 화물운영에 필요한 자료를 추려 각 부서에 전달하고자 한다. 다음의 자료를 이해한 내용으로 적절하지 않은 것은?

〈국제 여객·화물 수송량 및 분담률〉

[단위 : 여객(천 명), 화물(천 톤), 분담률(%)]

구분			2018년	2019년	2020년	2021년	2022년
여객	해운	수송량	2,534	2,089	2,761	2,660	2,881
		분담률	6.7	5.9	6.4	5.9	5.7
	항공	수송량	35,341	33,514	40,061	42,649	47,703
		분담률	93.3	94.1	93.6	94.1	94.3
화물	해운	수송량	894,693	848,299	966,193	1,069,556	1,108,538
		분담률	99.7	99.7	99.7	99.7	99.7
	항공	수송량	2,997	2,872	3,327	3,238	3,209
		분담률	0.3	0.3	0.3	0.3	0.3

※ 수송분담률 : 여객 및 화물의 총수송량에서 분야별 수송량이 차지하는 비율

① 2018년부터 2022년까지 항공 여객 수송량의 평균은 약 39,853천 명이다.
② 여객 수송은 해운보다 항공이 차지하는 비중이 절대적인 반면, 화물 수송은 그 반대이다.
③ 2022년 항공 화물 수송량은 2020년 대비 4% 이상 감소하였다.
④ 2022년 해운 여객 수송량은 2019년 대비 37% 이상 증가하였다.

10 다음은 세계 주요 터널 화재 사고 A～F에 관한 자료이다. 이에 대한 설명으로 옳은 것은?

〈세계 주요 터널 화재 사고 통계〉

사고	터널길이(km)	화재규모(MW)	복구비용(억 원)	복구기간(개월)	사망자(명)
A	50.5	350	4,200	6	1
B	11.6	40	3,276	36	39
C	6.4	120	72	3	12
D	16.9	150	312	2	11
E	0.2	100	570	10	192
F	1.0	20	18	8	0

① 터널길이가 길수록 사망자가 많다.
② 화재규모가 클수록 복구기간이 길다.
③ 사고 A를 제외하면 복구기간이 길수록 복구비용이 크다.
④ 사망자가 30명 이상인 사고를 제외하면 화재규모가 클수록 복구비용이 크다.

11 다음 표는 국가별 자동차 보유 대수를 나타낸 것이다. 이에 대한 설명으로 옳은 것은?(단, 모든 비율은 소수점 둘째 자리에서 반올림한다)

<국가별 자동차 보유 대수>

(단위 : 천 대)

구분		전체	승용차	트럭 · 버스
유럽	네덜란드	3,585	3,230	355
	독일	18,481	17,356	1,125
	프랑스	17,434	15,100	2,334
	영국	15,864	13,948	1,916
	이탈리아	15,400	14,259	1,414
캐나다		10,029	7,823	2,206
호주		5,577	4,506	1,071
미국		129,943	104,898	25,045

① 유럽 국가는 미국, 캐나다, 호주와 비교했을 때, 자동차 보유 대수에서 승용차가 차지하는 비율이 높다.

② 자동차 보유 대수에서 트럭 · 버스가 차지하는 비율이 가장 높은 나라는 미국이다.

③ 자동차 보유 대수에서 승용차가 차지하는 비율이 가장 낮은 나라는 호주지만, 그래도 90%를 넘는다.

④ 캐나다와 프랑스는 승용차와 트럭 · 버스의 비율이 3 : 1로 거의 비슷하다.

12 다음은 예식장 사업 형태에 대한 자료이다. 이에 대한 설명으로 옳지 않은 것은?

<예식장 사업 형태>

(단위 : 개, 백만 원, m²)

구분	개인경영	회사법인	회사 이외의 법인	비법인 단체	합계
사업체 수	1,160	44	91	9	1,304
매출	238,789	43,099	10,128	791	292,807
비용	124,446	26,610	5,542	431	157,029
면적	1,253,791	155,379	54,665	3,534	1,467,369

※ $[수익률(\%)] = \left[\dfrac{(매출)}{(비용)} - 1 \right] \times 100$

① 예식장 사업은 대부분 개인경영 형태로 이루어지고 있다.

② 사업체당 매출액이 평균적으로 가장 큰 예식장 사업 형태는 회사법인 예식장이다.

③ 예식장 사업은 매출액의 약 50% 정도가 수익이 되는 사업이다.

④ 수익률이 가장 높은 예식장 사업 형태는 회사법인 형태이다.

13 다음은 국민연금 수급자 급여실적에 관한 자료이다. 이에 대한 설명으로 옳은 것은?

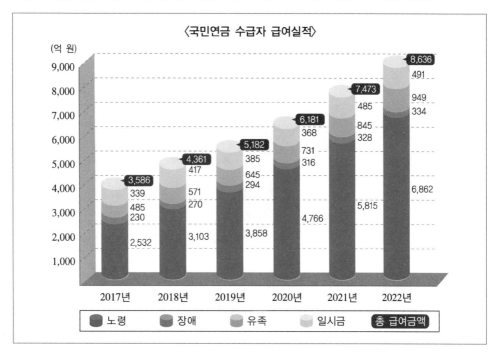

① 유족연금 지급액은 매년 가장 낮다.
② 2017 ~ 2022년까지 모든 항목의 연금 지급액은 매년 증가하고 있다.
③ 2017년 대비 지급총액이 처음으로 2배를 넘어선 해는 2019년이다.
④ 노령연금 대비 유족연금 비율은 2018년보다 2017년이 높다.

14 다음은 국가별 크루즈 외래객 점유율에 대한 자료이다. 이에 대한 〈보기〉의 설명 중 옳은 것을 모두 고르면?

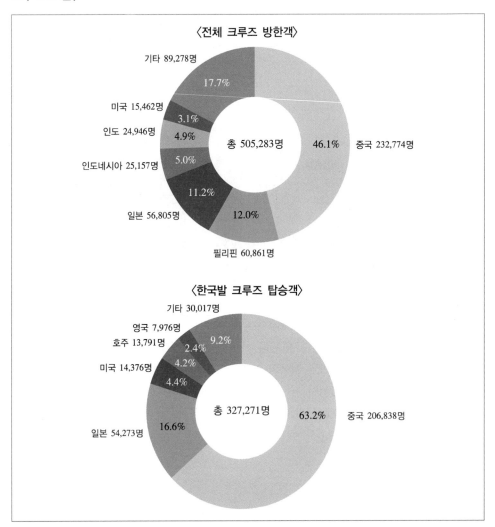

〈전체 크루즈 방한객〉

기타 89,278명 17.7%
미국 15,462명 3.1%
인도 24,946명 4.9%
인도네시아 25,157명 5.0%
일본 56,805명 11.2%
12.0%
필리핀 60,861명
총 505,283명
46.1% 중국 232,774명

〈한국발 크루즈 탑승객〉

기타 30,017명 9.2%
영국 7,976명 2.4%
호주 13,791명 4.2%
미국 14,376명 4.4%
총 327,271명
16.6%
일본 54,273명
63.2% 중국 206,838명

보기

ㄱ. 전체 크루즈 방한객 수와 한국발 크루즈 탑승객 수의 국가별 순위는 동일하다.
ㄴ. 미국 크루즈 방한객 수 대비 미국의 한국발 크루즈 탑승객 수의 비율은 85% 이상이다.
ㄷ. 필리핀의 크루즈 방한객 수는 필리핀의 크루즈 한국발 크루즈 탑승객 수의 최소 8배 이상이다.
ㄹ. 영국의 한국발 크루즈 탑승객 수는 일본의 한국발 크루즈 탑승객 수의 20% 미만이다.

① ㄱ, ㄴ ② ㄱ, ㄷ
③ ㄴ, ㄷ ④ ㄴ, ㄹ

15 다음은 주중과 주말 교통상황에 관한 자료이다. 이에 대한 〈보기〉의 설명 중 옳은 것을 모두 고르면?

〈주중 · 주말 예상 교통량〉

(단위 : 만 대)

구분	전국	수도권 → 지방	지방 → 수도권
주말 교통량	490	50	51
주중 교통량	380	42	35

〈대도시 간 예상 최대 소요시간〉

구분	서울 – 대전	서울 – 부산	서울 – 광주	서울 – 강릉	남양주 – 양양
주말	2시간 40분	5시간 40분	4시간 20분	3시간 20분	2시간 20분
주중	1시간 40분	4시간 30분	3시간 20분	2시간 40분	1시간 50분

보기

ㄱ. 대도시 간 예상 최대 소요시간은 모든 구간에서 주중이 주말보다 적게 걸린다.

ㄴ. 주중 전국 교통량 중 수도권에서 지방으로 가는 교통량의 비율은 10% 이상이다.

ㄷ. 지방에서 수도권으로 가는 주말 예상 교통량은 주중 예상 교통량보다 30% 미만으로 많다.

ㄹ. 서울 – 광주 구간 주중 소요시간은 서울 – 강릉 구간 주말 소요시간과 같다.

① ㄱ, ㄴ
② ㄴ, ㄷ
③ ㄴ, ㄷ, ㄹ
④ ㄱ, ㄴ, ㄹ

01 A씨는 2022년 말 미국기업, 중국기업, 일본기업에서 스카우트 제의를 받았다. 각 기업에서 제시한 연봉은 각각 3만 달러, 20만 위안, 290만 엔으로, 2023년부터 3년간 고정적으로 지급한다고 한다. 다음에 제시된 예상환율을 참고하여 A씨가 이해한 내용으로 가장 적절한 것은?

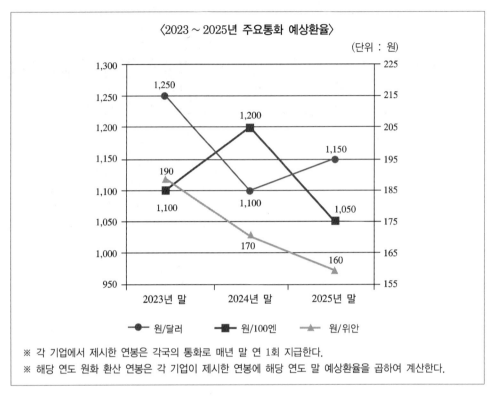

〈2023 ~ 2025년 주요통화 예상환율〉

(단위 : 원)

※ 각 기업에서 제시한 연봉은 각국의 통화로 매년 말 연 1회 지급한다.
※ 해당 연도 원화 환산 연봉은 각 기업이 제시한 연봉에 해당 연도 말 예상환율을 곱하여 계산한다.

① 2024년 원화 환산 연봉은 중국기업이 가장 많다.
② 2025년 원화 환산 연봉은 일본기업이 중국기업보다 많다.
③ 향후 3년간 가장 많은 원화 환산 연봉을 주는 곳은 중국기업이다.
④ 2024년 대비 2025년 중국기업의 원화 환산 연봉의 감소율은 2023년 대비 2025년 일본기업의 원화 환산 연봉의 감소율보다 크다.

02 다음은 20대 800명과 50대 1,100명을 대상으로 진행한 '국회의원 다주택자'에 대한 의견 조사결과이다. 자료에 대한 설명으로 〈보기〉에서 옳은 것을 모두 고르면?(단, 응답자 모두 응답하였다)

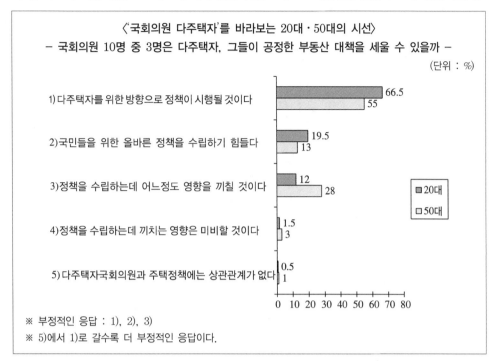

〈'국회의원 다주택자'를 바라보는 20대·50대의 시선〉
– 국회의원 10명 중 3명은 다주택자, 그들이 공정한 부동산 대책을 세울 수 있을까 –

(단위 : %)

1)다주택자를 위한 방향으로 정책이 시행될 것이다 — 66.5 / 55
2)국민들을 위한 올바른 정책을 수립하기 힘들다 — 19.5 / 13
3)정책을 수립하는데 어느정도 영향을 끼칠 것이다 — 12 / 28
4)정책을 수립하는데 끼치는 영향은 미비할 것이다 — 1.5 / 3
5)다주택자국회의원과 주택정책에는 상관관계가 없다 — 0.5 / 1

■20대
□50대

0 10 20 30 40 50 60 70 80

※ 부정적인 응답 : 1), 2), 3)
※ 5)에서 1)로 갈수록 더 부정적인 응답이다.

보기

ㄱ. 20대의 응답비율은 부정적일수록 더 높다.
ㄴ. 부정적인 응답을 한 비율은 50대가 20대보다 높다.
ㄷ. 부정적이지 않은 응답을 한 사람 수는 50대가 20대의 2.5배 이상이다.
ㄹ. 동일한 조건에서 20대 응답자가 900명이라면, 3)에 응답한 20대와 50대의 차이는 200명일 것이다.

① ㄱ, ㄴ
② ㄷ, ㄹ
③ ㄱ, ㄴ, ㄷ
④ ㄱ, ㄷ, ㄹ

PART 3

03 다음은 2018 ~ 2022년 반려동물 신규등록 현황과 유실 및 유기동물 보호형태 현황에 대한 자료이다. 이에 대한 〈보기〉의 설명 중 옳지 않은 것을 모두 고르면?

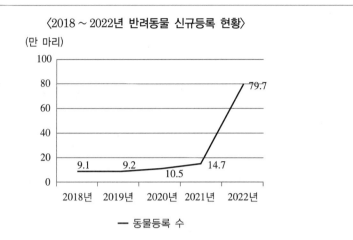

〈2018 ~ 2022년 반려동물 신규등록 현황〉

〈2018 ~ 2022년 유실 및 유기동물 보호형태 현황〉

(단위 : %)

처리방법	2018년	2019년	2020년	2021년	2022년
인도	14.6	15.2	14.5	13.0	12.1
분양	32.0	30.4	30.1	27.6	26.4
기증	1.2	1.6	1.9	1.8	1.4
자연사	22.7	25.0	27.1	23.9	24.8
안락사	20.0	19.9	20.2	20.2	21.8
기타	1.3	1.7	1.5	1.8	1.7
보호 중	8.2	6.2	4.7	11.7	11.8

보기

ㄱ. 조사기간 중 반려동물 신규등록 수의 전년 대비 증가율이 두 번째로 높은 연도는 2021년이다.
ㄴ. 유실 및 유기동물 중 분양된 동물의 수는 2018년부터 2022년까지 매년 감소하였다.
ㄷ. 2020년과 2021년의 유실 및 유기동물 중 보호 중인 동물의 수와 인도된 동물의 수의 합은 같은 해 분양된 동물의 수보다 많다.
ㄹ. 2018년 대비 2020년 반려동물 신규등록 건수의 증가율은 10%를 초과한다.

① ㄱ, ㄴ   ② ㄱ, ㄷ
③ ㄴ, ㄷ   ④ ㄴ, ㄹ

04 다음은 전국 주택건설실적에 관한 자료이다. 이에 대한 설명으로 옳지 않은 것은?

① 2022년 5월 분양 실적은 작년 동월 분양 실적보다 약 47.1% 감소하였다.

② 2022년 5월 지방의 인허가 실적은 약 29,431호이다.

③ 2022년 5월 지방의 준공 호수는 착공 호수보다 크다.

④ 전체 인허가 호수 대비 전체 준공 호수의 비중은 2021년 5월에 가장 컸다.

05 A사원은 주요통화의 하반기 환율 변동추세를 보고하기 위해 자료를 찾아보았다. 다음은 월별 USD, EUR, JPY 100 환율을 나타낸 표이다. 통화별 환율을 고려한 설명으로 옳은 것은?

〈하반기 월별 원/달러, 원/유로, 원/100엔 환율〉

환율＼월	7월	8월	9월	10월	11월	12월
원/달러	1,110.00	1,112.00	1,112.00	1,115.00	1,122.00	1,125.00
원/유로	1,300.50	1,350.00	1,450.00	1,380.00	1,400.00	1,470.00
원/100엔	1,008.00	1,010.00	1,050.00	1,050.00	1,075.00	1,100.00

① 8월부터 11월까지 원/달러 환율과 원/100엔 환율의 전월 대비 증감 추이는 동일하다.

② 유로/달러 환율은 10월보다 11월이 더 낮다.

③ 한국에 있는 A가 유학을 위해 학비로 준비한 원화를 9월에 환전한다면 미국보다 유럽으로 가는 것이 경제적으로 더 이득이다.

④ 12월 원/100엔 환율은 7월 대비 10% 이상 상승하였다.

06 다음은 M사의 금융 구조조정 자금 총지원 현황이다. 〈보기〉 중 자료에 대한 설명으로 옳은 것을 모두 고르면?

〈금융 구조조정 자금 총지원 현황〉

(단위 : 억 원)

구분	은행	증권사	보험사	제2금융	저축은행	협동조합	소계
출자	222,039	99,769	159,198	26,931	1	0	507,938
출연	139,189	4,143	31,192	7,431	4,161	0	186,116
부실자산 매입	81,064	21,239	3,495	0	0	0	105,798
보험금 지급	0	113	0	182,718	72,892	47,402	303,125
대출	0	0	0	0	5,969	0	5,969
총계	442,292	125,264	193,885	217,080	83,023	47,402	1,108,946

보기

ㄱ. 출자 부문에서 은행이 지원받은 금융 구조조정 자금은 증권사가 지원받은 금융 구조조정 자금의 3배 이상이다.

ㄴ. 보험금 지급 부문에서 지원된 금융 구조조정 자금 중 저축은행이 지원받은 금액의 비중은 20%를 초과한다.

ㄷ. 제2금융에서 지원받은 금융 구조조정 자금 중 보험금 지급 부문으로 지원받은 금액이 차지하는 비중은 80% 이상이다.

ㄹ. 부실자산 매입 부문에서 지원된 금융 구조조정 자금 중 은행이 지급받은 금액의 비중은 보험사가 지급받은 금액 비중의 20배 이상이다.

① ㄱ
② ㄴ, ㄹ
③ ㄱ, ㄴ, ㄷ
④ ㄴ, ㄷ, ㄹ

07 다음은 어느 기업의 콘텐츠 유형별 매출액에 관한 자료이다. 이에 대한 설명으로 옳지 않은 것은?

〈2015 ~ 2022년 콘텐츠 유형별 매출액〉

(단위 : 백만 원)

구분	게임	음원	영화	SNS	전체
2015년	235	108	371	30	744
2016년	144	175	355	45	719
2017년	178	186	391	42	797
2018년	269	184	508	59	1,020
2019년	485	199	758	58	1,500
2020년	470	302	1,031	308	2,111
2021년	603	411	1,148	104	2,266
2022년	689	419	1,510	341	2,959

① 2017년 이후 매출액이 매년 증가한 콘텐츠 유형은 영화뿐이다.

② 2022년에 전년 대비 매출액 증가율이 가장 큰 콘텐츠 유형은 SNS이다.

③ 영화 매출액은 매년 전체 매출액의 40% 이상이다.

④ 2019 ~ 2022년 동안 매년 게임 매출액은 음원 매출액의 2배 이상이다.

08 다음은 2022년 국내 지역별 백미 생산량을 나타낸 자료이다. 이에 대한 설명으로 옳지 않은 것은?

〈2022년 국내 백미 생산량〉

(단위 : ha, 톤)

구분	논벼 면적	논벼 생산량	밭벼 면적	밭벼 생산량
서울 · 인천 · 경기	91,557	468,506	2	4
강원	30,714	166,396	0	0
충북	37,111	201,670	3	5
세종 · 대전 · 충남	142,722	803,806	11	21
전북	121,016	687,367	10	31
광주 · 전남	170,930	871,005	705	1,662
대구 · 경북	105,894	591,981	3	7
부산 · 울산 · 경남	77,918	403,845	11	26
제주	10	41	117	317

① 광주 · 전남 지역은 백미 생산 면적이 가장 넓고 백미 생산량도 가장 많다.

② 제주 지역의 밭벼 생산량은 제주 지역 백미 생산량의 약 88.5%를 차지한다.

③ 면적당 논벼 생산량이 가장 많은 지역은 세종 · 대전 · 충남이다.

④ 전국 밭벼 생산 면적 중 광주 · 전남 지역의 면적이 차지하는 비율은 80% 이상이다.

다음은 주택용 태양광 발전시스템 도입량 예측에 관한 자료이다. 〈보기〉 중 옳은 설명을 모두 고른 것은?

〈일본의 주택용 태양광 발전시스템 도입량 예측〉

(단위 : 천 건, MW)

구분		2022년		2023년			
		건수	도입량	현재 성장을 유지할 경우		도입을 촉진할 경우	
				건수	도입량	건수	도입량
기존주택	10kW 미만	94.1	454	145.4	778	165	884
	10kW 이상	23.3	245	4.6	47	5	51
신축주택	10kW 미만	86.1	407	165.3	1,057	185.2	1,281
	10kW 이상	9.2	98	4.7	48	4.2	49
합계		212.7	1,204	320	1,930	359.4	2,265

보기

ㄱ. 2023년에 10kW 이상의 설비를 사용하는 신축주택은 도입을 촉진할 경우 유지할 경우보다 건수당 도입량이 커질 것이다.

ㄴ. 2022년 기존주택의 건수당 도입량은 10kW 이상이 10kW 미만보다 더 적다.

ㄷ. 2023년에 태양광 설비 도입을 촉진했을 때, 신축주택에서의 도입건수 중 10kW 이상의 비중은 유지했을 경우보다 0.5%p 이상 하락한다.

ㄹ. 2023년에 태양광 설비 도입을 촉진하게 되면 10kW 미만 기존주택의 도입 건수는 현재 성장을 유지할 경우보다 15% 이상 높다.

① ㄱ, ㄴ
② ㄱ, ㄹ
③ ㄴ, ㄷ
④ ㄱ, ㄷ

10 다음은 2022년 9개 국가의 실질세 부담률에 관한 자료이다. 〈조건〉에 근거하여 A~E에 해당하는 국가를 바르게 나열한 것은?

〈2022년 국가별 실질세 부담률〉

구분 \ 국가	독신 가구 실질세 부담률(%)		다자녀 가구 실질세 부담률(%)	독신 가구와 다자녀 가구의 실질세 부담률 차이(%p)
	2012년 대비 증감(%p)	전년 대비 증감(%p)		
A	55.3	−0.20	−0.28	40.5	14.8
일본	32.2	4.49	0.26	26.8	5.4
B	39.0	−2.00	−1.27	38.1	0.9
C	42.1	5.26	0.86	30.7	11.4
한국	21.9	4.59	0.19	19.6	2.3
D	31.6	−0.23	0.05	18.8	12.8
멕시코	19.7	4.98	0.20	19.7	0.0
E	39.6	0.59	−1.16	33.8	5.8
덴마크	36.4	−2.36	0.21	26.0	10.4

조건

- 2022년 독신 가구와 다자녀 가구의 실질세 부담률 차이가 덴마크보다 큰 국가는 캐나다, 벨기에, 포르투갈이다.
- 2022년 독신 가구 실질세 부담률이 전년 대비 감소한 국가는 벨기에, 그리스, 스페인이다.
- 스페인의 2022년 독신 가구 실질세 부담률은 그리스의 2022년 독신 가구 실질세 부담률보다 높다.
- 2012년 대비 2022년 독신 가구 실질세 부담률이 가장 큰 폭으로 증가한 국가는 포르투갈이다.

	A	B	C	D	E
①	벨기에	그리스	포르투갈	캐나다	스페인
②	벨기에	스페인	캐나다	포르투갈	그리스
③	벨기에	스페인	포르투갈	캐나다	그리스
④	캐나다	그리스	스페인	포르투갈	벨기에

11 다음은 조세심판원의 연도별 사건 처리건수에 관한 자료이다. 이에 대한 〈보기〉의 설명 중 옳은 것을 모두 고르면?

〈조세심판원의 연도별 사건 처리건수〉

(단위 : 건)

구분		2018년	2019년	2020년	2021년	2022년
처리대상 건수	전년 이월건수	1,854		2,403	2,127	2,223
	당년 접수건수	6,424	7,883	8,474	8,273	6,003
	소계	8,278		10,877	10,400	8,226
처리건수	취하건수	90	136	163	222	163
	각하건수	346	301	482	459	506
	기각건수	4,214	5,074	6,200	5,579	4,322
	제조사건수	27	0	465	611	299
	인용건수	1,767	1,803	1,440	1,306	1,338
	소계	6,444	7,314	8,750	8,177	6,628

※ (당해 연도 전년 이월건수)=(전년도 처리대상건수)−(전년도 처리건수)

※ (처리율)=$\dfrac{(처리건수)}{(처리대상건수)}×100$

※ (인용률)=$\dfrac{(인용건수)}{(각하건수)+(기각건수)+(인용건수)}×100$

보기

ㄱ. 처리대상건수가 가장 적은 연도의 처리율은 75% 이상이다.

ㄴ. 2019 ~ 2022년 동안 취하건수와 기각건수의 전년 대비 증감 추이는 동일하다.

ㄷ. 2019년의 처리율은 80% 이상이다.

ㄹ. 인용률은 2018년이 2020년보다 높다.

① ㄱ, ㄴ
② ㄱ, ㄹ
③ ㄴ, ㄷ
④ ㄱ, ㄷ, ㄹ

12

다음은 우리나라 7대 도시의 주차장 수용가능 차량 대수 현황 자료로, A부터 K까지의 자료는 현재 소실된 상태이다. 자료에 대한 〈보기〉의 설명으로 옳은 것을 모두 고르면?

〈7대 도시 주차장 수용가능 차량 대수 현황〉

(단위 : 대)

구분	노상주차장			노외주차장			부설주차장	전체
	유료	무료	소계	공영	민영	소계		
7대 도시 전체	248,234	206,460	454,694	108,234	232,029	340,263	4,481,351	5,276,308
서울	196,032	0	196,032	39,746	83,144	122,890	2,312,538	2,631,460
부산	A	B	83,278	C	59,468	D	474,241	629,749
대구	8,397	81,917	90,314	9,953	26,535	36,488	E	F
인천	3,362	43,918	47,280	13,660	17,899	31,559	469,977	548,816
광주	815	12,939	13,754	2,885	17,112	19,997	231,977	265,728
대전	I	7,849	H	J	13,907	23,758	K	G
울산	1,192	14,018	15,210	19,377	13,964	33,341	217,794	266,345

※ 전체 주차장은 노상, 노외, 부설주차장으로 구성됨

보기

ㄱ. 대전의 공영 노외주차장의 수용가능 차량 대수는 7대 도시 공영 노외주차장의 평균 수용가능 차량 대수보다 많다.

ㄴ. 대구, 인천, 광주 각각의 노상주차장 중 유료주차장 수용가능 차량 대수가 차지하는 비율이 노외주차장 중 공영주차장 수용가능 차량 대수가 차지하는 비율보다 낮다.

ㄷ. 서울의 부설주차장 수용가능 차량 대수는 전국 부설주차장 수용가능 차량 대수의 50% 이상을 차지한다.

ㄹ. 각 도시의 전체 주차장 수용가능 차량 대수 중 노외주차장 수용가능 차량 대수가 차지하는 비율은 부산이 광주보다 높다.

① ㄱ, ㄴ
② ㄴ, ㄷ
③ ㄴ, ㄹ
④ ㄷ, ㄹ

13 다음은 한국, 중국, 일본 3개국의 배타적경제수역(EEZ) 내 조업현황 자료이다. 이에 대한 설명으로 옳은 것은?

〈한국, 중국, 일본의 배타적경제수역(EEZ) 내 조업현황〉

(단위 : 척, 일, 톤)

해역	어선 국적	구분	2021년 12월	2022년 11월	2022년 12월
한국 EEZ	일본	입어척수	30	70	57
		조업일수	166	1,061	277
		어획량	338	2,176	1,177
	중국	입어척수	1,556	1,468	1,536
		조업일수	27,070	28,454	27,946
		어획량	18,911	9,445	21,230
중국 EEZ	한국	입어척수	68	58	62
		조업일수	1,211	789	1,122
		어획량	463	64	401
일본 EEZ	한국	입어척수	335	242	368
		조업일수	3,992	1,340	3,236
		어획량	5,949	500	8,233

① 2022년 11월 일본어선과 중국어선의 한국 EEZ 내 어획량 합은 같은 기간 중국 EEZ와 일본 EEZ 내 한국어선 어획량 합의 20배 이상이다.

② 2022년 11월 한국어선의 일본 EEZ 입어척수는 전년 동월 대비 감소하였다.

③ 2022년 12월 일본 EEZ 내 한국어선의 조업일수는 같은 기간 중국 EEZ 내 한국어선 조업일수의 3배 이상이다.

④ 2022년 12월 일본어선의 한국 EEZ 내 입어척수당 조업일수는 전년 동월 대비 증가하였다.

14 다음은 중국인 방한객에 관한 자료이다. 이에 대한 내용으로 적절하지 않은 것은?

〈2021년 6월 보고서〉

중국의 단오절과 한국의 좋은 날씨로 6월 방한 예약이 많은 편이었으나, 코로나19 발생 이후 한국 여행의 취소가 잇따르고, 신규 예약이 거의 없는 등 중국인 방한객은 전년 동월 대비 45.1% 감소했다. 한편 중국인 방일객은 462,300명으로 전년 동월 대비 167.2%의 이례적인 증가 경향을 보였다. 코로나19로 인해 한국행 항공편이 상당 부분 결항되어 공항으로 입국하는 중국인이 전년 동월 대비 55.9% 감소했다. 또한 크루즈, 선박들도 마찬가지로 운항 취소 및 결항되어 항만으로 입국한 중국인이 전년 동월 대비 25.0% 감소했다. 중국인 남성(−38.6%) 방한객보다 여성(−49.3%) 방한객이 더 많이 감소했다.

〈2022년 6월 보고서〉

중국은 경쟁 목적지인 동남아 시장의 비수기 진입, 일본 항공권 가격 상승 등으로 FIT관광객(개별 관광객)이 증가하면서 전년 동월 대비 140.7% 증가했다. 공항 및 항구로 입국한 중국인은 전년 동월 대비 각각 221.3%, 53.2% 증가하였으며, 특히 제주공항 및 부산항으로 입국한 중국인은 각각 223.7%, 178.6%로 크게 증가했다. 중국인 여성(+206.1%) 방한객이 남성(+132.8%) 방한객보다 더 많이 증가했다.

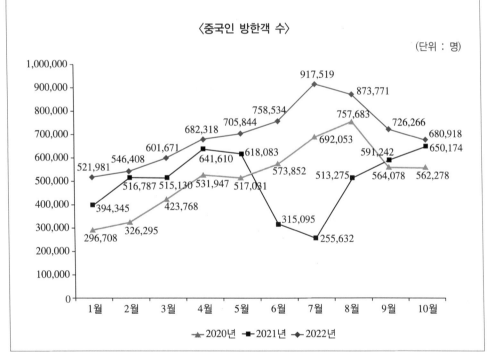

〈중국인 방한객 수〉

① 2020년 1월에서 10월 사이 중국인 방한객 수가 가장 많은 달은 8월이다.
② 코로나19 발생의 여파로 2021년 6월 중국인 방한객 수는 전월보다 302,988명 감소했다.
③ 전년 동월 대비 2022년 2월 중국인 방한객의 증가율은 전년 동월 대비 2022년 4월 중국인 방한객의 증가율보다 크다.
④ 2021년의 전월 대비 중국인 방한객 수의 증감률이 가장 큰 달은 8월이다.

15 다음은 월평균 식재료 가격에 대한 자료이다. 이에 대한 설명으로 옳지 않은 것은?

〈월평균 식재료 가격〉

구분	세부항목	2022년						2023년
		7월	8월	9월	10월	11월	12월	1월
곡류	쌀 (원/kg)	1,992	1,083	1,970	1,895	1,850	1,809	1,805
채소류	양파 (원/kg)	1,385	1,409	1,437	1,476	1,504	1,548	1,759
	배추 (원/포기)	2,967	4,556	7,401	4,793	3,108	3,546	3,634
	무 (원/개)	1,653	1,829	2,761	3,166	2,245	2,474	2,543
수산물	물오징어 (원/마리)	2,286	2,207	2,267	2,375	2,678	2,784	2,796
	건멸치 (원/kg)	23,760	23,760	24,100	24,140	24,870	25,320	25,200
축산물	계란 (원/30개)	5,272	5,332	5,590	5,581	5,545	6,621	9,096
	닭 (원/kg)	5,436	5,337	5,582	5,716	5,579	5,266	5,062
	돼지 (원/kg)	16,200	15,485	15,695	15,260	15,105	15,090	15,025
	소 – 국산 (원/kg)	52,004	52,220	52,608	52,396	51,918	51,632	51,668
	소 – 미국산 (원/kg)	21,828	22,500	23,216	21,726	23,747	22,697	21,432
	소 – 호주산 (원/kg)	23,760	23,777	24,122	23,570	23,047	23,815	24,227

※ 주요 식재료 소매가격 : 물오징어는 냉동과 생물의 평균가격, 계란은 특란의 평균가격, 돼지는 국내 냉장과 수입 냉동의 평균가격, 국산 소고기는 갈비, 등심, 불고기의 평균가격, 미국산 소고기는 갈비, 갈빗살, 불고 기의 평균가격, 호주산 소고기는 갈비, 등심, 불고기의 평균가격
※ 표시가격은 주요 재료의 월평균 가격이며, 조사 주기는 일별로 조사함

① 2022년 8월 대비 9월 쌀 가격의 증가율은 2022년 11월 대비 12월 무 가격의 증가율보다 크다.
② 소의 가격은 국산, 미국산, 호주산 모두 전월 대비 8 ~ 9월 동안 증가하다가 10월에 감소한다.
③ 계란의 가격은 전월 대비 2022년 8월부터 2023년 1월까지 꾸준히 증가하고 있다.
④ 쌀의 가격은 전월 대비 2022년 8월에 감소했다가 9월에 증가한 후 그 후로 계속 감소하고 있다.

04 │ 자료의 변환

대표유형 **자료변환**

다음은 T국의 2022년 월별 영화 개봉편수 및 관객 수에 대한 자료이다. 이 자료를 변형한 그래프로 옳은 것은?

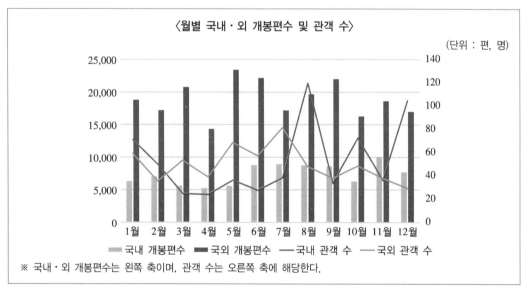

〈월별 국내·외 개봉편수 및 관객 수〉

(단위 : 편, 명)

■ 국내 개봉편수 ■ 국외 개봉편수 ― 국내 관객 수 ― 국외 관객 수

※ 국내·외 개봉편수는 왼쪽 축이며, 관객 수는 오른쪽 축에 해당한다.

①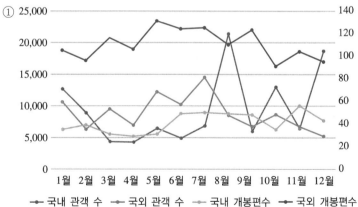

―●― 국내 관객 수 ―●― 국외 관객 수 ―●― 국내 개봉편수 ―●― 국외 개봉편수

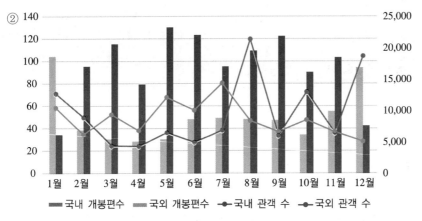

② 국내 개봉편수 ■ 국외 개봉편수 ● 국내 관객 수 ● 국외 관객 수

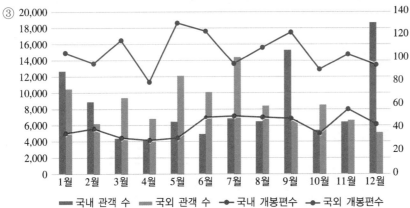

③ 국내 관객 수 ■ 국외 관객 수 ● 국내 개봉편수 ● 국외 개봉편수

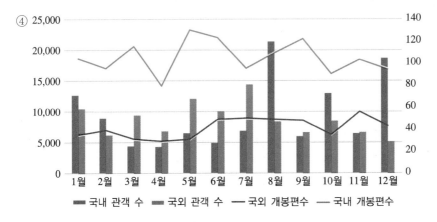

④ 국내 관객 수 ■ 국외 관객 수 ── 국외 개봉편수 ── 국내 개봉편수

T국의 1~12월 국내 개봉편수, 국외 개봉편수, 국내 관객 수, 국외 관객 수의 증감 추이와 동일한 양상을 띤 자료는 ④이다.

오답분석

① 4월과 7월의 국외 개봉편수가 자료와 다르다.
② 1월과 12월에 각각 국내 개봉편수와 국외 개봉편수가 바뀌었다.
③ 8 ~ 10월의 국내 관객 수가 자료와 다르다.

정답 ④

30초 컷 풀이 Tip

- 막대그래프가 자료로 제시되는 경우 막대의 가운데 부분을 연결하면 꺾은선 그래프가 된다.
- 수치를 일일이 확인하는 것보다 증감 추이를 먼저 판단한 후 그래프 모양이 크게 차이나는 곳의 수치를 확인하면 빠르게 풀이할 수 있다.

01 다음은 연도별 당뇨병 유병률을 나타낸 그래프이다. 이 그래프를 바르게 변형한 것은?(단, 모든 그래프의 단위는 %로 동일하다)

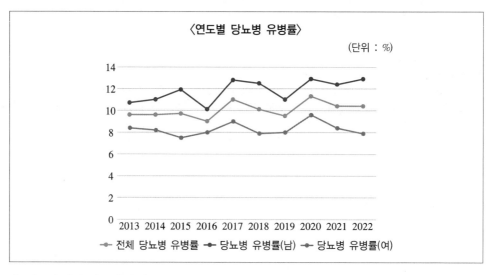

① 연도별 남녀 당뇨병 유병률

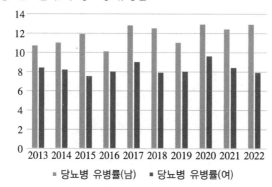

② 2014 ~ 2020년 연도별 전체 당뇨병 유병률

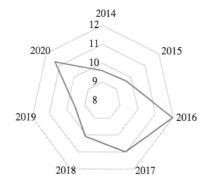

③ 2015 ~ 2022년 연도별 당뇨병 유병률

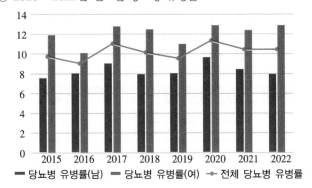

④ 2015 ~ 2022년 연도별 당뇨병 유병률

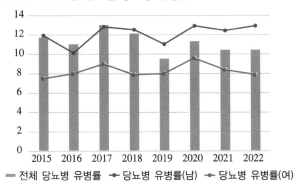

02 다음은 ○○국가의 2022년 월별 반도체 수출 동향을 나타낸 표이다. 이 자료를 변환한 그래프로 옳지 않은 것은?(단, 그래프 단위는 모두 '백만 달러'이다)

<표>

기간	수출액	기간	수출액
1월	9,681	7월	10,383
2월	9,004	8월	11,513
3월	10,804	9월	12,427
4월	9,779	10월	11,582
5월	10,841	11월	10,684
6월	11,157	12월	8,858

〈2022년 월별 반도체 수출액 동향〉

(단위 : 백만 달러)

① 2022년 월별 반도체 수출액

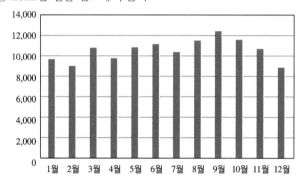

② 2022년 월별 반도체 수출액

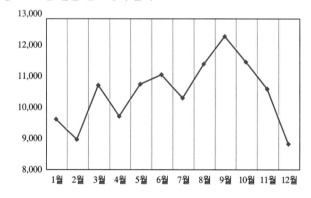

③ 2022년 월별 반도체 수출액

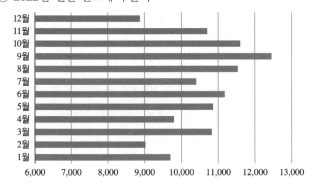

④ 2~12월까지 전월 대비 반도체 수출 증감액

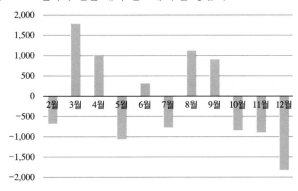

03 다음은 만 3세부터 초등학교 취학 전까지 유아를 교육하는 방법에 대한 자료이다. 이를 바탕으로 작성한 그래프로 옳지 않은 것은?(단, 교육방법에 중복은 없다)

〈유치원 유아 수 현황〉

(단위 : 명, %)

구분	전체		만 3세		만 4세		만 5세 이상	
	유아 수	비율	유아 수	비율	유아 수	비율	유아 수	비율
합계	704,138	100.0	174,907	24.8	253,076	35.9	276,155	39.2
국립	258	100.0	49	19.0	88	34.1	121	46.9
공립	170,091	100.0	27,813	16.4	57,532	33.8	84,746	49.8
사립	533,789	100.0	147,045	27.5	195,456	36.6	191,288	35.8

※ 모든 비율은 소수점 둘째 자리에서 반올림한다.
※ 비율의 합은 ±0.1 오차가 있을 수 있다.

〈어린이집 유아 수 현황〉

(단위 : 명, %)

구분	합계	만 3세	만 4세	만 5세 이상
합계	605,231	263,652	180,255	161,324
비율	100.0	43.6	29.8	26.7
국·공립	108,032	39,560	35,265	33,207
사회복지법인	59,423	23,824	17,897	17,702
법인·단체 등	29,210	10,766	8,993	9,451
민간	374,720	173,991	107,757	92,972
가정	3,410	2,356	630	424
부모협동	2,527	1,017	768	742
직장	27,909	12,138	8,945	6,826

〈가정양육 유아 수 현황〉

(단위 : 명, %)

구분	합계		만 3세		만 4세		만 5세 이상	
	유아 수	비율	유아 수	비율	유아 수	비율	유아 수	비율
유아 수	146,762	100.0	47,840	32.6	34,711	23.7	64,211	43.8

① 국립, 공립, 사립 유치원에서 교육받는 유아의 비율

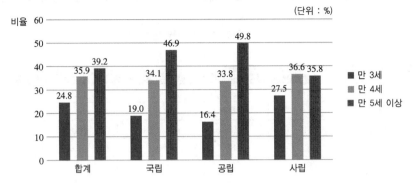

(단위 : %)

② 어린이집 중 나이별 국·공립, 사회복지법인, 법인·단체 등의 교육기관 원생 수 현황

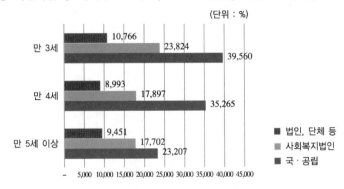

(단위 : %)

③ 각 교육기관별 유아 수의 비율

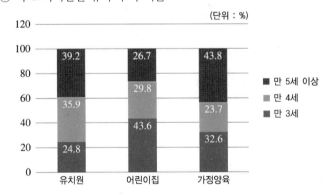

(단위 : %)

④ 민간 어린이집 유아 나이별 현황

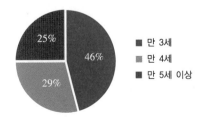

04 다음은 B대학교의 학과별 입학정원 변화에 대한 자료이다. 이를 나타낸 그래프로 옳지 않은 것은?

〈학과별 입학정원 변화〉

(단위 : 명)

구분	2022년	2021년	2020년	2019년	2018년
A학과	150	157	135	142	110
B학과	54	60	62	55	68
C학과	144	150	148	130	128
D학과	77	85	80	87	90
E학과	65	60	64	67	66
F학과	45	42	48	40	50
G학과	120	110	114	114	115
H학과	100	105	108	110	106

① 2021 ~ 2022년 학과별 입학정원 변화

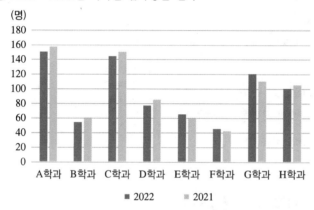

② 2018 ~ 2022년 A, C, D, G, H학과 입학정원 변화

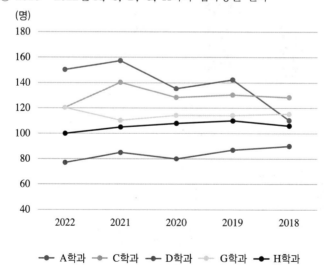

③ 2018 ~ 2022년 B, E, F, G학과 입학정원 변화

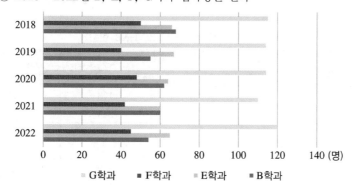

④ 2018 ~ 2020년 학과별 입학정원 변화

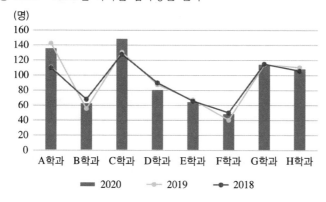

05 다음은 국가별 화장품 시장규모 및 1인당 소비규모를 나타낸 자료이다. 이를 바르게 나타낸 그래프는?

<세계화장품 시장규모 및 1인당 소비규모 현황>

구분	시장규모(억 달러)		1인당 소비규모(달러)	
	2021년	2022년	2021년	2022년
미국	344	367	173	188
일본	238	254	244	257
중국	190	210	12	15
독일	143	138	152	164
브라질	142	143	119	126
프랑스	135	148	176	180
한국	63	65	137	166

① 2021 ~ 2022년 세계화장품 시장규모

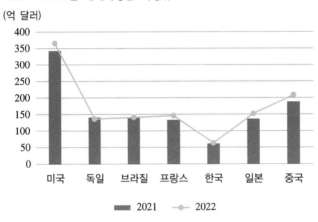

② 2021 ~ 2022년 세계화장품 1인당 소비규모

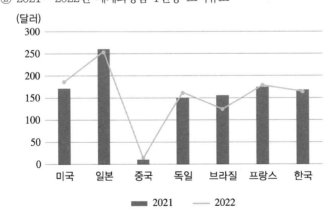

③ 2022년 전년 대비 국가별 시장규모 증감액

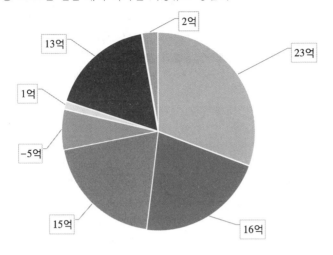

④ 2021 ~ 2022년 세계화장품 시장규모 및 1인당 소비규모

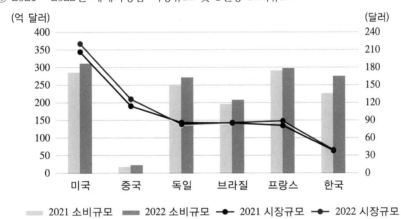

06 다음은 A국의 광물자원 수출입 교역액을 연도별로 나타낸 자료이다. 다음 자료를 변형한 그래프로 옳지 않은 것은?(단, 그래프의 단위는 '천 달러'이다)

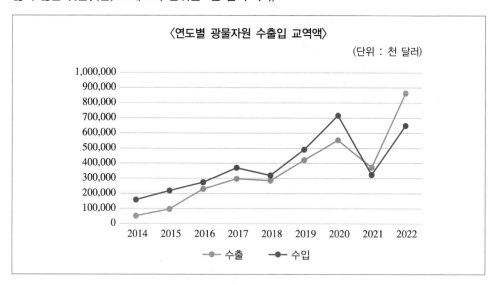

① 연도별 광물자원 수출입 교역액

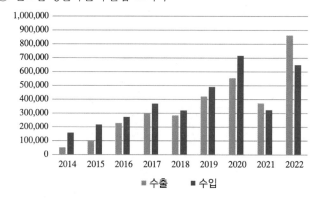

② 연도별 광물자원 수출 교역액

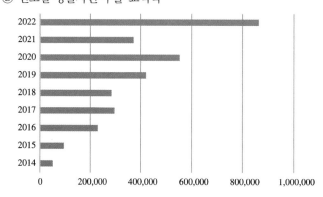

③ 연도별 광물자원 수입 교역액

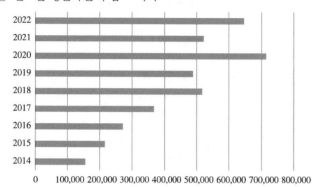

④ 2018 ~ 2022년 수출입 총교역액

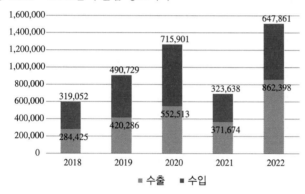

07 다음은 2014 ~ 2022년 국내 연령별 흡연율 관련 자료이다. 자료를 변형한 그래프로 옳은 것은?

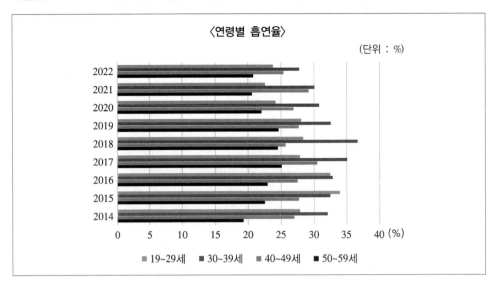

①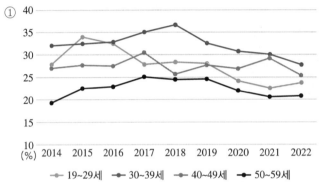

②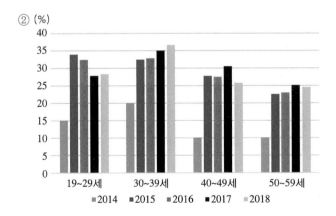

③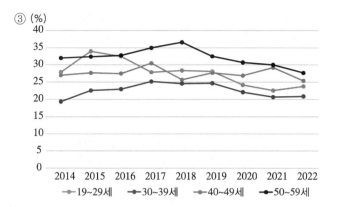

④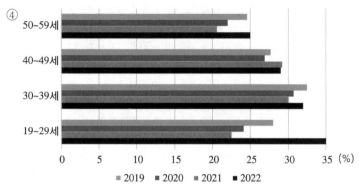

PART 3

01 다음 보고서의 내용을 보고 그래프로 나타낼 때 옳지 않은 것은?

〈보고서〉

2018년부터 2022년까지 시도별 등록된 자동차의 제반사항을 파악하여 교통행정의 기초자료로 쓰기 위해 매년 전국을 대상으로 자동차 등록 통계를 시행하고 있다. 자동차 종류는 승용차, 승합차, 화물차, 특수차이며, 등록할 때 사용목적에 따라 자가용, 영업용, 관용차로 분류된다. 그중 관용차는 정부(중앙, 지방)기관이나 국립 공공기관 등에 소속되어 운행되는 자동차를 말한다.

자가용으로 등록한 자동차 종류 중에서 매년 승용차의 수가 가장 많았으며, 2018년 16.5백만 대, 2019년 17.1백만 대, 2020년 17.6백만 대, 2021년 18백만 대, 2022년 18.1백만 대로 2019년부터 전년 대비 증가하는 추세이다. 다음으로 자가용 화물차가 많았고, 승합차, 특수차 순으로 등록수가 많았다. 가장 등록수가 적은 특수차의 경우 2018년에 2만 대였고, 2020년까지 4천 대씩 증가했으며, 2021년 3만 대, 2022년에는 전년 대비 700대가 많아졌다.

관용차로 등록된 승용차 및 화물차 수는 각각 2019년부터 3만 대를 초과했으며, 승합차의 경우 2018년 20,260대, 2019년 21,556대, 2020년 22,540대, 2021년 23,014대, 2022년에 22,954대가 등록되었고, 특수차는 매년 2,500대 이상 등록되고 있는 현황이다.

특수차가 가장 많이 등록되는 영업용에서 2018년 57,277대, 2019년 59,281대로 6만 대 미만이었지만, 2020년에는 60,902대, 2021년 62,554대, 2022년에 62,946대였으며, 승합차는 매년 약 12.5만 대를 유지하고 있다. 승용차와 화물차는 2019년부터 2022년까지 전년 대비 영업용으로 등록되는 자동차 수가 계속 증가하는 추세이다.

---

① 자가용으로 등록된 연도별 특수차 수

(단위 : 만 대)

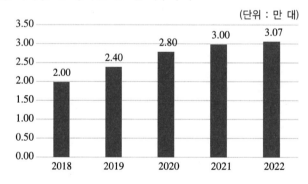

② 자가용으로 등록된 연도별 승용차 수

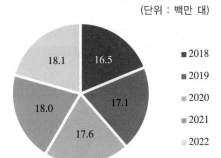

(단위 : 백만 대)

③ 영업용으로 등록된 연도별 특수차 수

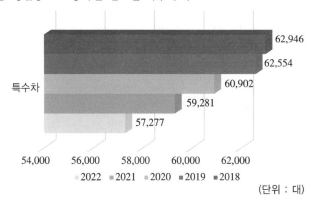

(단위 : 대)

④ 2019 ~ 2022년 영업용으로 등록된 특수차의 전년 대비 증가량

(단위 : 대)

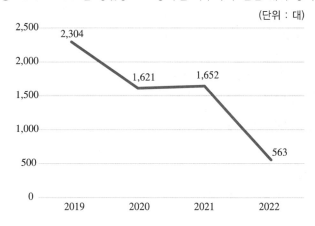

02 다음은 A지역의 연도별 아파트 분쟁신고 현황이다. 이에 대한 그래프로 옳은 것을 〈보기〉에서 모두 고르면?

〈연도별 아파트 분쟁신고 현황〉

구분	2019년	2020년	2021년	2022년
관리비 회계 분쟁	220	280	340	350
입주자대표회의 운영 분쟁	40	60	100	120
정보공개 관련 분쟁	10	20	10	30
하자처리 분쟁	20	10	10	20
여름철 누수 분쟁	80	110	180	200
층간소음 분쟁	430	520	860	1,280

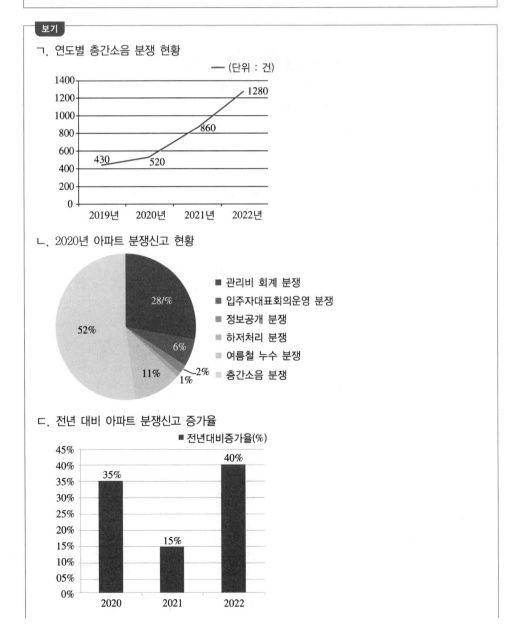

보기

ㄱ. 연도별 층간소음 분쟁 현황

ㄴ. 2020년 아파트 분쟁신고 현황

■ 관리비 회계 분쟁
■ 입주자대표회의운영 분쟁
■ 정보공개 분쟁
▨ 하저처리 분쟁
▨ 여름철 누수 분쟁
▨ 층간소음 분쟁

ㄷ. 전년 대비 아파트 분쟁신고 증가율

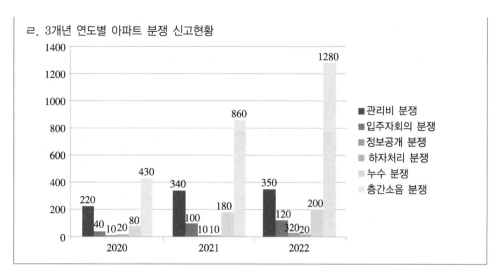

ㄹ. 3개년 연도별 아파트 분쟁 신고현황

① ㄱ, ㄴ

② ㄱ, ㄷ

③ ㄴ, ㄷ

④ ㄷ, ㄹ

03 귀하는 미디어 매체별 이용자 분포 자료를 토대로 보고서에 추가할 그래프를 제작하였다. 완성된 보고서를 상사에게 제출하였는데, 그래프 중에서 잘못된 것이 있다고 피드백을 받았다. 귀하가 다음의 자료를 토대로 그래프를 검토할 때 수정이 필요한 것은 무엇인가?

〈미디어 매체별 이용자 분포〉

(단위 : %)

구분		TV	스마트폰	PC / 노트북
사례 수		7,000명	6,000명	4,000명
성별	남자	49.4	51.7	51.9
	여자	50.6	48.3	48.1
연령	10대	9.4	11.2	13.0
	20대	14.1	18.7	20.6
	30대	17.1	21.1	23.0
	40대	19.1	22.2	22.6
	50대	18.6	18.6	15.0
	60세 이상	21.7	8.2	5.8
직업	사무직	20.1	25.6	28.2
	서비스직	14.8	16.6	14.9
	생산직	20.3	17.0	13.4
	학생	13.2	16.8	19.4
	주부	20.4	17.8	18.4
	기타	0.6	0.6	0.6
	무직	10.6	5.6	5.1
소득	상	31.4	35.5	38.2
	중	45.1	49.7	48.8
	하	23.5	14.8	13.0
도시 규모	대도시	45.3	47.5	49.5
	중소도시	37.5	39.6	39.3
	군지역	17.2	12.9	11.2

① 연령대별 스마트폰 이용자 수(단위 : 명)

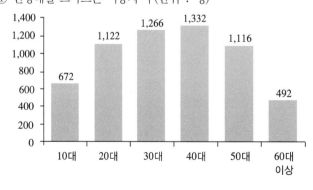

② 성별 매체 이용자 수(단위 : 명)

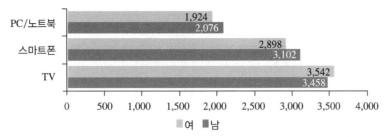

③ 매체별 소득수준 구성비

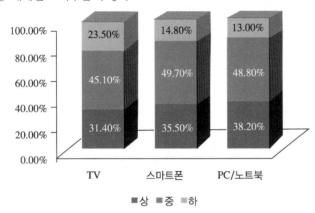

④ TV+스마트폰 이용자의 도시 규모별 구성비

04 다음은 A, B 두 지역의 평균기온 및 강수량을 나타낸 자료이다. 이를 바르게 나타내지 않은 그래프는?

〈A지역 평균기온 및 강수량〉

구분	평균기온(℃)	강수량(mm)
1월	−5.0	22
2월	−3.2	25
3월	0	35
4월	6.5	41
5월	11.4	80
6월	16.7	105
7월	20.5	120
8월	23.8	157
9월	19.5	112
10월	11.4	64
11월	1.0	55
12월	−4.8	29

〈B지역 평균기온 및 강수량〉

구분	평균기온(℃)	강수량(mm)
1월	−1.2	30
2월	0.5	25
3월	5.7	34
4월	12.4	55
5월	17.9	90
6월	24.0	104
7월	30.1	180
8월	33.6	200
9월	35.4	152
10월	24.1	84
11월	18.4	36
12월	10.0	26

① A지역 평균기온 및 강수량

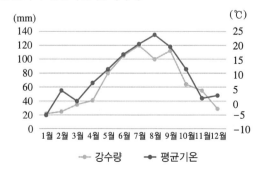

② B지역 평균기온 및 강수량

③ A, B지역 월별 강수량

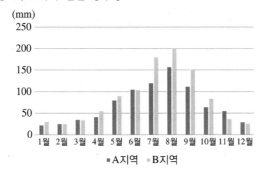

④ A, B지역 월별 평균기온

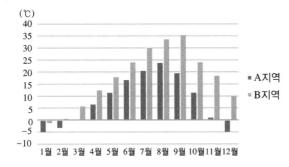

05 다음은 광역시에 거주하는 한국 국적을 취득한 외국인에 관한 자료이다. 이를 그래프로 나타낸 것 중 옳지 않은 것은?(단, 비율은 소수점 첫째 자리에서 반올림한다)

〈동북아시아 한국 국적 취득자〉

(단위 : 명)

구분	부산광역시	대구광역시	인천광역시	광주광역시	대전광역시	울산광역시
중국	1,137	767	3,159	639	730	538
대만	164	133	366	40	108	36
일본	33	10	38	11	23	8

〈동남아시아 한국 국적 취득자〉

(단위 : 명)

구분	부산광역시	대구광역시	인천광역시	광주광역시	대전광역시	울산광역시
베트남	1,610	1,376	1,339	881	754	960
필리핀	332	185	377	344	211	137
태국	19	15	42	17	14	8
인도네시아	6	8	10	0	0	0
캄보디아	135	180	110	162	123	66

〈서남아시아 한국 국적 취득자〉

(단위 : 명)

구분	부산광역시	대구광역시	인천광역시	광주광역시	대전광역시	울산광역시
스리랑카	0	0	5	0	0	0
파키스탄	27	37	72	0	0	0
방글라데시	0	0	26	0	0	0
네팔	29	10	16	19	8	6

① 부산광역시, 인천광역시, 광주광역시에 거주하는 동북아시아 한국 국적 취득자
   (단, 막대그래프는 왼쪽 축, 꺾은선그래프는 오른쪽 축의 값을 적용한다)

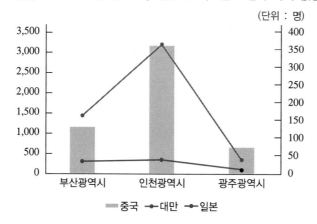

② 대구광역시에 거주하는 한국 국적 취득자

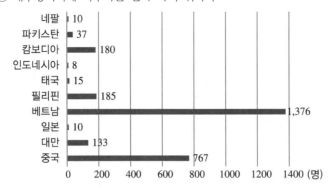

③ 울산광역시에 거주하는 동남아시아 한국 국적 취득자 중 국가별 비율

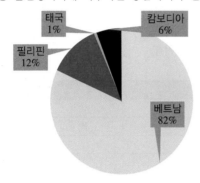

④ 서남아시아 국가별 총 한국 국적 취득자

(단위 : 명)

▪스리랑카 ▪파키스탄 ▪방글라데시 ▪네팔

06 다음은 난민 통계 현황과 관련한 자료이다. 이를 정리한 내용으로 옳지 않은 것은?

〈난민 신청자 현황〉

(단위 : 명)

구분		2019년	2020년	2021년	2022년
성별	남자	1,039	1,366	2,403	4,814
	여자	104	208	493	897
국적	파키스탄	242	275	396	1,143
	나이지리아	102	207	201	264
	이집트	43	97	568	812
	시리아	146	295	204	404
	중국	3	45	360	401
	기타	178	471	784	2,687

〈난민 인정자 현황〉

(단위 : 명)

구분		2019년	2020년	2021년	2022년
성별	남자	39	35	62	54
	여자	21	22	32	51
국적	미얀마	18	19	4	32
	방글라데시	16	10	2	12
	콩고DR	4	1	3	1
	에티오피아	4	3	43	11
	기타	18	24	42	49

① 난민 신청자 연도·국적별 현황

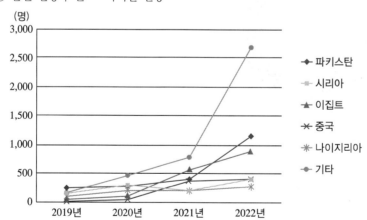

② 전년 대비 난민 인정자 증감률(2020 ~ 2022년)

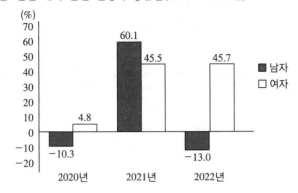

③ 난민 신청자 현황

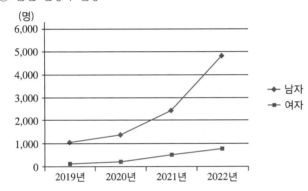

④ 난민 인정자 남·여 비율

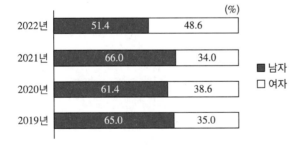

07 다음 표는 2012년부터 2022년까지 A국의 주식시장 현황을 나타낸 자료이다. 이를 바탕으로 작성한 그래프 중 당해년도 초과수익률을 바르게 나타낸 것은?

〈A국 주식시장 현황〉

구분	2012년	2013년	2014년	2015년	2016년	2017년	2018년	2019년	2020년	2021년	2022년
주가지수	376	562	1,028	505	694	628	811	896	1,379	1,434	1,897
수익률(%)	−	49.5	82.8	−50.9	37.4	−9.5	29.1	10.5	53.9	4.0	32.3

※ (당해년도 초과수익률)=(당해년도 수익률)−(연평균 수익률)
※ 연평균 수익률은 23.9%이다.

①
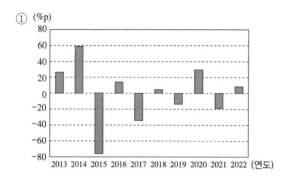

②
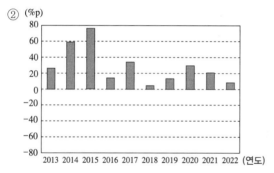

③
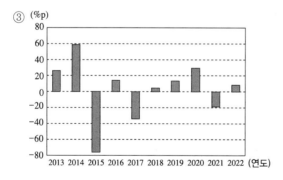

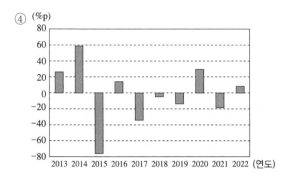

④ (%p)

08 다음은 2018년부터 2022년까지 A기업의 매출액과 원가 그리고 판관비를 나타낸 표이다. 자료를 참고하여 그래프로 나타낸 것으로 옳은 것은?

〈A기업 매출표〉

(단위 : 억 원)

구분	2018년	2019년	2020년	2021년	2022년
매출액	1,485	1,630	1,410	1,860	2,055
매출원가	1,360	1,515	1,280	1,675	1,810
판관비	30	34	41	62	38

※ (영업이익)＝(매출액)－[(매출원가)＋(판관비)]
※ (영업이익률)＝(영업이익)÷(매출액)×100

① 2018 ～ 2022년 영업이익

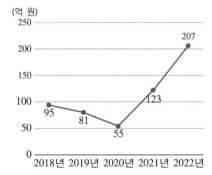

② 2018 ～ 2022년 영업이익

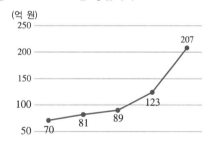

③ 2018 ～ 2022년 영업이익률

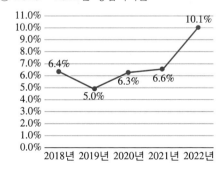

④ 2018 ～ 2022년 영업이익률

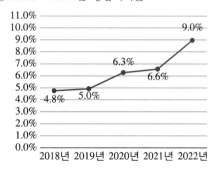

다음은 A국 국회의원의 SNS(소셜네트워크서비스) 이용자 수 현황에 대한 자료이다. 이를 이용하여 작성한 그래프로 옳지 않은 것은?(단, 소수점 둘째 자리에서 반올림한다)

〈A국 국회의원의 SNS 이용자 수 현황〉

(단위 : 명)

구분	정당	당선 횟수별				당선 유형별		성별	
		초선	2선	3선	4선 이상	지역구	비례대표	남자	여자
여당	A	82	29	22	12	126	19	123	22
야당	B	29	25	13	6	59	14	59	14
	C	7	3	1	1	7	5	10	2
합계		118	57	36	19	192	38	192	38

① 국회의원의 여야별 SNS 이용자 수

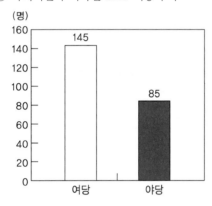

② 남녀 국회의원의 여야별 SNS 이용자 구성비

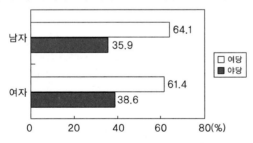

③ 야당 국회의원의 당선 횟수별 SNS 이용자 구성비 SNS 이용자 수

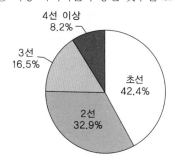

④ 2선 이상 국회의원의 정당별

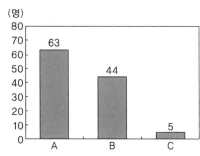

10 A기업은 1인 가구를 대상으로 한 서비스를 기획하고자 한다. 해당 업무를 맡게 된 귀하는 1인 가구의 생활 및 소비행태에 대해 분석하여 다음과 같은 보고서를 작성하였다. 그리고 보고서의 내용을 뒷받침할 근거자료를 추가하여 보완하려고 한다. 다음 중 보고서에 활용하지 못하는 근거자료는 무엇인가?

〈1인 가구의 생활 및 소비행태의 분석〉

1인 가구로 생활한 기간은 10년 이상(25.3%), 5 ~ 10년 미만(25.3%), 2 ~ 5년 미만(25.1%), 2년 미만(24.3%) 순으로 단기, 중장기 기간에 걸쳐 고루 분포되어 1인 가구의 증가 추세가 최근 몇 년 사이에 일어난 단기 현상이 아님을 보여주고 있다.

성별과 연령별로 생활 기간의 차이를 보면 남성이 여성보다 단기(2년 미만), 장기(10년 이상) 생활 기간이 많은 것으로 나타났다. 연령별로는 생활 기간에 따라 완만한 상승 또는 하강의 곡선을 보일 것이라는 예상과 달리 30대의 경우 5 ~ 10년 미만 생활 기간이 31.4%로 가장 많이 나타났으며 나머지 생활 기간들도 비슷한 비율을 보여 다양한 1인 가구 생활 기간을 가진 연령대를 대표한다고 볼 수 있다. 50대 이상 연령대의 경우 40대에 비해 2년 미만 생활 기간이 상대적으로 높게 나타나 결혼 상태나 생애주기의 변화에 따른 1인 가구화가 점차 시작되는 연령대임을 알 수 있다.

1인 가구로 생활하게 된 주된 이유에 대해서는 '본인의 직장·학업 때문에'라는 응답이 50.0%로 과반수를 차지하였으며, 그다음으로 '자유롭게 생활하고 싶어서' 26.9%, '같이 살 가족이 없어서' 11.6% 순으로 나타났다.

최근 1년간 소비생활에 있어 가계지출 항목별 지출 비중을 조사한 결과, 가장 많은 지출 비중을 차지하고 있는 항목은 식생활비로 전체의 25.7%를 차지하고 있으며, 그다음으로 주생활비 16.6%, 금융비 13.7%, 의생활비 10.6% 순으로 나타났다. 즉, 의식주 관련 총생활비가 52.9%로 지출의 과반수 이상을 차지하고 있으며, 금융비까지 포함하면 66.6%로 가계지출의 2/3 정도를 차지하는 것으로 나타났다. 가장 낮은 지출 비중은 외국어 등 자기개발과 자녀학원비 등을 포함한 교육비로 1.7%로 나타났다.

… 생략 …

---

① 성별 1인 가구 생활 기간(단위 : %)

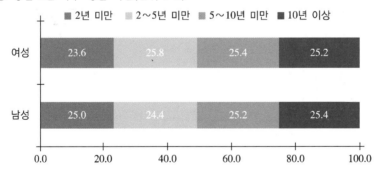

② 1인 가구 생활 기간

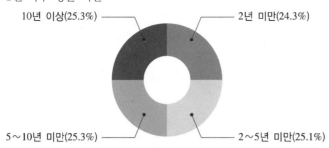

③ 연령별 1인 가구 생활 기간(단위 : %)

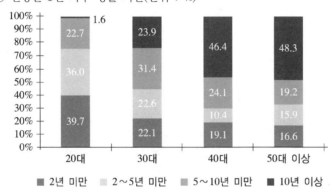

④ 전체 및 연령대별 가계지출 비중(단위 : %)

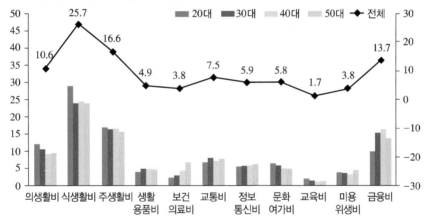

팀에는 내가 없지만 팀의 승리에는 내가 있다.
(Team이란 단어에는 I자가 없지만 win이란 단어에는 있다.)
There is no "i" in team but there is in win

- 마이클 조던 -

PART 4

최종점검 모의고사

01 다음 식을 계산한 값으로 옳은 것은?

$$(0.9371 - 0.3823) \times 25$$

① 13.24
② 13.49
③ 13.87
④ 14.62

02 다음 중 계산 값이 다른 하나는 무엇인가?

① $8 - 5 \div 2 + 2.5$
② $14 - 5 \times 2$
③ $10 \div 4 + 3 \div 2$
④ $6 \times 2 - 10 + 2$

03 다음과 같이 일정한 규칙으로 수를 나열할 때, 빈칸에 들어갈 수는?

$\frac{1}{2}$	1	$\frac{1}{3}$	$\frac{13}{12}$	( )	$\frac{67}{60}$

① $\frac{7}{6}$
② $\frac{5}{6}$
③ $\frac{13}{24}$
④ $\frac{17}{60}$

04 가로가 56cm이고 가로, 세로의 비율이 4 : 3인 타일을 붙여서 정사각형으로 된 타일을 만들었다. 만들어진 타일의 한 변의 길이는 최소 몇 cm인가?

① 120cm   ② 128cm

③ 168cm   ④ 208cm

05 자산 운용가 갑돌이는 원금 4,000,000원으로 작년에 수익률 200%를 달성하였으나, 올해 재투자에 실패하여 수익률이 − 60%가 되었다. 2년간의 누적 수익률은 얼마인가?(단, 재투자의 경우 작년 원금과 투자수익 모두 투자하였다)

① 10%   ② 20%

③ 25%   ④ 30%

06 국립공원 관리공단에서는 공원 내 쓰레기를 수거해 올 때 포인트를 지급하는 '그린포인트제도'를 시행하고 있다. 쓰레기 1g당 2포인트를 지급하고 젖은 쓰레기의 무게는 50% 감량해 적용한다. 어떤 등산객이 쓰레기를 수거하여 950포인트를 적립하였으며, 등산객이 가져온 전체 쓰레기 중 $\frac{1}{3}$이 젖은 쓰레기라고 할 때, 젖지 않은 쓰레기의 양은?

① 360g   ② 370g

③ 380g   ④ 390g

07 문구점에서 필요한 물품을 사고 받은 영수증이 다음과 같을 때 볼펜 2자루와 형광펜 3Set 값의 합과 공책 4Set의 값을 차례대로 나열한 것은?

영수증	
작성년월일	금액
22.07.28	9,600원
품목	수량
볼펜	1자루
A4 용지	1Set
공책	1Set

영수증	
작성년월일	금액
22.07.31	5,600원
품목	수량
볼펜	1자루
A4 용지	1Set
형광펜	1Set

영수증	
작성년월일	금액
22.08.02	12,400원
품목	수량
A4 용지	1Set
공책	1Set
형광펜	1Set

영수증	
작성년월일	금액
22.07.28	6,800원
품목	수량
볼펜	1자루
형광펜	2Set

	볼펜 2자루+형광펜 3Set	공책 4Set
①	7,200원	14,400원
②	7,200원	28,800원
③	10,000원	14,400원
④	10,400원	28,800원

08 A은행에서 2박 3일로 신입사원 OT 행사를 하기로 하였다. 김대리는 신입사원에게 할당된 방에 신입사원을 배정하는 업무를 맡았다. 다음 결과를 참고할 때 신입사원에게 주어진 방은 몇 개인가?

- 4명씩 방을 배정하면 12명이 방 배정을 못 받는다.
- 6명씩 방을 배정하면 방이 2개가 남는다.

① 12개   ② 14개
③ 16개   ④ 24개

09 농도가 9%인 A소금물 300g과 농도가 11.2%인 B소금물 250g을 합쳐서 C소금물을 만들었다. C소금물을 20% 덜어내고, 10g의 소금을 추가했을 때, 만들어진 소금물의 농도는?

① 12%   ② 13%
③ 14%   ④ 15%

10 갑, 을, 병은 2명의 대표자를 뽑는 선거의 후보자들이다. 선거결과 총투표수는 3,270표, 무효표는 20표였고, 갑과 을이 당선되었다. 을의 득표수는 병의 득표수보다 50표 많았으며, 만일 갑 득표수의 4%가 병의 지지표로 바뀌었다면 을은 병보다 10표 적어서 낙선했을 것이다. 이때, 갑과 을의 득표수의 차이는?

① 450표
② 500표
③ 550표
④ 600표

11 남학생 5명과 여학생 3명이 운동장에 있다. 남학생과 여학생 각각 2명을 뽑아 한 줄로 세우는 경우의 수는?

① 120가지
② 240가지
③ 360가지
④ 720가지

12 A은행에서는 새로운 지점의 고객 유치를 위해 다음 〈조건〉과 같은 금융 상품을 출시하였다. 해당 지점에서 고객이 개설할 수 있는 금융 상품의 경우의 수는 몇 가지인가?(단, 동시에 여러 개 금융 상품이 결합된 경우 별도의 경우의 수로 고려한다)

> **조건**
> • 금융 상품은 1번부터 10번까지 있다.
> • 예금 상품은 1 ~ 3번, 적금 상품은 4 ~ 5번이다.
> • 예금 또는 적금 상품 1 ~ 5번 내에서 중복해서 개설할 수 없고, 하나만 가입 가능하다.
> • 투자 상품은 6 ~ 7번, 카드 상품은 8번, 기타 상품은 9 ~ 10번이다.
> • 예금 또는 적금 상품을 개설할 경우에만 투자 상품이나 기타 상품을 개설할 수 있다.
> • 카드 상품은 예금 상품을 개설해야 만들 수 있다.
> • 투기를 막기 위해 각 고객은 투자 상품 또는 기타 상품을 최대 1개까지만 개설할 수 있다.

① 10가지
② 15가지
③ 22가지
④ 28가지

13 K씨는 지난 영국 출장 때 사용하고 남은 1,400파운드를 주거래 은행인 A은행에서 환전해 이번 독일 출장 때 가지고 가려고 한다. A은행에서 고시한 환율은 1파운드당 1,500원, 1유로당 1,200원일 때, K씨가 환전한 유로화는 얼마인가?(단, 국내 은행에서 파운드화에서 유로화로 환전 시 이중환전을 해야 하며, 환전 수수료는 고려하지 않는다)

① 1,700유로
② 1,750유로
③ 1,800유로
④ 1,850유로

14 A씨와 B씨는 은행으로부터 300만 원을 빌렸다. A씨는 한 달 후부터 12회에 걸쳐서 빌린 돈을 갚은 반면, B씨는 6개월 후부터 6회에 걸쳐서 빌린 돈을 갚았다. 이때, A씨와 B씨가 1회당 갚은 돈의 차액은 얼마인가?(단, 월 이자율은 2.0%이고, 매월 복리로 계산한다. 천 원 단위 이하는 버림하고, $1.02^{12} = 1.27$, $1.02^6 = 1.13$으로 계산한다)

① 10만 원
② 20만 원
③ 30만 원
④ 40만 원

15 다음은 L환전소 환율 및 수수료를 나타낸 자료이다. A씨가 x원으로 베트남 화폐 1,670만 동을 환전했을 때, x의 값을 구하면?(단, x는 환전 수수료가 포함된 값이다)

〈L환전소 환율 및 수수료〉

• 베트남 환율 : 483원/만 동
• 환전 수수료 : 0.5%
※ 우대사항 : 50만 원 이상 환전 시 70만 원까지 환전 수수료를 0.4%로 인하 적용
※ 100만 원 이상 환전 시 환전 수수료를 0.4%로 일괄 적용
※ 십 원 미만은 절사

① 808,840원
② 808,940원
③ 809,840원
④ 809,940원

16 다음의 고객 정보를 참고하여 대출 담당 직원인 귀하가 안내해야 할 중도상환수수료 금액은 얼마인가?(단, 100원 미만은 절사한다)

〈고객 정보〉

■ 2021년 3월 초, 담보대출 실행
- 대출원금 : 24,000,000원
- 대출이자 : 4%
- 대출기간 : 60개월
- 상환방식 : 원금균등(매월 말 상환)

■ 2022년 9월 초, 남은 대출원금 전액 중도상환

- (중도상환수수료)=(중도상환원금)×(중도상환수수료율)×$\dfrac{3년-(대출경과월수)}{3년}$

- 중도상환수수료율

대출상환기간	3 ~ 12개월	13 ~ 24개월	25 ~ 36개월
수수료율(%)	3.5	2.5	2.0

※ 3년 이후 중도상환 시 면제

① 210,000원 ② 220,000원
③ 230,000원 ④ 240,000원

17 주부 A씨는 예·적금 상품을 알아보던 중 다음과 같은 조건의 금융 상품을 발견하였다. 다음 〈조건〉으로 정기 적금에 가입할 때, 만기 이후 찾아갈 적금의 총액은 얼마인가?(단, 이자 세금은 계산하지 않는다)

조건

- 상품명 : ○○은행 청년희망주택적금
- 가입기간 : 24개월
- 가입금액 : 매월 초 300,000원 납입
- 적용금리 : 연 2.1%, 단리식
- 저축방법 : 정기적립식, 만기일시지급

① 7,000,875원 ② 7,111,875원
③ 7,222,875원 ④ 7,357,500원

※ A대리와 B대리는 목돈 마련을 위해 각자 ○○은행의 적금상품에 가입하고자 한다. 다음 자료를 읽고 이어지는 질문에 답하시오. [18~19]

- 상품명 : 다모아적금
- 가입대상 : 실명의 개인
- 계약기간 : 12개월 이상 36개월 이하(월 단위)
- 정액적립식 : 신규 약정 시 약정한 월 1만 원 이상의 저축금액을 매월 약정일에 동일하게 저축
- 이자지급방식 : 만기일시지급식, 단리식
- 기본금리

가입기간	12개월 이상 20개월 미만	20개월 이상 28개월 미만	28개월 이상 36개월 미만	36개월
금리	연 1.5%	연 1.8%	연 2.2%	연 2.4%

※ 만기 전 해지 시 연 1.2%의 금리가 적용됨

- 우대금리

우대사항	우대조건	우대이율
가족회원	2인 이상의 가족(주민등록등본상)이 ○○은행 계좌를 보유하고 있는 경우 ※ 주민등록등본상 본인 제외 2인 이상	연 0.8%p
거래우수	이 적금의 신규 시에 예금주의 ○○은행 거래기간이 3년 이상인 경우	연 0.4%p
청약보유	이 적금의 신규일로부터 3개월이 속한 달의 말일을 기준으로 주택청약종합저축을 보유한 경우	연 0.6%p

18 A대리는 2022년 11월 2일에 '다모아적금'에 가입하고자 한다. 이자소득세율이 10%이고 A대리의 상황이 다음과 같을 때, 만기 시에 받을 환급액은?

〈상황〉
- A대리는 24개월짜리 적금상품에 가입하고자 한다.
- A대리는 월 20만 원씩 해당 적금에 납입하고자 한다.
- A대리의 가족 중 어머니, 누나, 남동생은 모두 ○○은행 계좌를 보유하고 있으며, 이들은 모두 A대리의 주민등록등본상에 등록되어 있다.
- A대리는 ○○은행 계좌를 2019년 2월 1일에 개설하였다.
- A대리는 보유 중인 주택청약종합저축이 없다.

① 4,375,000원
② 4,415,000원
③ 4,635,000원
④ 4,935,000원

19 B대리는 2021년 12월 12일에 '다모아적금'에 가입하고자 한다. B대리의 상황이 다음과 같으며 해당 적금상품이 2021년 12월 2일부로 비과세상품이 되었다고 할 때, B대리가 적용받을 금리와 만기에 받을 환급액은?

<상황>

- B대리는 30개월짜리 적금상품에 가입하고자 한다.
- B대리는 월 10만 원씩 해당 적금에 납입하고자 한다.
- B대리의 가족 중 어머니, 형은 모두 ○○은행 계좌를 보유하고 있으며, 이들 중 어머니만 B대리의 주민등록등본상에 등록되어 있다.
- B대리는 ○○은행 계좌를 2020년 12월 1일에 개설하였다.
- B대리는 2016년 7월 5일에 ○○은행을 통해 주택청약종합저축에 가입하였으며 '다모아적금' 만기일까지 계속 보유할 것이다.

	적용금리	만기환급금
①	연 2.2%	3,328,000원
②	연 2.8%	3,108,500원
③	연 2.8%	3,328,000원
④	연 3.0%	3,412,000원

※ A대리는 목돈 마련을 위해 S은행의 적금상품 네 가지 중 한 가지에 가입하고자 한다. 다음 자료를 읽고 이어지는 질문에 답하시오. [20~21]

상품명	가입금액(만 원)	가입기간(개월)	기본금리
기회적금	매월 200	24	연 3%(연 복리)
청년적금	매월 180	36	연 3%(연 복리)
새싹적금	매월 220	24	연 3%(단리)
뭉치적금	매월 250	24	연 2%(연 복리)

※ 모든 상품은 이자지급방식으로 만기이자지급식을 채택한다.
※ S은행의 위 네 가지 적금상품은 모두 비과세상품이다.
※ 금액은 매월 초에 납입한다.
※ 단, $(1.02)^{\frac{1}{12}} \fallingdotseq 1.001$, $(1.02)^{\frac{25}{12}} \fallingdotseq 1.04$, $(1.03)^{\frac{1}{12}} \fallingdotseq 1.002$, $(1.03)^{\frac{25}{12}} \fallingdotseq 1.06$, $(1.03)^{\frac{37}{12}} \fallingdotseq 1.1$, $(1.04)^{\frac{37}{12}} \fallingdotseq 1.12$, $(1.04)^{\frac{1}{12}} \fallingdotseq 1.002$로 계산한다.

20 A대리가 기본금리만을 고려하여 만기환급금액이 가장 높은 상품을 선택하고자 할 때, A대리가 가입할 적금상품으로 옳은 것은?

① 기회적금 ② 청년적금
③ 새싹적금 ④ 뭉치적금

21 S은행의 적금상품별 우대금리 사항이 다음과 같으며, A대리는 만기환급금액이 가장 높은 상품을 선택하려고 한다. A대리의 상황에 적절한 우대금리를 고려할 때, A대리가 가입할 적금상품과 이에 적용될 금리로 옳은 것은?(단, 적금상품들의 기본금리는 변동 없다)

〈적금상품별 우대금리 적용 항목〉

상품명	우대금리	
	항목	우대이율
기회적금	가입일 기준 S은행 신규거래 고객	연 2%p
청년적금	가입일 기준 2년 이상 S은행 거래	연 1%p
새싹적금	가입일 기준 가입 전 3개월 이내 S은행 계좌를 통해 K통신사 요금 자동이체 납부 기록 보유	연 2%p
뭉치적금	가입일 기준 가입 전 2개월 이내 S은행 계좌를 통해 P통신사 요금 자동이체 납부 기록 보유	연 1%p

〈A대리의 상황〉

• 2022년 9월 2일에 S은행 적금상품을 가입하고자 한다.
• 2020년 3월부터 S은행을 통해 거래하였다.
• K통신사를 이용하고 있다.
• 2021년 4월부터 H은행 계좌를 통해 통신요금을 자동이체로 납부하고 있다.

	상품명	적용될 금리
①	기회적금	연 3%
②	청년적금	연 4%
③	새싹적금	연 3%
④	뭉치적금	연 2%

22 다음은 A제철소에서 생산한 철강의 출하량을 분야별로 기록한 표이다. 2022년도에 세 번째로 많은 생산을 했던 분야에서 2020년 대비 2021년의 변화율을 바르게 나타낸 것은?

〈A제철소 철강 출하량〉

(단위 : 천 톤)

구분	자동차	선박	토목 / 건설	일반기계	기타
2020년	5,230	3,210	6,720	4,370	3,280
2021년	6,140	2,390	5,370	4,020	4,590
2022년	7,570	2,450	6,350	5,730	4,650

① 약 10% 증가하였다.　　　② 약 10% 감소하였다.
③ 약 8% 증가하였다.　　　④ 약 8% 감소하였다.

23 다음은 월별 환율을 나타낸 표이다. 다음 〈보기〉 중 옳은 설명을 모두 고른 것은?

〈월별 환율 현황〉

구분	7월	8월	9월	10월	11월	12월
원/달러(USD)	1,140.30	1,138.25	1,140.50	1,141.40	1,141.55	1,141.20
원/위안(CNY)	163.50	163.30	163.25	162.90	163.10	163.05
원/100엔(JPY)	1,011.70	1,009.20	1,011.55	1,011.90	1,012.20	1,011.60

보기

ㄱ. 중국에 있는 A가 한국에 있는 동생에게 위안화로 돈을 송금할 때, 10월보다는 11월에 송금하는 것이 더 경제적이다.

ㄴ. 8월부터 12월까지 원/달러 환율과 원/100엔 환율의 전월 대비 증감 추이는 동일하다.

ㄷ. 달러/위안 환율은 7월에 비해 11월에 하락하였다.

ㄹ. 일본에 있는 B가 일본에서 엔화로 유학자금을 마련하여 중국으로 유학을 가는 경우, 12월보다 8월에 가는 것이 더 경제적이다.

① ㄱ, ㄴ
② ㄷ, ㄹ
③ ㄱ, ㄴ, ㄷ
④ ㄴ, ㄷ, ㄹ

24 다음은 선박종류별 기름 유출사고 발생 현황을 나타낸 자료이다. 이에 대한 설명으로 옳은 것은?

〈선박종류별 기름 유출사고 발생 현황〉

(단위 : 건, kL)

구분		유조선	화물선	어선	기타	합계
2018년	사고 건수	37	53	151	96	337
	유출량	956	584	53	127	1,720
2019년	사고 건수	28	68	247	120	463
	유출량	21	49	166	151	387
2020년	사고 건수	27	61	272	123	483
	유출량	3	187	181	212	583
2021년	사고 건수	32	33	218	102	385
	유출량	38	23	105	244	410
2022년	사고 건수	39	39	149	116	343
	유출량	1,223	66	30	143	1,462

① 2018년부터 2022년 사이의 전체 기름 유출사고 건수와 전체 유출량은 비례한다.

② 연도별 전체 사고 건수에 대한 유조선 사고 건수 비율은 매년 감소하고 있다.

③ 전체 유출량이 가장 적은 해의 기타를 제외하고 사고 건수 대비 유출량 비율이 가장 낮은 선박종류는 어선이다.

④ 유출량을 가장 많이 줄이는 방법은 화물선 사고 건수를 줄이는 것이다.

25 다음은 우리나라 국가채권 현황에 대한 자료이다. 이에 대한 〈보기〉의 설명 중 옳은 것을 모두 고르면?

<우리나라 국가채권 현황>

(단위 : 조 원)

구분	2019년		2020년		2021년		2022년	
	국가채권	연체채권	국가채권	연체채권	국가채권	연체채권	국가채권	연체채권
합계	238	27	268	31	298	36	317	39
조세채권	26	18	30	22	34	25	38	29
경상 이전수입	8	7	8	7	9	8	10	8
융자회수금	126	0	129	0	132	0	142	0
예금 및 예탁금	73	0	97	0	118	0	123	0
기타	5	2	4	2	5	3	4	2

보기

ㄱ. 2019년 총 연체채권은 2021년 총 연체채권의 80% 이상이다.

ㄴ. 국가채권 중 조세채권의 전년 대비 증가율은 2020년이 2022년보다 높다.

ㄷ. 융자회수금의 국가채권과 연체채권의 총합이 가장 높은 해에는 경상 이전수입의 국가채권과 연체채권의 총합도 가장 높다.

ㄹ. 2019년 대비 2022년 경상 이전수입 중 국가채권의 증가율은 경상 이전수입 중 연체채권의 증가율보다 낮다.

① ㄱ, ㄴ

② ㄱ, ㄷ

③ ㄴ, ㄷ

④ ㄷ, ㄹ

※ 다음은 연구개발비에 대한 자료이다. 물음에 답하시오. [26~27]

〈주요 산업국 연도별 연구개발비 추이〉

(단위 : U.S 백만 달러)

구분	2017년	2018년	2019년	2020년	2021년	2022년
한국	23,587	28,641	33,684	31,304	29,703	37,935
중국	29,898	37,664	48,771	66,430	84,933	-
일본	151,270	148,526	150,791	168,125	169,047	-
독일	69,317	73,737	84,148	97,457	92,552	92,490
영국	39,421	42,693	50,016	47,138	40,291	39,924
미국	325,936	350,923	377,594	403,668	401,576	-

〈2021년 연구개발비 분포〉

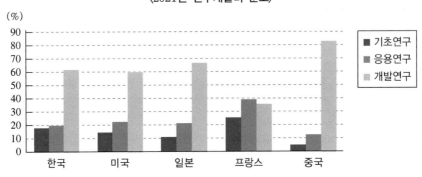

---

26 다음 중 위 자료에 대한 설명으로 옳은 것을 모두 고르면?

ㄱ. 2021년도 연구개발비가 전년 대비 감소한 곳은 4곳이다.
ㄴ. 2017년에 비해 2021년도 연구개발비 증가율이 가장 높은 곳은 중국이고, 가장 낮은 곳은 일본이다.
ㄷ. 전년 대비 2019년 한국의 연구개발비 증가율은 독일보다 높고, 중국보다 낮다.

① ㄱ
② ㄴ
③ ㄱ, ㄴ
④ ㄱ, ㄷ

---

27 2021년 미국의 개발연구비는 한국의 응용연구비의 약 몇 배인가?(단, 소수점 둘째 자리에서 반올림한다)

① 40.2배
② 40.4배
③ 40.6배
④ 41.2배

28 다음은 우리나라 건강보험 재정현황에 대한 자료이다. 이에 대한 설명으로 옳지 않은 것은?

〈건강보험 재정현황〉

(단위 : 조 원)

구분		2015년	2016년	2017년	2018년	2019년	2020년	2021년	2022년
수입		33.6	37.9	41.9	45.2	48.5	52.4	55.7	58.0
	보험료 등	28.7	32.9	36.5	39.4	42.2	45.3	48.6	51.2
	정부지원	4.9	5.0	5.4	5.8	6.3	7.1	7.1	6.8
지출		34.9	37.4	38.8	41.6	43.9	48.2	52.7	57.3
	보험급여비	33.7	36.2	37.6	40.3	42.5	46.5	51.1	55.5
	관리운영비 등	1.2	1.2	1.2	1.3	1.4	1.7	1.6	1.8
수지율(%)		104	98	93	92	91	92	95	99

※ $[\text{수지율}(\%)] = \dfrac{(\text{지출})}{(\text{수입})} \times 100$

① 2015년 대비 2022년 건강보험 수입의 증가율과 건강보험 지출의 증가율의 차이는 15%p 이상이다.

② 2016년부터 건강보험 수지율이 전년 대비 감소하는 해에는 정부지원 수입이 전년 대비 증가했다.

③ 2020년 보험료 등이 건강보험 수입에서 차지하는 비율은 75% 이상이다.

④ 건강보험 수입과 지출의 전년 대비 증감 추이는 2016년부터 2021년까지 동일하다.

29 다음은 2022년도 신재생에너지 산업통계 자료이다. 이를 나타낸 그래프 중 옳지 않은 것은?

〈신재생에너지원별 산업 현황〉

(단위 : 억 원)

구분	기업체 수(개)	고용인원(명)	매출액	내수	수출액	해외공장매출	투자액
태양광	127	8,698	75,637	22,975	33,892	18,770	5,324
태양열	21	228	290	290	0	0	1
풍력	37	2,369	14,571	5,123	5,639	3,809	583
연료전지	15	802	2,837	2,143	693	0	47
지열	26	541	1,430	1,430	0	0	251
수열	3	46	29	29	0	0	0
수력	4	83	129	116	13	0	0
바이오	128	1,511	12,390	11,884	506	0	221
폐기물	132	1,899	5,763	5,763	0	0	1,539
합계	493	16,177	113,076	49,753	40,743	22,579	7,966

① 신재생에너지원별 기업체 수(단위 : 개)

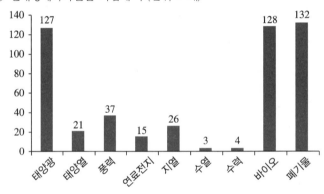

② 신재생에너지원별 고용인원(단위 : 명)

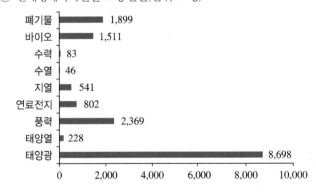

③ 신재생에너지원별 고용인원 비율

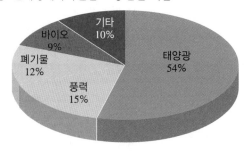

④ 신재생에너지원별 내수 현황(단위 : 억 원)

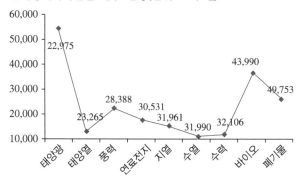

30 다음은 G대학교의 전공별 졸업 후 취업률에 관한 자료이다. 이를 바르게 나타낸 그래프는?

〈전공별 졸업자 취업률 현황〉

(단위 : %)

구분	2017년	2018년	2019년	2020년	2021년	2022년
사진·만화	35.7	38.2	34.1	39.2	43.2	41.0
예체능교육	40.1	48.5	45.7	43.1	42.0	45.2
응용미술	28.7	35.1	36.8	39.6	42.0	40.2
공예	44.8	45.1	42.3	40.2	41.4	44.1
무용	38.5	40.6	41.0	35.2	37.8	29.7
조형	22.5	29.4	31.5	35.7	34.5	30.3
연극영화	30.4	33.7	31.6	35.9	34.8	35.6
순수미술	28.6	28.4	30.6	31.4	32.1	32.2
성악	35.5	36.7	35.8	32.2	31.6	26.8
작곡	37.0	35.2	36.4	32.9	31.1	25.1
국악	23.4	27.8	26.7	28.9	30.7	35.1
기악	21.4	23.5	28.4	25.9	26.3	19.0
음악학	26.5	24.1	27.3	28.0	28.9	21.8
기타음악	30.1	34.2	32.7	30.4	29.0	26.5

① 사진·만화, 예체능교육, 무용, 조형, 연극영화 전공 연도별 취업률

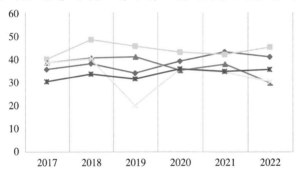

② 순수미술, 성악, 작곡, 국악, 기악, 음악학, 기타음악 전공의 2017 ~ 2020년 취업률

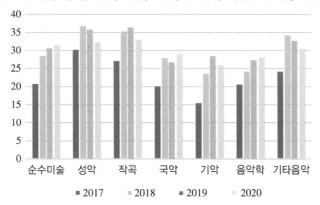

③ 2021 ~ 2022년 전공별 취업률

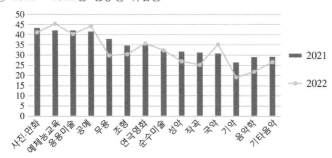

④ 응용미술, 연극영화, 순수미술, 성악, 작곡, 국악, 기악 전공 2017 ~ 2019년 취업률

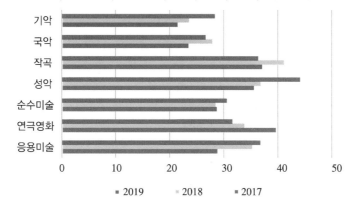

PART 4

01 다음 빈칸에 들어갈 수는?

$$208 \times \square - 19{,}945 = 44{,}951$$

① 616 ② 552
③ 476 ④ 312

02 일정한 규칙으로 문자를 나열할 때, 빈칸에 들어갈 문자는?

J   M   P   (   )   V

① Q ② S
③ P ④ T

03 다음은 일정한 규칙으로 배열한 수열이다. 빈칸에 들어갈 수는?

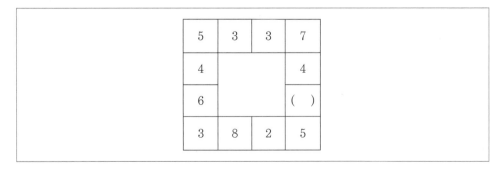

5	3	3	7
4			4
6			( )
3	8	2	5

① 2 ② 4
③ 8 ④ 16

04 혜주, 승혜, 민지가 학교에서 도서관까지 가는 데 혜주와 승혜는 동시에 출발하고 민지는 3분 후에 출발하였다. 승혜와 민지가 도서관에 동시에 도착했을 때, 혜주는 도서관으로부터 300m 떨어진 곳에 있었고, 혜주, 승혜, 민지의 속도의 비는 2 : 3 : 4였다. 세 명 모두 일정한 속도로 움직일 때, 승혜의 속도는?

① 25m/min
② 50m/min
③ 75m/min
④ 100m/min

05 기획부 A사원, B사원, C대리는 하나의 보고서를 완성하고자 한다. A사원과 B사원이 함께 일하면 12시간이 걸리고, B사원과 C대리가 함께 일하면 8시간이 걸린다. C대리는 A사원보다 3배의 일을 한다면 A사원, B사원, C대리가 함께 일하여 보고서를 완성하는 데 걸리는 시간은?(단, 보고서는 항상 C대리가 혼자 1시간 동안 마무리해야 한다)

① 2시간
② 2시간 30분
③ 3시간
④ 3시간 30분

06 A금융회사에서는 직원들의 금융상품 운용능력을 평가하기 위해 직원 60명을 대상으로 설문조사를 실시하였다. 주택청약, 펀드, 부동산 투자 여부 등을 조사하였으며, 중복 선택이 가능하였다. 조사 결과 주택청약을 한 직원은 27명, 펀드는 23명, 부동산 투자는 30명이었으며, 주택청약, 펀드, 부동산 투자를 모두 하는 직원이 5명이었을 때, 투자 항목 중 2개만 하는 직원은 몇 명인가?(단, A금융회사 직원들은 모두 적어도 1개 이상을 선택하였다)

① 5명
② 10명
③ 20명
④ 25명

07 A고등학교의 음악 동아리는 남학생과 여학생으로 구성되어 있다. 1명의 신입회원이 들어왔을 때, 그 회원이 남자라면 여학생 수의 2배가 되고, 여자라면 남녀의 수가 같아진다. 신입회원이 들어오기 전 동아리 회원 수는?

① 5명
② 6명
③ 7명
④ 8명

08 2월 5일이 수요일이라고 할 때, 8월 15일은 무슨 요일인가?(단, 2월은 29일까지이다)

① 토요일   ② 일요일

③ 월요일   ④ 화요일

09 다음은 동근이가 사무용품을 구매했던 영수증을 정리한 내용의 일부이다. A4용지 1박스에 500매 6묶음이 들어있다고 할 때, 볼펜 1타(12자루)와 A4용지 500매 가격의 합은?

일자	구매 내역		금액
8월 13일	볼펜 3타	A4용지 5박스	90,300원
9월 11일	볼펜 5타	A4용지 7박스	133,700원

① 11,200원   ② 11,700원

③ 12,100원   ④ 12,300원

10 J여행사에 근무 중인 A사원은 의무적으로 1월부터 12월까지 총 60시간의 안전 교육을 이수해야 한다. 안전 교육은 1시간 단위로 진행이 되며 한 달에 최소 3시간은 이수를 해야만 한다. 5월이 지날 때까지 35시간을 이수했을 때, 남은 기간 동안 안전 교육을 이수받는 방법은 몇 가지가 있는가?

① 180가지   ② 196가지

③ 200가지   ④ 210가지

11 어른 3명과 아이 3명이 함께 식당에 갔다. 자리가 6개인 원탁에 앉는다고 할 때 앉을 수 있는 경우의 수는?(단, 아이들은 어른들 사이에 앉힌다)

① 8가지   ② 12가지

③ 16가지   ④ 20가지

12 S은행의 감사팀은 과장 2명, 대리 3명, 사원 3명으로 구성되어 있다. A, B, C, D지역의 지사로 두 명씩 나눠서 출장을 가며, 각 출장 지역에 대리급 이상이 한 명 이상 포함되어 있어야 하고 과장 2명이 각각 다른 지역으로 가야 한다. 이때, 과장과 대리가 한 조로 출장에 갈 확률은?

① $\dfrac{1}{2}$

② $\dfrac{1}{3}$

③ $\dfrac{2}{3}$

④ $\dfrac{3}{4}$

13 철수는 최근에 농구 동아리에 가입하여 농구화를 사려고 한다. 현재 한국에서 농구화 가격을 알아보니 250,000원이었고, 너무 비싸다고 생각한 철수는 농구화를 해외에서 직접 구매하려고 한다. 철수가 미국, 중국, 일본, 프랑스, 영국 다섯 국가에서 판매하는 농구화의 가격과 환율을 조사해보니 다음과 같았을 때, 철수가 가장 저렴하게 농구화를 사기 위해서는 어느 국가의 농구화를 구입해야 하는가?(단, 제시된 조건 외의 것은 고려하지 않는다)

구분	미국	중국	일본	프랑스
농구화 가격	210달러	1,300위안	21,000엔	200유로
환율	1달러=1,100원	1위안=160원	100엔=960원	1유로=1,200원

① 미국

② 중국

③ 일본

④ 프랑스

14 사회초년생인 K씨는 업무에 사용할 노트북을 신용카드로 3개월 할부를 적용하여 90만 원에 결제하였다. 다음의 할부수수료 부과 방식을 참고하여 K씨가 지불할 할부수수료의 총액을 구하면?(단, 할부수수료는 회차별 할부금을 상환할 때 함께 부과되어 결제된다)

■ 신용카드 할부수수료율

할부기간	3개월 미만	3~5개월	6~9개월	10~12개월
수수료율(연)	8%	10%	15%	20%

■ 할부수수료 계산 관련 공식
- (할부수수료)=(할부잔액)×(할부수수료율)÷12
- (할부잔액)=(이용원금)−(기결제원금)
- 회차별 이용원금 상환금액은 균등

① 12,000원

② 15,000원

③ 22,500원

④ 30,000원

15 다음의 고객 정보를 참고하여 대출 담당 직원인 귀하가 안내해야 할 중도상환 수수료는 얼마인가? (단, 100원 미만은 절사한다)

〈고객 정보〉

- 2021년 6월, 담보대출 실행
  - 대출원금 : 12,000,000원
  - 대출이자 : 4%(원금 균등상환)
  - 대출기간 : 60개월

- 2022년 6월, 중도상환
  - (중도상환 수수료)=(중도상환 원금)×(중도상환 수수료율)×$\dfrac{36개월-(대출경과월수)}{36개월}$
  - (중도상환 원금)=(대출원금)-[원금상환액(월)]×(대출경과월수)
  - 중도상환 수수료율(%)

대출상환기간	3 ~ 14개월	15 ~ 24개월	25 ~ 36개월
수수료율	3.8	2.8	2.0

※ 3년 초과 중도상환 시 면제

① 128,000원
② 179,200원
③ 243,200원
④ 274,400원

16 C고객은 S은행으로부터 예금만기 통보 문자를 받고 은행을 방문하였다. C고객이 가입한 예금상품 정보가 다음과 같을 때, C고객이 수령할 수 있는 금액은 얼마인가?

- 상품명 : S은행 꿈드림 예금상품
- 가입자 : 본인
- 계약기간 : 20개월
- 저축금액 : 1백만 원
- 저축방법 : 거치식
- 이자지급방식 : 만기일시지급, 단리식
- 기본이자율(계약 당시, 세전)

1개월 이상	6개월 이상	12개월 이상	24개월 이상	36개월 이상	48개월 이상
연 0.75%	연 1.20%	연 1.30%	연 1.35%	연 1.50%	연 1.60%

- 우대금리(세전)
  - 계약 당시 자신이 세운 목표 혹은 꿈을 성취했을 경우 : 0.1%p 가산
  - 본인의 추천으로 해당 상품을 지인이 가입할 경우 : 0.1%p 가산
  - 타인의 추천으로 해당 상품을 본인이 가입할 경우 : 0.1%p 가산
- 기타사항
  - C씨는 지인으로부터 추천을 받아 해당 상품을 가입하였음
  - 해당 상품 계약 시 세운 목표를 성취하였으며, 은행에서 확인받음
  - 해당 상품에서 발생되는 이자는 15.4%가 과세됨

① 1,019,000원

② 1,019,800원

③ 1,020,050원

④ 1,021,150원

※ 주부 A씨는 목돈을 모으기 위해 예·적금 상품을 알아보았다. 아래는 A씨가 조사한 금융상품들이다. 다음 자료와 조건을 보고 이어지는 질문에 답하시오. [17~18]

〈예·적금 상품별 세부사항〉

상품명	예치금액	가입기간	기본금리
A은행 적금	매월 초 200만 원	12개월	연 3%(연 복리)
B은행 예금	3,000만 원	24개월	연 1%(연 복리)
C은행 적금	매월 180만 원	15개월	연 3%(단리)
D은행 예금	2,500만 원	30개월	연 2%(연 복리)

조건

- $(1.01)^2 = 1.02$, $(1.02)^2 = 1.04$
- $(1.01)^3 = 1.03$, $(1.02)^3 = 1.06$
- $(1.053)^{1/12} = 1.004$, $(1.053)^{13/12} = 1.058$, $(1.04)^{30/12} = 1.1$

17 A씨는 예·적금 상품 중 만기환급금이 가장 많은 것을 선택하려고 한다. 어떤 상품을 선택하는 것이 좋은가?

① A은행 적금
② B은행 예금
③ C은행 적금
④ D은행 예금

18 다음은 A씨가 위의 정보를 토대로 추가로 우대이율을 더 받기 위해 찾은 자료이다. A씨의 상황이 〈보기〉와 같을 때, 어떤 상품을 이용해야 만기환급금이 가장 많은 상품을 고를 수 있는가?

〈상품별 추가 우대금리〉

상품명	우대금리	우대 금리 조건
A은행 적금	최대 2.3%p 가산	• 해당 은행 카드사 전월 이용실적이 20만 원 이상일 때 : 0.5%p • 가입일 기준 해당 은행의 보유자산이 2억 원 이상일 때 : 2.0%p
B은행 예금	+2.0%p	• 가입일 기준 은행 거래 내역이 3년 이상 경과하였을 때
C은행 적금	+0.1%p	• 입출금계좌를 추가로 보유하고 있을 때
D은행 예금	+2.0%p	• 가입일 기준 해당 은행의 보유자산이 2억 원 이상일 때

보기

- A은행에 3억 원, D은행에 2억 원의 보유자산을 가지고 있다.
- 월 30만 원씩 A, C은행의 카드사를 이용한다.
- 자동이체를 등록한 기록이 없고, A ~ D은행 모두 거래한 지 2년이 채 되지 않는다.
- 입출금계좌를 보유한 은행은 B, C 2곳밖에 존재하지 않는다.

① A은행 적금
② B은행 예금
③ C은행 적금
④ D은행 예금

19 다음은 2017~2022년 연도별 기준 관광통역 안내사 자격증 취득현황 자료이다. 이에 대한 〈보기〉의 설명 중 옳지 않은 것을 모두 고르면?

〈연도별 관광통역 안내사 자격증 취득현황〉

(단위 : 명)

취득연도	영어	일어	중국어	불어	독어	스페인어	러시아어	베트남어	태국어
2022년	464	153	1,418	6	3	3	6	5	15
2021년	344	137	1,963	7	3	4	5	5	17
2020년	379	266	2,468	3	1	4	6	15	35
2019년	238	244	1,160	3	4	3	4	4	8
2018년	166	278	698	2	3	2	3	–	12
2017년	156	357	370	2	2	1	5	1	4
합계	1,747	1,435	8,077	23	16	17	29	30	91

보기

ㄱ. 영어와 스페인어 관광통역 안내사 자격증 취득자는 2018년부터 2022년까지 매년 전년 대비 증가하였다.

ㄴ. 중국어 관광통역 안내사 자격증 취득자는 2020년부터 2022년까지 매년 일어 관광통역 안내사 자격증 취득자의 8배 이상이다.

ㄷ. 태국어 관광통역 안내사 자격증 취득자 수 대비 베트남어 취득자 수 비율은 2019년부터 2021년까지 매년 증가하였다.

ㄹ. 불어 관광통역 안내사 자격증 취득자 수와 스페인어 관광통역 안내사 자격증 취득자 수는 2018년부터 2022년까지 전년 대비 증감 추이가 동일하다.

① ㄱ
② ㄴ, ㄹ
③ ㄱ, ㄷ
④ ㄱ, ㄷ, ㄹ

※ A주임은 새 차량 구입을 위한 목돈을 마련하기 위해 K은행의 적금상품에 가입하고자 한다. 다음 자료를 읽고 이어지는 질문에 답하시오. **[20~21]**

- 상품명 : 밝은미래적금
- 가입대상 : 실명의 개인
- 계약기간 : 18개월 이상 48개월 이하(월 단위)
- 정액적립식 : 신규 약정 시 약정한 월 1만 원 이상의 저축금액을 매월 약정일에 동일하게 저축
- 이자지급방식 : 만기일시지급식, 단리식
- 기본금리

가입기간	18개월 이상 24개월 미만	24개월 이상 36개월 미만	36개월 이상 48개월 미만	48개월
금리	연 1.4%	연 1.7%	연 2.1%	연 2.3%

※ 만기 전 해지 시 1.2%의 금리가 적용됨
- 우대금리

우대사항	우대조건	우대이율
우량고객	이 적금의 신규가입 시에 예금주의 K은행 거래기간이 4년 이상인 경우	연 0.5%p
스마트뱅킹	K은행 모바일앱을 통해 적금에 신규가입한 경우	연 0.2%p
주택청약	이 적금의 신규일로부터 2개월이 속한 달의 말일 안에 주택청약종합저축을 가입한 경우	연 0.4%p

※ 본 적금상품은 비과세상품임

20 A주임에 대한 정보 및 적금 가입계획이 다음과 같다고 할 때, A주임이 만기 시에 환급받을 금액으로 옳은 것은?

- A주임은 2022년 11월 1일 자신의 스마트폰의 K은행 모바일앱을 통해 K은행의 밝은미래적금에 가입하고자 한다.
- A주임이 계획한 가입기간은 36개월이다.
- 매월 1일 20만 원을 적금계좌로 이체한다.
- A주임은 2021년 1월 1일부터 K은행 계좌를 개설해 거래하였다.
- A주임은 2016년 8월 1일에 S은행의 주택청약종합저축에 가입하여 현재 보유하고 있다.

① 7,272,000원
② 7,455,300원
③ 7,580,000원
④ 7,624,000원

21 A주임은 새 차량 구입을 위해 더 큰 목돈을 마련하고자 적금 가입계획을 다음과 같이 수정하여 K은행의 밝은미래적금에 가입하였다. A주임이 만기 시에 환급받을 이자액은?

- A주임은 2022년 11월 12일 자신의 스마트폰의 K은행 모바일앱을 통해 K은행의 밝은미래적금에 가입하였다.
- A주임의 가입기간은 40개월이다.
- 매월 1일 25만 원을 적금계좌로 이체한다.
- A주임은 사정상 2022년 11월 9일에 S은행의 주택청약종합저축을 해지하고, 2022년 12월 5일에 K은행 주택청약종합저축에 가입하였다.

① 408,720원
② 425,250원
③ 442,100원
④ 461,250원

22 다음은 연령별 선물환거래 금액 비율을 나타낸 자료이다. 이에 대한 설명으로 옳은 것은?

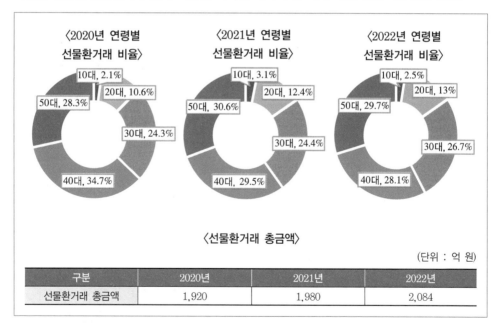

〈2020년 연령별 선물환거래 비율〉
10대, 2.1%
20대, 10.6%
30대, 24.3%
40대, 34.7%
50대, 28.3%

〈2021년 연령별 선물환거래 비율〉
10대, 3.1%
20대, 12.4%
30대, 24.4%
40대, 29.5%
50대, 30.6%

〈2022년 연령별 선물환거래 비율〉
10대, 2.5%
20대, 13%
30대, 26.7%
40대, 28.1%
50대, 29.7%

〈선물환거래 총금액〉

(단위 : 억 원)

구분	2020년	2021년	2022년
선물환거래 총금액	1,920	1,980	2,084

① 2021 ~ 2022년의 전년 대비 10대와 20대의 선물환거래 금액 비율 증감 추이는 같다.
② 2021년 대비 2022년 50대 선물환거래 금액 증가량은 13억 원 이상이다.
③ 2021 ~ 2022년 동안 전년 대비 매년 40대 선물환거래 금액은 지속적으로 감소하고 있다.
④ 2022년 10 ~ 40대 선물환거래 금액 총비율은 2021년 50대 비율의 2.5배 이상이다.

23 다음은 2022년 8월부터 2023년 1월까지의 산업별 월간 국내카드 승인액이다. 이에 대한 〈보기〉의 설명으로 옳은 것을 모두 고르면?

〈산업별 월간 국내카드 승인액〉

(단위 : 억 원)

산업별	2022년 8월	2022년 9월	2022년 10월	2022년 11월	2022년 12월	2023년 1월
도매 및 소매업	3,116	3,245	3,267	3,261	3,389	3,241
운수업	161	145	165	159	141	161
숙박 및 음식점업	1,107	1,019	1,059	1,031	1,161	1,032
사업시설관리 및 사업지원 서비스업	40	42	43	42	47	48
교육 서비스업	127	104	112	119	145	122
보건 및 사회복지 서비스업	375	337	385	387	403	423
예술, 스포츠 및 여가관련 서비스업	106	113	119	105	89	80
협회 및 단체, 수리 및 기타 개인 서비스업	163	155	168	166	172	163

보기

ㄱ. 교육 서비스업의 2023년 1월 국내카드 승인액의 전월 대비 감소율은 25% 이상이다.

ㄴ. 2022년 11월 운수업과 숙박 및 음식점업의 국내카드 승인액의 합은 도매 및 소매업의 국내카드 승인액의 40% 미만이다.

ㄷ. 2022년 10월부터 2023년 1월까지 사업시설관리 및 사업지원 서비스업과 예술, 스포츠 및 여가관련 서비스업 국내카드 승인액의 전월 대비 증감 추이는 동일하다.

ㄹ. 2022년 9월 협회 및 단체, 수리 및 기타 개인 서비스업의 국내카드 승인액은 보건 및 사회복지 서비스업 국내카드 승인액의 35% 이상이다.

① ㄱ, ㄴ
② ㄱ, ㄷ
③ ㄴ, ㄷ
④ ㄴ, ㄹ

24 다음은 K은행의 2023년도 1분기 민원 건수를 나타낸 자료이다. 신용카드 민원 건수를 제외한 K은행의 금분기 자체민원과 대외민원의 민원 건수 증감률이 전분기와 비교하여 각각 80%, −40%라고 할 때, 자료의 (가)와 (나)에 들어갈 수치의 합으로 적절한 것은?

⟨K은행 2023년도 1분기 민원 건수⟩

(단위 : 건)

구분		민원 건수	
		금분기	전분기
자체민원	전체 민원	99	71
	신용카드 민원	9	(가)
대외민원	전체 민원	8	13
	신용카드 민원	(나)	3

① 23

② 24

③ 25

④ 26

25 다음은 2022년도 달러와 엔화의 환율 변동에 대한 자료이다. 이에 대한 설명으로 옳은 것은?(단, 비율은 소수점 둘째 자리, 환율 계산값은 소수점 셋째 자리에서 반올림한다)

⟨2022년도 달러 및 엔화 환율 변동 현황⟩

구분	1월	2월	3월	4월	5월	6월	7월	8월	9월	10월
달러 환율 (원/달러)	1,065	1,090	1,082	1,070	1,072	1,071	1,119	1,117	1,119	1,133
엔화 환율 (원/100엔)	946	990	1,020	992	984	980	1,011	1,003	1,004	1,003

① 4월에 일본으로 여행 갈 때, 2월보다 1월에 미리 환전하는 것이 5% 이상 이득이다.

② 5월부터 10월까지 달러 환율의 증감 추이는 계속 증가하고 있다.

③ 달러 환율이 가장 낮을 때의 엔화 환율은 달러 환율이 가장 높을 때의 엔화 환율에 비해 5% 이상 낮다.

④ 전월 대비 달러 환율의 증가율은 7월 증가율이 10월 증가율보다 4배 이상 높다.

26 다음은 어느 나라의 최종에너지 소비량에 관한 자료이다. 이에 대한 설명으로 〈보기〉에서 옳은 것을 모두 고른 것은?

〈2020 ~ 2022년 유형별 최종에너지 소비량 비중〉

(단위 : %)

구분	석탄		석유제품	도시가스	전력	기타
	무연탄	유연탄				
2020년	2.7	11.6	53.3	10.8	18.2	3.4
2021년	2.8	10.3	54.0	10.7	18.6	3.6
2022년	2.9	11.5	51.9	10.9	19.1	3.7

〈2022년 부문별·유형별 최종에너지 소비량〉

(단위 : 천TOE)

구분	석탄		석유제품	도시가스	전력	기타	합계
	무연탄	유연탄					
산업	4,750	15,317	57,451	9,129	23,093	5,415	115,155
가정·상업	901	4,636	6,450	11,105	12,489	1,675	37,256
수송	0	0	35,438	188	1,312	0	36,938
기타	0	2,321	1,299	669	152	42	4,483
합계	5,651	22,274	100,638	21,091	37,046	7,132	193,832

보기

ㄱ. 2020 ~ 2022년 동안 전력 소비량은 매년 증가한다.
ㄴ. 2022년 산업부문의 최종에너지 소비량은 전체 최종에너지 소비량의 50% 이상을 차지한다.
ㄷ. 2020 ~ 2022년 동안 석유제품 소비량 대비 전력 소비량의 비율이 매년 증가한다.
ㄹ. 2022년에는 산업부문과 가정·상업부문에서 유연탄 소비량 대비 무연탄 소비량의 비율이 각각 25% 미만이다.

① ㄱ, ㄴ　　　　　　　② ㄱ, ㄹ
③ ㄴ, ㄷ　　　　　　　④ ㄷ, ㄹ

27 다음은 산업별 경기전망지수를 나타낸 자료이다. 〈조건〉에 따라 A ~ D에 들어갈 산업이 바르게 연결된 것은?

〈산업별 경기전망지수〉

(단위 : 점)

구분	2018년	2019년	2020년	2021년	2022년
A	45.8	48.9	52.2	52.5	54.4
B	37.2	39.8	38.7	41.9	46.3
도소매업	38.7	41.4	38.3	41.7	46.2
C	36.1	40.6	44.0	37.1	39.7
D	39.3	41.1	40.2	44.9	48.7

조건

ㄱ. 2018년부터 2022년까지 보건업의 경기전망지수가 40점 이상인 해는 2개이다.

ㄴ. 2020년 조선업과 제조업의 경기전망지수는 전년 대비 증가하였다.

ㄷ. 전년 대비 2019년 해운업의 경기전망지수의 증가율은 5개의 산업 중 가장 낮다.

ㄹ. 제조업은 매년 5개의 산업 중 경기전망지수가 가장 높다.

	ㄱ	ㄴ	ㄷ	ㄹ		ㄱ	ㄴ	ㄷ	ㄹ
①	조선업	보건업	제조업	해운업	②	제조업	조선업	보건업	해운업
③	조선업	제조업	보건업	해운업	④	제조업	보건업	조선업	해운업

※ 다음은 궁능원 관람객 수에 관한 자료이다. 이어지는 물음에 답하시오. [28~29]

〈궁능원 관람객 수〉

(단위 : 천 명)

구분	2015년	2016년	2017년	2018년	2019년	2020년	2021년	2022년
유료 관람객 수	6,688	6,805	6,738	6,580	7,566	6,118	7,456	5,187
무료 관람객 수	3,355	3,619	4,146	4,379	5,539	6,199	6,259	7,511
외국인 관광객 수	1,877	2,198	2,526	2,222	2,690	2,411	3,849	2,089

〈궁능원 관람객 수〉

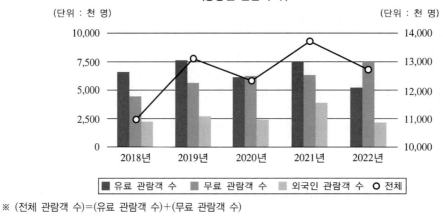

※ (전체 관람객 수)=(유료 관람객 수)+(무료 관람객 수)

28 다음 〈보기〉에서 옳지 않은 설명을 모두 고르면?

> **보기**
>
> ㄱ. 2020년 전체 관람객 수는 전년보다 감소하였으나 무료 관람객 수는 전년보다 소폭 증가하였다.
> ㄴ. 2022년 외국인 관람객 수는 전년 대비 43% 미만으로 감소하였다.
> ㄷ. 2019 ~ 2022년의 전체 관람객 수와 유료 관람객 수의 증감 추이는 같다.
> ㄹ. 2016 ~ 2022년 중 전체 관람객 수가 전년 대비 가장 많이 증가한 해는 2017년이다.

① ㄱ, ㄴ   ② ㄱ, ㄷ
③ ㄴ, ㄷ   ④ ㄴ, ㄹ

29 다음 제시된 2023년 궁능원 관람객 수 예측 자료를 참고하여 2023년 예상 전체 관람객 수와 예상 외국인 관람객 수를 바르게 구한 것은?(단, 소수점은 생략한다)

〈2023년 궁능원 관람객 수 예측 자료〉

• 고궁 야간관람 및 '문화가 있는 날' 행사 확대 운영으로 유료 관람객 수는 2022년 대비 24% 정도 증가할 전망이다.
• 적극적인 무료 관람 콘텐츠 개발로 무료 관람객 수는 2015년 무료 관람객 수의 2.4배 수준일 것으로 예측된다.
• 외국인을 위한 문화재 안내판, 해설 등 서비스의 품질 향상 노력과 각종 편의시설 개선 노력으로 외국인 관람객 수는 2022년보다 약 35,000명 정도 증가할 전망이다.

	예상 전체 관람객 수	예상 외국인 관람객 수
①	13,765천 명	1,973천 명
②	14,483천 명	2,124천 명
③	14,768천 명	2,365천 명
④	15,822천 명	2,124천 명

30 다음 제시문의 내용을 그래프로 바르게 나타낸 것은?

2022년을 기준으로 신규투자 금액은 평균 43.48백만 원으로 나타났으며, 유지보수 비용으로는 평균 32.29백만 원을 사용한 것으로 나타났다. 반면, 2023년 예상 투자액의 경우 신규투자는 10.93백만 원 감소한 ⊙원으로 예상하였으며, 유지보수 비용의 경우 0.11백만 원 증가한 ⊙원으로 예상하고 있다.

①

②

③

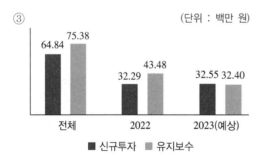

④

우리의 모든 꿈은 실현된다.
그 꿈을 밀고 나갈 용기만 있다면.

– 월트 디즈니–

현재 나의 실력을 객관적으로 파악해 보자!

모바일 OMR
답안채점 / 성적분석 서비스

도서에 수록된 모의고사에 대한 객관적인 결과(정답률, 순위)를 종합적으로 분석하여 제공합니다.

OMR 입력

성적분석

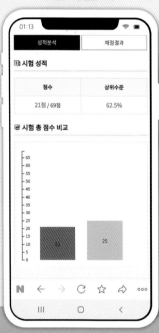

채점결과

※OMR 답안채점 / 성적분석 서비스는 등록 후 30일간 사용가능합니다.

참여방법

 도서 내 모의고사 우측 상단에 위치한 QR코드 찍기 → 로그인 하기 → '시작하기' 클릭 → '응시하기' 클릭 → 나의 답안을 모바일 OMR 카드에 입력 → '성적분석&채점결과' 클릭 → 현재 내 실력 확인하기

취약영역 타파하기!

2023

금융권
NCS

수리능력

정답 및 해설

누적 판매량
1위
기업별 NCS

합격의 모든 것!

모바일 OMR
답안채점/성적분석
서비스

NCS 핵심이론
및 대표유형
PDF 제공

[합격시대]
온라인 모의고사
무료쿠폰

[WIN시대로]
AI면접
무료쿠폰

SD에듀
(주)시대고시기획

PART **1**

합격의 공식 SD에듀 www.sdedu.co.kr

연산능력

02 | 기초연산

01 정답 ③

$154,305 \div 405 = 381$

02 정답 ②

$79 = 80 - 1$, $799 = 800 - 1$, $7,999 = 8,000 - 1$, $79,999 = 80,000 - 1$임을 이용한다.
$79,999 + 7,999 + 799 + 79 = (80,000 - 1) + (8,000 - 1) + (800 - 1) + (80 - 1) = 88,876$

03 정답 ①

$66 + 77 - 88 \times \square = -825$
$\to 143 - 88 \times \square = -825$
$\to -88 \times \square = -825 - 143 = -968$
$\to \square = -968 \div (-88)$
$\therefore \square = 11$

04 정답 ④

$77 + 46 - \square \times 13 = 6$
$\to 123 - \square \times 13 = 6$
$\to -\square \times 13 = -117$
$\to -\square = -117 \div 13$
$\therefore \square = 9$

05 정답 ④

$41 + 42 + 43 = 126$
$3 \times 2 \times 21 = 126$

오답분석
① $6 \times 6 \times 6 = 216$
② $5 \times 4 \times 9 = 20 \times 9 = 180$
③ $7 \times 2 \times 3 = 7 \times 6 = 42$

06 정답 ①

$70.668 \div 151 + 6.51 = 0.468 + 6.51 = 6.978$
$3.79 \times 10 - 30.922 = 37.9 - 30.922 = 6.978$

오답분석
② $6.1 \times 1.2 - 1.163 = 6.157$
③ $89.1 \div 33 + 5.112 = 7.812$
④ $9.123 - 1.5 \times 1.3 = 7.173$

07 정답 ④

$(1 \odot 6) + (4 \odot 2) = (1 - 6) + 6^2 + (4 - 2) + 2^2$
$= (-5) + 6^2 + 2 + 2^2$
$= 81$

08 정답 ①

$(1 \diamond 4) \star 2 = (4 - 1)^2 \star 2$
$= 9 \star 2$
$= 9 - (2 \times 5)$
$= -1$

09 정답 ②

12와 32의 최소공배수는 96이며, 100 이하 자연수 중 96의 배수는 1개이다.

10 정답 ②

$2.5m + 3,250mm = 250cm + 325cm = 575cm$

01	02	03	04	05	06	07	08	09	10
④	③	②	②	②	④	①	④	④	③
11	12	13	14	15	16	17	18	19	20
①	④	④	③	③	③	④	③	④	④
21	22	23	24	25	26	27	28	29	30
②	④	④	③	②	①	②	②	①	③

01 정답 ④

앞의 두 수와 그다음 두 수를 묶어서 계산하면 다음과 같다.
$(14,465-3,354)+(1,989-878)+1=11,111+1,111+1$
$=12,223$

02 정답 ③

$7-\left(\dfrac{5}{3}\times\dfrac{21}{15}\times\dfrac{9}{4}\right)=7-\dfrac{21}{4}=\dfrac{28}{4}-\dfrac{21}{4}=\dfrac{7}{4}$

03 정답 ②

$46\times3+21=138+21=159$
$\therefore \square=5$

04 정답 ②

$12\times8-\square\div2=94$
$\to (94-12\times8)\times2=-\square$
$\to \square=(94-96)\times(-2)$
$\therefore \square=4$

05 정답 ②

$(178-302)\div(-1)=(-124)\div(-1)=124$
$95+147-118=242-118=124$

오답분석
① $571+48-485=619-485=134$
③ $78\times2-48\div2=156-24=132$
④ $36+49+38=85+38=123$

06 정답 ④

$\dfrac{5}{6}\times\dfrac{3}{4}-\dfrac{7}{16}=\dfrac{5}{8}-\dfrac{7}{16}=\dfrac{3}{16}$

$\left(\dfrac{1}{4}-\dfrac{2}{9}\right)\times\dfrac{9}{4}+\dfrac{1}{8}=\dfrac{1}{36}\times\dfrac{9}{4}+\dfrac{1}{8}=\dfrac{1}{16}+\dfrac{1}{8}=\dfrac{3}{16}$

오답분석
① $\dfrac{8}{3}-\dfrac{4}{7}\times\dfrac{2}{5}=\dfrac{8}{3}-\dfrac{8}{35}=\dfrac{256}{105}$

② $\dfrac{4}{5}\times\dfrac{2}{3}-\left(\dfrac{3}{7}-\dfrac{1}{6}\right)=\dfrac{4}{5}\times\dfrac{2}{3}-\dfrac{11}{42}=\dfrac{8}{15}-\dfrac{11}{42}=\dfrac{19}{70}$

③ $\dfrac{5}{6}\div\dfrac{5}{12}-\dfrac{3}{5}=\dfrac{5}{6}\times\dfrac{12}{5}-\dfrac{3}{5}=2-\dfrac{3}{5}=\dfrac{7}{5}$

07 정답 ①

$21\times39+6=819+6=825$
$31\times21+174=651+174=825$

오답분석
② $116\times4+362=464+362=826$
③ $5\times5\times32=5\times160=800$
④ $19\times25+229=475+229=704$

08 정답 ④

$\dfrac{7}{9}<(\quad)<\dfrac{7}{6}=\dfrac{28}{36}<(\quad)<\dfrac{42}{36}$

$\dfrac{28}{36}<\left(\dfrac{41}{36}\right)<\dfrac{42}{36}$

오답분석
① $\dfrac{64}{54}>\dfrac{7}{6}\left(=\dfrac{63}{54}\right)$

② $\dfrac{13}{18}<\dfrac{7}{9}\left(=\dfrac{14}{18}\right)$

③ $\dfrac{39}{54}<\dfrac{7}{9}\left(=\dfrac{42}{54}\right)$

09 정답 ④

$\dfrac{26}{29}\fallingdotseq0.897$

$0.544<(\quad)<\dfrac{26}{29}=0.544<(\quad)<0.897$

$0.544<(0.758)<0.897$

오답분석
① $\dfrac{77}{79}\fallingdotseq0.975$

③ $\dfrac{91}{96}\fallingdotseq0.948$

10

정답 ③

- 2km=2,000m(1km=1,000m)
- $3m^2=3\times100^2cm^2=30,000cm^2(1m^2=10,000cm^2)$
- 1시간=3,600초(1시간=60분=3,600초)
- 3.5할=3.5할×100리/할=350리(1할=100리)

따라서 빈칸에 해당하는 숫자의 합은 2,000+30,000+3,600+350=35,950이다.

11

정답 ①

크로나를 달러로 환전하면 120×0.12=14.4달러이다.

12

정답 ④

주어진 조건에 따라 인원을 계산하면 다음과 같다.
- 차장급 이하 직원 : 270×0.5=135명
- 임원진 : 135×0.2=27명
- 협력업체 : 108×0.5=54명

따라서 행사에 참석한 협력업체 사람들은 54명이다.

13

정답 ④

㉠ 1,000원에서 10% 인하 후 가격 : 1,000×0.9=900원
900원에서 10% 인상 후 가격 : 900×1.1=990원
㉡ 2,000원에서 60% 인하 후 가격 : 2,000×0.4=800원
800원에서 30% 인상 후 가격 : 800×1.3=1,040원

따라서 ㉠, ㉡, ㉢의 가격이 다 다르다.

14

정답 ③

32와 24의 최대공약수는 8이므로, 즉 정사각형의 한 변의 길이는 8cm이다.

따라서 넓이는 $8\times8=64cm^2$이다.

15

정답 ③

두 사이트 전체 참여자의 평균 평점은 전체 평점의 합을 전체 인원으로 나눈 것이다.

따라서 전체 참여자의 평균 평점은 다음과 같다.

$$\frac{(1,000\times5.0)+(500\times8.0)}{1,000+500}=6.0점$$

16

정답 ③

각 학년의 전체 수학 점수의 합을 구하면 다음과 같다.
- 1학년 : 38×50=1,900점
- 2학년 : 64×20=1,280점

- 3학년 : 44×30=1,320점

따라서 전체 수학 점수 평균은 $\frac{1,900+1,280+1,320}{50+20+30}=$

$\frac{4,500}{100}=45점$이다.

17

정답 ④

세 버스는 각 배차간격의 공배수마다 동시에 출발한다. 그러므로 세 버스의 첫차 출발시각 이후 동시에 출발하는 시각은 8분, 15분, 12분의 최소공배수이다.

2×2×2=8, 3×5=15, 2×2×3=12의 최소공배수는 2×2×2×3×5=120이므로 세 버스의 첫차 출발시각 이후 다음으로 세 버스가 동시에 출발하는 시각은 120분=2시간 후인 오전 6시 50분이다.

18

정답 ③

고객설문조사 업무량을 1이라고 가정하면 갑, 을, 병사원이

하루에 할 수 있는 업무량은 각각 $\frac{1}{12}$, $\frac{1}{18}$, $\frac{1}{36}$이므로, 3명

이 함께 일할 경우 하루에 할 수 있는 업무량은 $\frac{1}{12}+\frac{1}{18}+$

$\frac{1}{36}=\frac{3+2+1}{36}=\frac{6}{36}=\frac{1}{6}$이다.

따라서 3명의 사원이 함께 업무를 진행한다고 할 때 걸리는 기간은 6일이다.

19

정답 ④

- 정가 : 600×(1+0.2)=720원
- 할인 판매가 : 720×(1−0.2)=576원

손실액은 원가에서 할인 판매가를 뺀 금액이므로 600−576=24원이다.

20

정답 ④

가격이 540달러인 청소기를 구입하면 20%의 관세가 부가되므로 지불해야 하는 가격은 540×1.2달러이고, 이를 원화로 환산하면 540×1.2×1,128원이다.

영양제는 200달러 이하로 관세가 없고, 이를 원화로 환전하면 52×1,128원이다. 각각 따로 주문한다고 하였으므로 배송비는 2번 지불해야 한다.

따라서 O씨가 원화로 지불해야 하는 총금액은 540×1.2×1,128+52×1,128+30,000×2=700×1,128+60,000=789,600+60,000=849,600원이다.

21
정답 ②

$C = \dfrac{5}{9}(F-32) \rightarrow F = \dfrac{9}{5} \times C + 32$

$\rightarrow F = \dfrac{9}{5} \times 30 + 32 = 86°F$

22
정답 ④

소인수분해를 했을 때, 지수가 짝수가 되어야 한다. 120을 소인수분해하면 $2^3 \times 3 \times 5$이고, 제곱수가 되려면 $2 \times 3 \times 5 = 30$을 더 곱해야 한다.

23
정답 ④

흡연자 A씨가 금연프로그램에 참여하면서 진료 및 상담 비용과 금연보조제(니코틴패치) 구매에 지불해야 하는 부담금은 지원금을 제외한 나머지이다. 따라서 A씨가 부담하는 금액은 총 $30,000 \times 0.1 \times 6 + 12,000 \times 0.25 \times 3 = 18,000 + 9,000 = 27,000$원이다.

24
정답 ③

개월 수를 x개월이라고 하면, 다음 식이 성립한다.
$4 + 12x > 3(2 + 2x + 9 + x) \rightarrow 4 + 12x > 33 + 9x$
$\rightarrow 3x > 29 \rightarrow x > 9.67$
따라서 가영이가 모은 돈이 민수와 철한이 합의 3배가 넘는 시점은 10개월 후이다.

25
정답 ②

천포의 수학점수를 x점이라고 하면,
네 사람의 평균이 105점이므로 $\dfrac{101 + 105 + 108 + x}{4} = 105$
$\rightarrow x + 314 = 420$
$\therefore x = 106$

26
정답 ①

전체 월급을 1이라고 하면, 다음과 같다.

• 저금한 나머지 : $1 - \dfrac{1}{4} = \dfrac{3}{4}$

• 모임회비와 월세 : $\dfrac{3}{4} \times \dfrac{1}{4} + \dfrac{3}{4} \times \dfrac{2}{3} = \dfrac{11}{16}$

• 모임회비와 월세를 낸 후 나머지 : $\dfrac{3}{4} - \dfrac{11}{16} = \dfrac{1}{16}$

• 부모님 용돈 : $\dfrac{1}{16} \times \dfrac{1}{2} = \dfrac{1}{32}$

$\therefore$ 생활비 : $\dfrac{1}{16} - \dfrac{1}{32} = \dfrac{1}{32}$

27
정답 ②

1등이 받는 5돈 순금 두꺼비는 $5 \times 3.75 = 18.75$g이며, 2등과 3등에겐 각각 10g이 주어지므로 부상으로 필요한 순금의 무게는 $18.75 + 10 + 10 = 38.75$g이다.
이를 kg으로 환산하면 38.75g$= 0.03875$kg이다.

28
정답 ②

미지수 a와 b에 가능한 수는 60의 약수이다. 따라서 a에 12개(1, 2, 3, 4, 5, 6, 10, 12, 15, 20, 30, 60)의 숫자가 가능하므로 이에 속하지 않은 ②가 정답이다.

29
정답 ①

• 경도를 이용한 시차 구하는 법
 – 같은 동경 혹은 서경에 위치했을 때 : [(큰 경도)−(작은 경도)]÷15°
 – 동경과 서경에 각각 위치했을 때 : [(동경)+(서경)]÷15°
이에 따라 우리나라와 LA의 시차는 $(135° + 120°) \div 15° = 17$시간이다.
한국이 4월 14일 오전 6시일 때 LA의 시각은 다음과 같다.

4월 14일 오전 6시
$-$ 17시간

4월 13일 오후 1시

30
정답 ③

(A의 톱니 수)$\times$(A의 회전수)$=$(B의 톱니 수)$\times$(B의 회전수)
이므로, B의 회전수를 x회라고 하면, 다음과 같다.
$30 \times 4 = 20x$
$\therefore x = 6$

PART 1

03 | 응용수리

유형학습

01	02	03	04	05	06	07	08	09	10
④	④	④	④	②	①	④	④	①	④
11	12	13	14	15	16	17	18	19	20
③	②	④	①	①	②	④	④	②	①
21	22	23	24	25	26	27	28	29	30
④	④	①	③	②	④	③	②	③	④
31	32	33	34	35					
②	②	③	③	①					

01

정답 ④

두 사람이 출발한 지 x분 후에 두 번째로 만난다고 하면
(형이 걸은 거리)=$80x$m
(동생이 걸은 거리)=$60x$m
두 번째 만났을 때 두 사람이 걸은 거리의 합은 연못의 길이의 2배이므로 (형이 걸은 거리)+(동생이 걸은 거리)=2×(연못의 둘레의 길이)이다.
$80x+60x=2\times2,100$
$140x=4,200 \rightarrow x=30$분
따라서 형과 동생이 두 번째로 만나는 시간은 30분 후이다.

02

정답 ④

산책로의 길이를 xm라 하면, 40분 동안의 민주와 세희의 이동거리는 다음과 같다.
(민주의 이동거리)=$40\times40=1,600$m
(세희의 이동거리)=$45\times40=1,800$m
40분 후에 두 번째로 마주친 것이므로
$1,600+1,800=2x \rightarrow 2x=3,400 \rightarrow x=1,700$
따라서 산책로의 길이는 1,700m이다.

03

정답 ④

기차가 다리에 진입하여 완전히 벗어날 때까지 다리의 길이인 800m에 기차의 길이 100m를 더한 총 900m(0.9km)를 36초(0.01시간) 동안 이동했다.

(속력)=$\dfrac{(거리)}{(시간)}$이므로 기차의 속력은 $\dfrac{0.9}{0.01}=90$km/h이다.

04

정답 ④

지원이가 자전거를 탄 시간을 x분이라고 하면, 걸어간 시간은 $(30-x)$분이다.
$50(30-x)+150x=4,000 \rightarrow 100x=2,500$
$\therefore x=25$

05

정답 ②

증발된 물의 양을 xg이라고 하면, 증발되기 전과 후의 설탕의 양은 동일하다.
$\dfrac{4}{100}\times400=\dfrac{8}{100}\times(400-x) \rightarrow 1,600=3,200-8x$
$\therefore x=200$

06

정답 ①

6%의 소금물의 양을 xg이라고 하면, 다음 식이 성립한다.
$\dfrac{6}{100}\times x+\dfrac{11}{100}\times(500-x)=\dfrac{9}{100}\times500$
$\rightarrow 6x+5,500-11x=4,500$
$\therefore x=200$

07

정답 ④

500g의 설탕물에 녹아있는 설탕의 양을 xg이라고 하면, 3%의 설탕물 200g에 들어있는 설탕의 양은 $\dfrac{3}{100}\times200=6$g 이다.
$\dfrac{x+6}{500+200}\times100=7 \rightarrow x+6=49$
따라서 500g의 설탕에 녹아있는 설탕의 양은 43g이다.

08

정답 ④

11% 소금물의 양은 $(100-x)+x+y=300 \rightarrow y=200$이다.
덜어낸 소금물의 양을 구하면 다음과 같다.

$$\frac{20}{100}(100-x)+x+\frac{11}{100}\times200=\frac{26}{100}\times300$$

$$\rightarrow 2,000-20x+100x+2,200=7,800$$

$$\rightarrow x=45$$

$$\therefore x+y=245$$

09

정답 ①

농도를 구하는 식은 $\frac{(용질)}{(용액)}=\frac{(녹차가루의\ 양)}{(녹차가루)+(물)}$이므로, B사원의 녹차 농도에 대하여 식을 세우면 다음과 같다.

$$\frac{(50-35)}{(200-65)+(50-35)}\times100=\frac{15}{135+15}\times100=10$$

따라서 B사원의 녹차 농도는 10%이다.

10

정답 ④

전체 신입사원 수를 x명이라고 하면, 다음 식이 성립한다.

$$\frac{1}{5}x+\frac{1}{4}x+\frac{1}{2}x+100=x$$

$$\rightarrow x-(0.2x+0.25x+0.5x)=100 \rightarrow 0.05x=100$$

$$\therefore x=2,000$$

11

정답 ③

K은행의 작년 전체 직원 수는 $284-4=280$명이다.
작년 남자 직원 수를 x명이라고 하면, 작년 여자 직원 수는 $(280-x)$명이다.

$$-0.05x+0.1(280-x)=4$$

$$\rightarrow -5x+10(280-x)=400$$

$$\rightarrow 15x=2,400 \rightarrow x=160$$

따라서 올해 하반기 공채 이후 남자 직원 수는 $160\times(1-0.05)=152$명이다.

12

정답 ②

사원 수를 x명이라 하면, 다음 식이 성립한다.

$$\rightarrow 50x+100=60x-500$$

$$\rightarrow 10x=600$$

$$\therefore x=60$$

13

정답 ④

영업 시작 전 사과와 배의 개수를 각각 $3x$, $7x$개라고 하고, 온종일 판매된 세트 개수를 y개라고 하면, 다음 식이 성립한다.

$$3x-2y=42 \cdots \bigcirc$$

$$7x-5y=0 \cdots \bigcirc$$

$\bigcirc$과 $\bigcirc$을 연립하면 $x=210$, $y=294$이다.
따라서 영업 시작 전 사과와 배는 총 $(3\times210)+(7\times210)=2,100$개가 있었다.

14

정답 ①

빨간색 버튼을 누를 때 나오는 과자 개수를 x개, 파란색 버튼을 누를 때 나오는 과자 개수를 y개라고 하면,
한 번씩 누를 때 과자 10개가 나오는 방정식 $\bigcirc$과 빨간색 버튼 세 번과 파란색 버튼 두 번을 누르면 6명의 아이들이 과자를 4개씩 먹을 수 있는 방정식 $\bigcirc$은 다음과 같다.

$$x+y=10 \cdots \bigcirc$$

$$3x+2y=6\times4=24 \cdots \bigcirc$$

$\bigcirc$과 $\bigcirc$을 연립하면 $x=4$, $y=6$이다.
따라서 파란색 버튼을 한 번 누르면 과자는 6개가 나온다.

15

정답 ①

2.0L짜리 48병을 채울 수 있는 화장품 양은 $2\times48\times0.75=72$L이다. 새로운 1.8L 병은 한 병에 $1.8\times0.8=1.44$L를 채울 수 있으므로, 필요한 병의 수는 $\frac{72}{1.44}=50$병이다.

16

정답 ②

주어진 조건을 종합하면 5명이 주문한 음료는 아메리카노 3잔, 카페라테 1잔, 생과일주스 1잔이다. 아메리카노 1잔의 가격을 a원, 카페라테 1잔의 가격을 b원이라고 하면,

- 다섯 번째를 제외한 모든 조건 : $a\times3+b+5,300=21,300$
  $\rightarrow 3a+b=16,000 \cdots \bigcirc$
- 다섯 번째 조건 : $a+b=8,400 \cdots \bigcirc$

$\bigcirc$과 $\bigcirc$을 연립하면 $a=3,800$, $b=4,600$이다.
따라서 카페라테 한 잔의 가격은 4,600원이다.

17

정답 ①

시침은 1시간에 $30°$, 1분에 $0.5°$씩 움직인다. 분침은 1분에 $6°$씩 움직이므로 시침과 분침은 1분에 $5.5°$씩 차이가 난다. 12시에 분침과 시침 사이의 각은 $0°$이고, $55°$가 되려면 $5.5°$씩 10번 벌어지면 된다.

18

정답 ④

- 1학기의 기간 : $15 \times 7 = 105$일
- 연체료가 부과되는 기간 : $105 - 10 = 95$일
- 연체료가 부과되는 시점에서부터 한 달 동안의 연체료 : $30 \times 100 = 3,000$원
- 두 번째 달 동안의 연체료 : $30 \times (100 \times 2) = 6,000$원
- 세 번째 달 동안의 연체료 : $30 \times (100 \times 2 \times 2) = 12,000$원
- 95일(3개월 5일) 연체료 : $3,000 + 6,000 + 12,000 + [5 \times (100 \times 2 \times 2 \times 2)] = 25,000$원

19

정답 ②

60%를 저축하는 기간을 n개월이라고 하면, 50%를 저축하는 기간은 $(12-n)$개월이 된다.
$270 \times 0.5 \times (12-n) + 270 \times 0.6 \times n \geq 1,800$
$\rightarrow 27n + 1,620 \geq 1,800$
$\rightarrow 27n \geq 180$
$\rightarrow n \geq 6.66\cdots$
그러므로 최소 7개월을 60% 비율로 저축해야 한다.

20

정답 ①

처음 경비를 x원이라 하면, 다음 식이 성립한다.
$x - [(x \times 0.3) + (x \times 0.3 \times 0.5)] = 33,000$
$\rightarrow x - 0.45x = 33,000$
$\rightarrow 0.55x = 33,000$
$\therefore x = 60,000$

21

정답 ④

십의 자리 수를 x, 일의 자리 수를 y라고 하면,
$10x + y = (x+y) \times 8 \rightarrow 2x - 7y = 0 \cdots \bigcirc$
$10x + y = x + 10y + 45 \rightarrow x - y = 5 \cdots \bigcirc\!\!\bigcirc$
$\bigcirc$, $\bigcirc\!\!\bigcirc$을 연립하면 $x = 7$, $y = 2$이다.
따라서 두 자리 자연수는 72가 된다.

22

정답 ④

중간 막대의 길이를 $x$cm라고 하면, 가장 긴 막대의 길이는 $(x+32)$cm이고, 가장 짧은 막대의 길이는 $(x-16)$cm이다.
2.5m는 250cm와 같으므로
$(x+32) + x + (x-16) = 250 \rightarrow 3x + 16 = 250$
$\rightarrow 3x = 234 \rightarrow x = 78$
따라서 가장 긴 막대의 길이는 $78 + 32 = 110$cm이다.

23

정답 ①

두 사람이 함께 일을 하는 데 걸리는 기간을 x일이라고 하고 전체 일의 양을 1이라고 하면,

대리가 하루에 진행하는 업무의 양은 $\frac{1}{16}$, 사원이 하루에 진행하는 업무의 양은 $\frac{1}{48}$이 된다.

$\left(\frac{1}{16} + \frac{1}{48}\right)x = 1 \rightarrow x = 12$

따라서 두 사람이 함께 일을 하는 데 걸리는 기간은 12일이다.

24

정답 ③

전체 일의 양을 1이라고 하고, A, B, C가 하루에 할 수 있는 일의 양을 각각 $\frac{1}{a}$, $\frac{1}{b}$, $\frac{1}{c}$라고 하면, 다음 식이 성립한다.

$\frac{1}{a} + \frac{1}{b} = \frac{1}{12} \cdots \bigcirc$

$\frac{1}{b} + \frac{1}{c} = \frac{1}{6} \cdots \bigcirc\!\!\bigcirc$

$\frac{1}{c} + \frac{1}{a} = \frac{1}{18} \cdots \bigcirc\!\!\bigcirc\!\!\bigcirc$

$\bigcirc$, $\bigcirc\!\!\bigcirc$, $\bigcirc\!\!\bigcirc\!\!\bigcirc$을 모두 더한 다음 2로 나누면 3명이 하루 동안 할 수 있는 일의 양을 구할 수 있다.

$\frac{1}{a} + \frac{1}{b} + \frac{1}{c} = \frac{1}{2}\left(\frac{1}{12} + \frac{1}{6} + \frac{1}{18}\right) = \frac{1}{2}\left(\frac{3+6+2}{36}\right) = \frac{11}{72}$

따라서 72일 동안 3명이 끝낼 수 있는 일의 양은 $\frac{11}{72} \times 72 = 11$이므로 전체 일의 양의 11배를 할 수 있다.

25

정답 ②

가위바위보 게임에서 A가 이긴 횟수를 x회, 진 횟수를 y회라 하면,
A가 가진 금액은
$10 \times x - 7 \times y = 49 - 20 \rightarrow 10x - 7y = 29 \cdots \bigcirc$
B가 가진 금액은
$10 \times y - 7 \times x = 15 - 20 \rightarrow -7x + 10y = -5 \cdots \bigcirc\!\!\bigcirc$
$\bigcirc$과 $\bigcirc\!\!\bigcirc$을 연립하면 $100x - 49x = 290 - 35 \rightarrow 51x = 255$
$\rightarrow x = 5$이다.
따라서 게임에서 A는 5회 이겼다.

26

정답 ④

A제품의 생산 개수를 x개라고 하면, B제품의 생산 개수는 $(40-x)$개이다.
- $3,600 \times x + 1,200 \times (40-x) \leq 120,000 \rightarrow x \leq 30$
- $1,600 \times x + 2,000 \times (40-x) \leq 70,000 \rightarrow x \geq 25$
$\therefore 25 \leq x \leq 30$
따라서 A제품은 최대 30개까지 생산할 수 있다.

27

정답 ③

W랜드 이용 횟수를 x회라고 하면,

• 비회원 이용 금액 : $20,000 \times x$원

• 회원 이용 금액 : $50,000 + 20,000 \times \left(1 - \dfrac{20}{100}\right) \times x$원

$20,000 \times x > 50,000 + 20,000 \times \left(1 - \dfrac{20}{100}\right) \times x$

$\rightarrow 20,000x > 50,000 + 16,000x \rightarrow 4,000x > 50,000$

$\rightarrow x > 12.5$

따라서 최소 13번을 이용해야 회원 가입한 것이 이익이다.

28

정답 ②

통신회사의 기본요금을 x원이라고 하면, 다음과 같다.

$x + 60a + 30 \times 2a = 21,600$

$x + 120a = 21,600 \cdots$ ㉠

$x + 20a = 13,600 \cdots$ ㉡

㉠과 ㉡을 연립하면 $100a = 8,000$이다.

$\therefore a = 80$

29

정답 ③

주문할 달력의 수를 x권이라 하면,

• A업체의 비용 : $(1,650x + 3,000)$원

• B업체의 비용 : $1,800x$원

A업체에서 주문하는 것이 B업체에서 주문하는 것보다 유리해야 하므로

$1,650x + 3,000 < 1,800x \rightarrow x > 20$

따라서 달력을 21권 이상 주문해야 A업체에서 주문하는 것이 더 유리하다.

30

정답 ④

집 → 학교 → 도서관 → 학교 순서이므로 모든 경우의 수는 $3 \times 5 \times 5 = 75$가지이다.

31

정답 ②

7개의 팀을 두 팀씩 3개 조로 나누고, 한 팀은 부전승으로 둔다. 부전승 조가 될 수 있는 경우의 수는 7가지이고, 남은 6팀을 4팀과 2팀으로 나눌 수 있는 경우의 수는 $_6C_4 \times _2C_2 = 15$가지이다.

다음으로 4개의 팀이 두 팀씩 경기하는 경우의 수를 나누면 $_4C_2 \times _2C_2 \times \dfrac{1}{2!} = 3$가지이다. 따라서 7개의 팀이 토너먼트로 경기를 할 수 있는 경우의 수는 $7 \times 15 \times 3 = 315$가지이다.

32

정답 ②

• 내일 비가 오고 모레 비가 안 올 확률 : $\dfrac{1}{5} \times \dfrac{2}{3} = \dfrac{2}{15}$

• 내일 비가 안 오고 모레 비가 안 올 확률 : $\dfrac{4}{5} \times \dfrac{7}{8} = \dfrac{7}{10}$

따라서 구하는 확률은 $\dfrac{2}{15} + \dfrac{7}{10} = \dfrac{5}{6}$이다.

33

정답 ③

• 다섯 사람이 일렬로 줄을 서는 경우의 수 : $5! = 5 \times 4 \times 3 \times 2 \times 1 = 120$가지

• 현호, 진수가 양끝에 서는 경우의 수 : $2 \times$(민우, 용재, 경섭이가 일렬로 줄을 서는 경우의 수)$= 2 \times 3! = 12$가지

양끝에 현호와 진수가 줄을 설 확률은 $\dfrac{12}{120} = \dfrac{1}{10}$이다.

따라서 $a + b = 11$이다.

34

정답 ③

글쓰기반에 등록하는 사건을 A, 캘리그라피반에 등록하는 사건을 B라고 하면, 다음 식이 성립한다.

$$P(A \cup B) = P(A) + P(B) - P(A \cap B) = \dfrac{2}{3} + \dfrac{7}{10} - \dfrac{13}{20} = \dfrac{40 + 42 - 39}{60} = \dfrac{43}{60}$$

따라서 모두 등록하지 않은 회원은 1(전체)$- \dfrac{43}{60} = \dfrac{17}{60}$이다.

35

정답 ①

내일 날씨가 화창하고 사흘 뒤 비가 올 모든 경우는 다음과 같다.

내일	모레	사흘
화창	화창	비
화창	비	비

• 첫 번째 경우의 확률 : $0.25 \times 0.30 = 0.075$

• 두 번째 경우의 확률 : $0.30 \times 0.15 = 0.045$

그러므로 주어진 사건의 확률은 $0.075 + 0.045 = 0.12 = 12\%$이다.

01	02	03	04	05	06	07	08	09	10
①	④	①	②	②	③	④	③	①	③
11	12	13	14	15	16	17	18	19	20
①	③	③	④	①	②	③	①	③	①
21	22	23	24	25	26	27	28	29	30
②	①	④	④	③	④	④	④	②	②
31	32	33	34	35	36	37	38	39	40
④	①	③	③	④	④	④	④	②	②

01 정답 ①

박사원은 월~금요일까지만 일하므로 김사원이 7월 중 월~금요일에 일한 날이 함께 일한 날이다.

김사원은 이틀간 일하고 하루 쉬기를 반복하므로 7월에 일하는 경우는 3가지이다.

• 6월 30일에 쉬고, 7월 1일부터 일하는 경우 : 김사원이 7월에 21일을 일하게 된다. (×)
• 6월 29일에 쉬고, 6월 30일과 7월 1일에 일하는 경우 : 김사원이 7월에 21일을 일하게 된다. (×)
• 7월 1일에 쉬고, 7월 2일부터 일하는 경우 : 김사원이 7월에 20일을 일하게 된다. (○)

〈7월 달력〉

일	월	화	수	목	금	토
	1	2	3	4	5	6
7	8	9	10	11	12	13
14	15	16	17	18	19	20
21	22	23	24	25	26	27
28	29	30	31			

따라서 김사원이 7월 2일부터 일하는 경우 월~금요일까지 15일을 일하므로, 김사원과 박사원이 7월에 함께 일한 날의 수는 15일이다.

02 정답 ④

첫날 경작한 논의 넓이를 1이라고 할 때, 마지막 날까지 경작한 논의 넓이는 다음과 같다.

1일	2일	3일	4일	5일	6일	7일	8일
1	2	4	8	16	32	64	128

전체 경작한 논의 넓이가 128이므로 논 전체의 $\frac{1}{4}$ 넓이는 32이다.

따라서 A씨는 경작을 시작한 지 6일째 되는 날 논 전체의 $\frac{1}{4}$을 완료하게 된다.

03 정답 ①

해당 문제는 모래시계를 뒤집을 수 있다는 점을 파악하여야 한다. 30분을 측정하는 과정은 다음과 같다.

1) 처음에 두 모래시계를 동시에 사용한다.
2) 14분짜리 모래시계의 모래가 모두 가라앉았을 때, 14분짜리 모래시계를 뒤집는다.
   이때, 시간은 14분이 걸렸다.
3) 22분짜리 모래시계의 모래가 모두 가라앉았을 때, 14분짜리 모래시계를 다시 뒤집는다.
   이때, 시간은 총 22분이 걸렸으며, 14분짜리 모래시계는 8분만큼의 모래가 밑으로 가라앉았다. 해당 모래시계를 뒤집었기 때문에, 이후 14분짜리 모래시계는 8분을 측정하게 된다.
4) 14분짜리 모래시계의 모래가 모두 가라앉을 때 30분이 된다.

문제에서 주어진 두 모래시계를 사용하면 정확히 30분으로 30분을 잴 수 있다.

04 정답 ②

P점으로부터 멀리 있는 물체를 A, 가까이 있는 물체를 B라고 할 때, P로부터 B까지의 거리를 $x$km라 하면, A까지의 거리는 $4x$km이다.

13시간 후 P로부터 A까지의 거리는 $(4x+13)$km, B까지의 거리는 $(x+13)$km이므로

$(4x+13):(x+13)=7:5 \rightarrow 7(x+13)=5(4x+13)$

$\rightarrow 13x=26 \rightarrow x=2$

따라서 현재 P로부터 두 물체까지의 거리는 각각 $4\times2=$ 8km, 2km이다.

05 정답 ②

처음 속력을 $x$km/h라 하면, 차에 이상이 생긴 후 속력은 $0.5x$km/h이다.

전체 걸린 시간은 1시간 30분이므로 $\frac{60}{x}+\frac{150-60}{0.5x}=\frac{3}{2}$

$\rightarrow 60+180=\frac{3}{2}x$

$\therefore x=160$

06

정답 ③

어느 지점까지의 거리를 $x$km라고 하면, 왕복하는 데 걸리는 시간은 $\dfrac{x}{3}+\dfrac{x}{4}=\dfrac{7}{12}x$시간이다.

2시간에서 3시간 사이에 왕복할 수 있어야 하므로

$2\leq\dfrac{7}{12}x\leq 3 \rightarrow 24\leq 7x\leq 36$

$\rightarrow \dfrac{24}{7}\leq x\leq\dfrac{36}{7} \rightarrow 3.4\leq x\leq 5.1$

따라서 2시간에서 3시간 사이에 왕복할 수 있는 코스는 Q지점과 R지점이다.

07

정답 ④

농도가 10%, 6% 설탕물의 양을 각각 x, yg이라고 하면,

$x+y=300\cdots\bigcirc$

$\dfrac{0.1x+0.06y+20}{300+20}=0.12\cdots\bigcirc$

$\bigcirc$과 $\bigcirc$을 연립하면

$x=10,\ y=290$

따라서 농도 6% 설탕물의 양은 290g이다.

08

정답 ③

농도 12% 소금물 600g에 들어있는 소금의 양은 $600\times 0.12=72$g이다. 이 상태에서 소금물을 xg 퍼내면 소금의 양은 $0.12(600-x)$g이 되고, 여기에 물을 xg 더 넣으면 소금물의 양은 $600-x+x=600$g이 된다.

이 혼합물과 농도 4% 소금물을 섞어 농도 5.5%의 소금물 800g을 만들었으므로 농도 4% 소금물의 양은 $800-600=200$g이 된다.

$\dfrac{0.12(600-x)+(200\times 0.04)}{600+200}\times 100=5.5$

$\rightarrow 80-0.12x=44$

$\rightarrow 0.12x=36$

$\therefore\ x=300$

09

정답 ①

처음 퍼낸 소금물의 양을 xg이라고 하면,

200g의 소금물에서 xg을 퍼낸 후의 소금의 양은 $\dfrac{8}{100}(200-x)$g이므로

$\dfrac{8}{100}(200-x)+50=\dfrac{24}{100}\times 250$

$\rightarrow 8(200-x)+5,000=6,000$

$\rightarrow 200-x=125$

$\therefore\ x=75$

10

정답 ③

A사 자동차를 가진 사람의 수를 x명, B사 자동차를 가진 사람의 수를 y명, C사 자동차를 가진 사람의 수를 z명이라 하면,

두 번째 조건에 따라 $x=y+10\cdots\bigcirc$

세 번째 조건에 따라 $y=z+20\cdots\bigcirc$

네 번째 조건에 따라 $x=2z\cdots\bigcirc$

$\bigcirc$을 $\bigcirc$에 대입하면 $x=z+30\cdots\textcircled{2}$

$\bigcirc$과 $\textcircled{2}$에 의해 $z=30,\ x=60,\ y=50$이다.

따라서 어떤 자동차도 가지고 있지 않은 사람은 $200-(60+50+30)=60$명이다.

11

정답 ①

판매된 A, B, C도시락의 수를 각각 a, b, c개라고 하면, 오전 중 판매된 세 도시락의 수는 총 28개이므로

$a+b+c=28\cdots\bigcirc$

B도시락은 A도시락보다 한 개 더 많이 팔렸으므로

$b=a+1\cdots\bigcirc$

C도시락은 B도시락보다 두 개 더 많이 팔렸으므로

$c=b+2 \rightarrow c=a+3\cdots\bigcirc$

$\bigcirc$에 $\bigcirc$과 $\bigcirc$을 대입하면

$a+a+1+a+3=28 \rightarrow 3a=24$

$\therefore\ a=8$

12

정답 ③

A, B, C, D연구원의 나이를 각각 a, b, c, d살이라고 하면,

$a+d-5=b+c\cdots\bigcirc$

$c=a-2\cdots\bigcirc$

$d=a+5\cdots\bigcirc$

$\bigcirc$, $\bigcirc$에서 각각 C연구원은 $30-2=28$살이고, D연구원은 $30+5=35$살임을 알 수 있다.

$\bigcirc$에 A, C, D연구원 나이를 대입하면

$30+35-5=b+28$

$\therefore\ b=32$

13

정답 ③

V지점의 정거장에서 하차한 승객을 x명, 승차한 승객을 y명이라고 하면,

$53-x+y=41 \rightarrow x-y=12\cdots\bigcirc$

$1{,}050\times x+1{,}350\times y+1{,}450\times(53-x)=77{,}750 \rightarrow -8x+27y=18\cdots\bigcirc$

$\bigcirc$과 $\bigcirc$을 연립하면

$x=18,\ y=6$

따라서 V지점의 정거장에서 하차한 승객은 18명이다.

14

정답 ④

노인 인구가 많은 도시이므로 첫 번째와 네 번째 시행령에 의해 신도시 신호등의 기본 점멸 시간을 구하면 $60 \div 1.5 = 40$cm/초이다.

• 5m 횡단보도의 신호등 점멸 시간

거리에 따른 신호등 점멸 시간을 t라 하면 $t = \dfrac{500}{40} = 12.5$

초이며, 세 번째 시행령에 의하여 추가 여유 시간을 더해 신호등 점멸 시간을 구하면 $12.5 + 3 = 15.5$초이다.

• 20m 횡단보도의 신호등 점멸 시간

거리에 따른 신호등 점멸 시간을 t_1이라 하면 $t_1 = \dfrac{2,000}{40}$

$= 50$초이며, 이때 횡단보도의 길이가 10m 이상이므로 두 번째 시행령에 의해 추가 점멸 시간이 발생한다.

초과 거리는 $20 - 10 = 10$m이고, 추가 점멸 시간을 t_2라 하면 $t_2 = 10 \times 1.2 = 12$초이다. 추가 여유 시간을 더해 신호등 점멸 시간을 구하면 $t_1 + t_2 + 3 = 50 + 12 + 3 = 65$초이다.

15

정답 ①

3월은 31일까지 있고 일주일은 7일이므로 $31 \div 7 = 4 \cdots 3$
따라서 4월 2일은 금요일부터 3일이 지난 월요일이다.

16

정답 ②

작년 매출액을 x만 원, 올해 매출액을 y만 원이라고 할 때,
$1.2x = y \cdots \bigcirc$
$y - 0.5x = 14,000 \cdots \bigcirc$
$\bigcirc$, $\bigcirc$를 연립하면
$1.2x - 0.5x = 14,000 \rightarrow 0.7x = 14,000 \rightarrow x = 20,000$
따라서 올해 매출액은 $1.2x = 1.2 \times 20,000 = 2$억 4천만 원이다.

17

정답 ③

2시간에 2,400L를 채우려면 1분에 20L씩 넣으면 된다. 즉, 20분 동안 채운 물의 양은 400L이고, 수영장에 있는 물의 양은 $2,400 \times \dfrac{1}{12} = 200$L이므로 20분 동안 새어나간 물의 양은 $400 - 200 = 200$L이다. 따라서 1분에 10L의 물이 새어나간 것을 알 수 있다.

남은 1시간 40분(100분) 동안 $2,400 - 200 = 2,200$L의 물을 채워야 하므로 1분에 붓는 물의 양을 xL라 하면
$(x - 10) \times 100 \geq 2,200$
$\therefore x \geq 32$

18

정답 ①

남성 합격자 수를 A명, 여성 합격자 수를 B명이라고 할 때,
$A + B = 40 \cdots \bigcirc$
남성 합격자 총점과 여성 합격자 총점의 합을 전체 인원으로 나누면 전체 평균과 같다.

$\dfrac{82A + 85B}{40} = 83.35$

$\rightarrow 82 \times A + 85 \times B = 83.35 \times 40 \cdots \bigcirc$
$\bigcirc$, $\bigcirc$을 연립하여 풀면 $A = 22$, $B = 18$이다.
따라서 남성 합격자는 22명이고, 여성 합격자는 18명이다.

19

정답 ③

가중평균은 원값에 해당되는 가중치를 곱한 총합을 가중치의 합으로 나눈 것을 말한다. A의 가격을 a만 원이라고 가정하여 가중평균에 대한 방정식을 구하면 다음과 같다.

$\dfrac{(a \times 30) + (70 \times 20) + (60 \times 30) + (65 \times 20)}{30 + 20 + 30 + 20} = 66$

$\rightarrow \dfrac{30a + 4,500}{100} = 66 \rightarrow 30a = 6,600 - 4,500$

$\rightarrow a = \dfrac{2,100}{30} \rightarrow a = 70$

따라서 A의 가격은 70만 원이다.

20

정답 ①

A와 B의 근속연수는 각각 x년, y년이므로 첫 번째 조건에 의하여
$x + y = 21 \cdots \bigcirc$
두 번째 조건에 의하여
$4(x - 3) = (y - 3) \rightarrow 4x - 12 = y - 3 \rightarrow 4x - y = 9 \cdots \bigcirc$
$\bigcirc$, $\bigcirc$을 연립하여 풀면 $x = 6$, $y = 15$이다.
이때, B의 근속연수가 A의 근속연수의 2배가 되는 것을 z년 후라 하면,
$2(6 + z) = 15 + z \rightarrow 12 + 2z = 15 + z \rightarrow z = 3$
따라서 B의 근속연수가 A의 근속연수의 2배가 되는 것은 3년 후이다.

21

정답 ②

남자를 a명, 여자를 b명, 참석한 전체 인원을 $(a+b)$명이라고 하면,

$a = \dfrac{1}{5}(a+b) + 65 \rightarrow 4a - b = 325 \cdots \bigcirc$

$b = \dfrac{1}{2}(a+b) - 5 \rightarrow a - b = 10 \cdots \bigcirc$

$\bigcirc$, $\bigcirc$을 연립해서 풀면 $a = 105$, $b = 95$이다.
따라서 전체 인원은 $105 + 95 = 200$명이다.

22

정답 ①

구분	L매장	M매장
판매가	$\left(1-\dfrac{14}{100}\right)a=\dfrac{86}{100}a$	$\left(1-\dfrac{20}{100}\right)a=\dfrac{80}{100}a$
총수입	$\dfrac{86}{100}a\times50=43a$	$\dfrac{80}{100}a\times80=64a$
이익	$43a-50\times700$ $=43a-35,000$	$64a-80\times700$ $=64a-56,000$

$43a-35,000=64a-56,000 \rightarrow 21a=21,000$

$\therefore a=1,000$

따라서 각 자리의 수를 모두 더한 값은 1이다.

23

정답 ④

30초, 20초, 10초짜리 광고의 개수가 총 10개이고, 30초짜리 광고의 개수가 3개이므로

$a+b=7 \cdots \bigcirc$

광고 방송 시간이 3분이므로

$30\times3+10a+20b=180 \rightarrow a+2b=9 \cdots \bigcirc$

$\bigcirc$, $\bigcirc$을 연립하여 풀면 $a=5$, $b=2$이다.

$\therefore a-b=3$

24

정답 ④

창고 A의 사이즈는 150m^3이며, 창고 B의 사이즈는 300m^3이므로 산술적으로 두 배의 공간을 갖고 있기 때문에 보관할 수 있는 책 수는 그 두 배인 약 20,600권이 된다.

또한 창고 A 작업 시 10,300권의 책을 5시간 동안 보관했으므로, 1시간당 2,060권의 책이 보관된 셈이다. 이것을 3명이 나누어 했으므로, 686.67권의 책이 1시간당 1명이 작업한 책의 수이다. 작업자의 능력이 같고, 창고 B에는 5명이 투입되므로 1시간당 $686.67\times5=3,433.35$권이 보관된다.

창고 B에는 총 20,600권이 보관되어야 하므로 $20,600\div3,433.35 = 6.0$시간이 소요된다.

25

정답 ③

S야구팀의 작년 경기 횟수를 x회, 작년의 승리 횟수를 $0.4x$회라고 하면, 작년과 올해를 합산한 승률이 45%이므로

$\dfrac{0.4x+65}{x+120}=0.45 \rightarrow 5x=1,100 \rightarrow x=220$

작년의 총 경기 횟수는 220회이고, 승률이 40%이므로 이긴 경기는 $220\times0.4=88$회이다.

따라서 작년과 올해의 승리한 횟수는 $88+65=153$회이다.

26

정답 ④

각각의 방법에서 이익을 구하면 다음과 같다.

① $(600\times0.9)\times(12,000-5,500)-(20,000\times5)=540\times6,500-100,000=3,410,000$원

② $(600\times0.95)\times(12,000-5,500)-(20,000\times10)=570\times6,500-200,000=3,505,000$원

③ $600\times(12,000-5,500)-(20,000\times15)=600\times6,500-300,000=3,600,000$원

④ $(600\times1.1\times0.85)\times(12,000-5,500)=561\times6,500=3,646,500$원

따라서 생산량을 10% 증가시키는 것이 가장 많은 이익을 얻을 수 있다.

27

정답 ④

욕조가 가득 채우는 데 필요한 물의 양을 1이라 하고, A관과 B관을 동시에 틀고 배수를 할 때 욕조가 가득 채워질 때까지 걸리는 시간이 x분이라고 하면,

A관에서 1분 동안 나오는 물의 양은 $\dfrac{1}{30}$, B관에서 1분 동안 나오는 물의 양은 $\dfrac{1}{40}$이고 1분 동안 배수 되는 양은 $\dfrac{1}{20}$이다.

$\left(\dfrac{1}{30}+\dfrac{1}{40}-\dfrac{1}{20}\right)x=1 \rightarrow \dfrac{1}{120}x=1$

$\therefore x=120$

28

정답 ④

노트북 1대를 판매할 때 받는 수당은 $2,000,000\times\dfrac{3}{100}=60,000$원이다. 판매하는 노트북의 대수를 x대라고 하면 다음 식이 성립한다.

$1,500,000+60,000x \geq 2,500,000$

$\rightarrow 60,000x \geq 1,000,000$

$\rightarrow x \geq 16.66 \cdots$

따라서 C사원은 매달 17대 이상의 노트북을 판매해야 한다.

29

정답 ②

까르보나라, 알리오올리오, 마르게리따피자, 아라비아따, 고르곤졸라피자의 할인 후 금액을 각각 a원, b원, c원, d원, e원이라 할 때,

- $a+b=24,000 \cdots \bigcirc$
- $c+d=31,000 \cdots \bigcirc$
- $a+e=31,000 \cdots \bigcirc$
- $c+b=28,000 \cdots \bigcirc$
- $e+d=32,000 \cdots \bigcirc$

$\bigcirc \sim \bigcirc$의 좌변과 우변을 모두 더하면

$2(a+b+c+d+e)=146,000 \rightarrow a+b+c+d+e=73,000$

$\cdots \bigcirc$

$\bigcirc$에 $\bigcirc$과 $\bigcirc$을 대입하면

$a+b+c+d+e=(a+e)+(c+b)+d=31,000+28,000$

$+d=73,000$

$\rightarrow d=73,000-59,000=14,000$

따라서 아라비아따의 할인 전 금액은 $14,000+500=14,500$원이다.

30 정답 ②

• (하루 1인당 인건비)

$=$(1인당 수당)$+$(산재보험료)$+$(고용보험료)

$=50,000+50,000 \times 0.504\% + 50,000 \times 1.3\%$

$=50,000+252+650=50,902$원

• (하루에 고용할 수 있는 인원수)

$=[$(본예산)$+$(예비비)$] \div$(하루 1인당 인건비)

$=600,000 \div 50,902 \fallingdotseq 11.8$

따라서 하루 동안 고용할 수 있는 최대 인원은 11명이다.

31 정답 ④

서류 합격자 비율을 $x\%$라고 하면, 다음 식이 성립한다.

$7,750 \times \dfrac{x}{100} \times 0.3=93$

$\rightarrow 7,750 \times \dfrac{x}{100}=310 \rightarrow x=4$

따라서 서류 합격자 비율은 4%이다.

32 정답 ①

오늘 처리할 업무를 택하는 방법은 발송업무, 비용정산업무를 제외한 5가지 업무 중 3가지를 택하는 조합이다.

즉, $_5C_3=_5C_2=\dfrac{5 \times 4}{2 \times 1}=10$가지이다.

택한 5가지 업무 중 발송업무와 비용정산업무는 순서가 정해져 있으므로 두 업무를 같은 업무로 생각하면 5가지 업무의 처리 순서를 정하는 경우의 수는 $\dfrac{5!}{2!}=\dfrac{5 \times 4 \times 3 \times 2 \times 1}{2 \times 1}=60$가지이다.

따라서 구하는 경우의 수는 $10 \times 60=600$가지이다.

33 정답 ③

6개의 숫자로 여섯 자릿수를 만드는 경우는 6!가지이다.

그중 1이 3개, 2가 2개씩 중복되므로 $3! \times 2!$의 경우가 중복된다.

따라서 가능한 경우의 수는 $\dfrac{6!}{3! \times 2!}=60$가지이다.

34 정답 ③

• 서로 다른 8개의 컵 중 4개를 선택하는 방법의 수 : $_8C_4=$ $\dfrac{8!}{4! \times 4!}=70$가지

• 4개의 컵을 식탁 위에 원형으로 놓는 방법의 수 : $(4-1)!=$ $3!=6$가지

따라서 서로 다른 8개의 컵 중에서 4개만 원형으로 놓는 방법의 수는 $70 \times 6=420$가지이다.

35 정답 ④

10명을 4명과 6명으로 나누는 경우의 수는 $_{10}C_4 \times _6C_6=$ 210가지이다. 이를 4명이 포함된 그룹에 2명씩 팀을 나누면 $_4C_2 \times _2C_2 \times \dfrac{1}{2!}=3$가지이고, 6명이 속한 팀을 다시 4명과 2명으로 나누면 $_6C_4 \times _2C_2=15$가지이다. 이 중 4명을 2팀으로 다시 구분하면 $_4C_2 \times _2C_2 \times \dfrac{1}{2!}=3$가지이다.

따라서 10명의 대진표를 구성하는 전체 경우의 수는 $210 \times 3 \times 15 \times 3=28,350$가지이다.

36 정답 ④

3대의 버스 중 출근 시각보다 일찍 도착할 2대의 버스를 고르는 경우의 수는 $_3C_2=3$가지이다.

따라서 구하고자 하는 확률은 $3 \times \dfrac{3}{8} \times \dfrac{3}{8} \times \dfrac{1}{2}=\dfrac{27}{128}$이다.

37 정답 ④

각 경우에 따른 내년 판매 목표액의 달성 확률은 다음과 같다.

• 내년 여름의 평균 기온이 예년보다 높을 때 : $0.5 \times 0.85=$ 0.425

• 내년 여름의 평균 기온이 예년과 비슷할 때 : $0.3 \times 0.6=$ 0.18

• 내년 여름의 평균 기온이 예년보다 낮을 때 : $0.2 \times 0.2=$ 0.04

따라서 B회사가 내년에 판매 목표액을 달성할 확률은 $0.425+0.18+0.04=0.645$이다.

38

1부터 9까지 자연수 중 합이 9가 되는 두 수의 쌍은 $(1, 8)$, $(2, 7)$, $(3, 6)$, $(4, 5)$이다.

이 4개의 쌍 중 하나를 택하고 9개의 숫자 중 이미 택한 2개의 숫자를 제외한 7개의 숫자 중 하나를 택하여 3개의 숫자를 얻는다. 이렇게 얻은 3개의 숫자를 일렬로 배열하는 경우의 수는 $4 \times 7 \times (3 \times 2 \times 1) = 168$가지이다.

한편, 1부터 9까지 자연수 중 3개의 숫자를 택하는 경우의 수는 $9 \times 8 \times 7 = 504$가지이다.

따라서 구하는 세 자리 자연수의 개수는 $504 - 168 = 336$개이다.

39
정답 ②

- 전체 경우의 수 : $6!$가지
- A와 B가 나란히 서 있는 경우의 수 : $5! \times 2$($\because$ A와 B의 위치를 바꾸는 경우)가지

$\therefore$ A와 B가 나란히 서 있을 확률 : $\dfrac{5! \times 2}{6!} = \dfrac{1}{3}$

40
정답 ②

5장의 카드에서 2장을 뽑아 두 자리 정수를 만드는 전체 경우의 수 : $4 \times 4 = 16$가지($\because$ 십의 자리에는 0이 올 수 없다)

십의 자리가 홀수일 때와 짝수일 때를 나누어 생각해보면

- 십의 자리가 홀수, 일의 자리가 짝수일 경우의 수 : $2 \times 3 = 6$가지
- 십의 자리가 짝수, 일의 자리가 짝수일 경우의 수 : $2 \times 2 = 4$가지

따라서 구하는 확률은 $\dfrac{6+4}{16} = \dfrac{5}{8}$이다.

CHAPTER 03 응용수리 · **15**

04 | 금융상품 활용

01
정답 ③

단리 예금에 가입한 경우, 이자는 원금에 대해서만 붙으므로 3년 후, $1,000 \times 0.1 \times 3 = 300$만 원이 되며, 원리합계는 $1,000 + 300 = 1,300$만 원이다.

연 복리 예금일 경우, 원리합계는 $1,000 \times (1.1)^3 = 1,000 \times 1.331 = 1,331$만 원이 된다.

따라서 두 가지 경우의 원리합계의 합은 $1,300 + 1,331 = 2,631$만 원이다.

02
정답 ②

100만 원을 맡겨서 다음 달 104만 원이 된다는 것은 이자율이 4%라는 것을 의미한다.

50만 원을 입금하면 다음 달에는 (원금)+(이자액)=52만 원이 된다. 따라서 다음 달 잔액은 $52 - 30 = 22$만 원이고, 그 다음 달 총잔액은 $220,000 \times 1.04 = 228,800$원이다.

03
정답 ②

매년 말에 일정 금액(x억 원)을 n년 동안 일정한 이자율(r)로 은행에 적립하였을 때 금액의 합(S)은 다음과 같다.

$$S = \frac{x\left[(1+r)^{n+1} - 1\right]}{r}$$

연이율 r은 10%이고, 복리 합인 S는 1억 원이므로

$$1 = \frac{x\left[(1.1)^{20} - 1\right]}{0.1} \rightarrow x = \frac{1 \times 0.1}{5.7} = \frac{1}{57} \fallingdotseq 0.01754억 \ 원$$

만의 자리 미만은 버린다고 하였으므로 매년 말에 적립해야 하는 금액은 175만 원이다.

04
정답 ③

연 복리적금의 만기수령액을 구하는 식과 그것을 변형하면 다음과 같다.

$$\frac{(월납입액) \times \left[(1+r)^{\frac{n+1}{12}} - (1+r)^{\frac{1}{12}}\right]}{(1+r)^{\frac{1}{12}} - 1} = \frac{(월납입액) \times (1+r)^{\frac{1}{12}}\left[(1+r)^{\frac{n}{12}} - 1\right]}{(1+r)^{\frac{1}{12}} - 1}이 \ 된다.$$

위의 식을 이용하여 두 상품의 만기 시 받을 금액을 구하면 다음과 같다.

구분	만기 시 금액
연 복리적금	$\dfrac{120,000(1+0.024)^{\frac{1}{12}}\left[(1+0.024)^{\frac{36}{12}}-1\right]}{(1+0.024)^{\frac{1}{12}}-1}=\dfrac{120,000\times1.002\times(1.074-1)}{1.002-1}=4,448,880원$
단기예금	$4,000,000+4,000,000\times0.028\times2=4,000,000+224,000=4,224,000원$

따라서 연 복리적금이 단기예금보다 $4,448,880-4,224,000=224,880$원을 더 받는다.

05

먼저 (수수료 금액)=(중도상환 금액)×(요율)×(잔존 기간)÷(대출 기간)이고, 문제에서 A씨는 신용담보(가계)로 대출을 받았기 때문에 해당 요율은 0.7%가 된다.

중도상환 금액은 3천만 원이고 요율은 0.7%, 잔존 기간은 3년, 대출 기간은 4년이기 때문에 대입하면 $30,000,000\times0.007\times\dfrac{3}{4}=$ 157,500원이다.

06

정답 ③

문제에서 총 할부수수료액을 물어보았기 때문에 가장 마지막 산출식을 이용하면 된다.
할부원금은 600,000원이고, 수수료율은 7개월 기준 연 15%이다.

따라서 공식에 대입하면 갑순이의 할부수수료 총액은 $\left(600,000\times0.15\times\dfrac{7+1}{2}\right)\div12=30,000$원이다.

07

정답 ③

$$(현금수수료)=(수수료\ 대상금액)\times(수수료\ 적용환율)\times(수수료율)$$
$$=(2,400\times0.8)\times1,080.2\times0.02$$
$$=41,479.68원$$
$$\fallingdotseq41,480원$$

08

정답 ①

각국 통화로 표시된 생산단가를 달러를 기준으로 환산하면 다음과 같다.

구분	미국	일본	중국	호주	프랑스
생산단가(A)	90 USD	10,100 JPY	580 CNY	130 AUD	80 EUR
1달러당 교환비율(B)	1	110	6.5	1.4	0.9
(A)÷(B)	90	91.8	89.2	92.9	88.9

따라서 가장 가격경쟁력이 있는 통화는 프랑스 화폐이다.

09

정답 ③

외국환거래 계산서의 '거래명'을 살펴보면 외국 지폐를 사는 목적으로 발행된 것을 알 수 있다. 그리고 통화명에 'JPY'라고 표시되어 있으므로 C고객은 엔화를 구매하였다. 구매한 외화총액은 50,000엔으로 원화는 547,865원을 지불하였다. 환율은 두 통화의 비율이므로 547,865원÷50,000엔=1,095.73원/100엔이 적용된 환율이다.

CHAPTER 04 금융상품 활용 • **17**

10

정답 ③

각 금융기관들의 연간 보험료 산정산식에 따라 보험료를 계산하면 다음과 같다.

구분	연간 보험료
A사	$(25.2억+13.6억)/2 \times 15/10,000 = 291억/10,000원$
B사	$21.5억 \times 15/10,000 = 322.5억/10,000원$
C사	$12.9억 \times 15/10,000 = 193.5억/10,000원$
D사	$5.2억 \times 40/10,000 = 208억/10,000원$

따라서 A ~ D사 중 연간 보험료가 가장 낮은 곳은 C사이다.

11

정답 ②

- A대리가 '직장인사랑적금'에 가입할 때, 만기 시 수령하는 이자액은 $100,000 \times \left(\dfrac{36 \times 37}{2} \right) \times \left(\dfrac{0.02}{12} \right) = 111,000원$이고, A대리가 가입기간 동안 납입한 적립 원금은 $100,000 \times 36 = 3,600,000원$이므로 A대리의 만기환급금은 $111,000 + 3,600,000 = 3,711,000원$이다.

- A대리가 '미래든든적금'에 가입할 때, 만기 시 수령하는 이자액은 $150,000 \times \left(\dfrac{24 \times 25}{2} \right) \times \left(\dfrac{0.015}{12} \right) = 56,250원$이고, A대리가 가입기간 동안 납입한 적립 원금은 $150,000 \times 24 = 3,600,000원$이므로 A대리의 만기환급금은 $56,250 + 3,600,000 = 3,656,250원$이다.

따라서 A대리가 가입할 적금은 '직장인사랑적금'이며, 이때의 만기환급금은 3,711,000원이다.

12

정답 ③

3주택자가 팔려고 하는 부동산은 취득한 지 3년이 지났으므로 3주택 일반지역 기본세율로 계산하면 된다.

4,600만 원 초과 8,800만 원 이하의 경우 세율은 24%이며, 누진 공제액은 522만 원이다.

따라서 3주택자가 8,000만 원짜리 일반지역 부동산 1채를 팔려고 할 때, 지불해야 하는 세금은 $8,000 \times 0.24 - 522 = 1,398만$ 원임을 알 수 있다.

13

정답 ④

$$(만기 \ 시 \ 수령하는 \ 이자액) = 200,000 \times \left(\frac{24 \times 25}{2} \right) \times \left(\frac{0.02}{12} \right) = 100,000원$$

따라서 만기 시 원리금 수령액은 $200,000 \times 24 + 100,000 = 4,900,000원$이다.

14

정답 ④

단리식과 복리식 예금의 만기환급금을 계산하는 문제가 나왔을 때는 다음 식을 알아두면 유용하다(r은 연이율, n은 개월 수).

- $(단리식 \ 예금만기환급금) = (원금) \times \left(1 + \dfrac{r}{12} \times n \right)$

- $(연 \ 복리식 \ 예금만기환급금) = (원금) \times (1+r)^{\frac{n}{12}}$
- 단리예금상품 : $4,000 + 4,000 \times 0.07 \times 3 = 4,840만$ 원
- 복리예금상품 : $4,000 \times (1+0.1)^3 = 4,000 \times 1.331 = 5,324만$ 원

따라서 두 예금상품의 금액 차이는 $5,324 - 4,840 = 484만$ 원임을 알 수 있다.

15

기본이율과 앱 가입 시 이율일 때의 단리예금상품의 금액 차이는 두 경우 모두 원금이 동일하기 때문에 이자금액의 차이와 같다. 따라서 $4,000 \times (0.09 \times 3 - 0.07 \times 3) = 240$만 원임을 알 수 있다.

16

H사원은 보수월액의 산정에 포함된 보수를 제외한 직장가입자의 소득이 3,400만 원을 초과한 4,000만 원이므로 소득월액보험료 부과대상자가 된다.
- (소득월액)$= (4,000 - 3,400) \div 12 = 50$만 원
- (소득월액보험료)$= 500,000 \times 0.0646 = 32,300$원

17

P대리가 2023년 1월부터 매월 3,300원을 장기요양보험료로 납부해야 한다고 할 때, 장기요양보험료는 소득월액보험료의 8.51%로 소득월액보험료는 다음과 같다.
- (소득월액보험료)$= 3,300 \div 0.0851 = 38,700$원
- (소득월액)$= \dfrac{(\text{소득월액보험료})}{(\text{건강보험료율})} = \dfrac{38,700}{0.0646} = 599,000$원

따라서 P대리의 2022년도 소득월액은 599,000원임을 알 수 있다.

18

현재 시각 환율을 기준으로 1,500유로 환전에 필요한 금액을 각각 구하면 다음과 같다.
- 영업점을 방문하여 환전할 경우
  $1,277.06 \times 1,500 = 1,915,590$원
- 인터넷뱅킹을 이용할 경우(유로화 환전 수수료 80% 할인쿠폰 적용)
  - (환전 수수료)$=$(현찰 살 때)$-$(매매기준율)
  - 환전 수수료 80% 할인된 수수료 금액 : (환전 수수료)$\times (1 - 0.8) = (1,277.06 - 1,252.15) \times 0.2 = 4,982$원
  $\therefore (1,252.15 + 4,982) \times 1,500 = 1,885,698$원

19

국내 간 외화송금 시 인터넷뱅킹 수수료는 5,000원이고, 영업점의 수수료는 송금 금액에 따라 다른데 JPY 100$=$USD 0.92이므로 800,000엔을 미국 USD로 변환하면 $8,000 \times 0.92 = 7,360$달러이다. 이는 USD 10,000 이하이므로 수수료는 7,000원이다. 따라서 두 수수료의 차이는 2,000원이다.

20

해외로 송금할 경우 송금 금액과 각각의 수수료를 구하면 다음과 같다.
- 송금 금액 : $4,000 \times 1,132.90 = 4,531,600$원
- 송금 수수료 : $15,000 \times 0.7 = 10,500$원($\because$ USD 5,000 이하)
- 중계은행 수수료 : $18 \times 1,132.90 = 20,392.2$원
- 전신료 : 8,000원

따라서 $4,531,600 + 10,500 + 20,392.2 + 8,000 = 4,570,492$원이 된다.

01

정답 ②

원금금액 및 이자금액 그래프를 연결하면 4가지 경우가 나오며, 그에 대한 설명은 다음과 같다.

원금금액 그래프	이자금액 그래프	대출상환방식
A	C	원금을 만기에 모두 상환하고, 매월 납입하는 이자는 동일하다. 이는 '만기일시상환' 그래프이다.
B	D	원금을 3회부터 납입하고, 2회까지 원금을 납입하지 않는다. 이자금액은 1회부터 3회까지 동일하며 4회부터 이자는 감소하므로 2회까지 거치기간임을 알 수 있다. 3회 이후 납입원금이 동일하기 때문에 원금균등상환방식이 된다. 따라서 거치기간이 있는 '거치식원금균등상환' 그래프이다.
A	D	원금을 만기에 일시 상환하므로 이자는 만기까지 일정해야 한다. 따라서 두 그래프는 연결될 수 없다.
B	C	거치기간이 끝나고 매월 상환하는 원금이 같을 경우 그에 대한 이자는 줄어들어야 한다. 따라서 두 그래프는 연결될 수 없다.

따라서 그래프와 대출상환방식이 가장 적절하게 연결된 것은 'ㄱ, ㄹ'이다.

02

정답 ④

- 갑 : 최대한 이자를 적게 내려면, 매월 원금과 이자를 같이 납입하여 원금을 줄여나가는 방식을 택해야 한다. 거치식상환과 만기일시상환보다 원금균등상환 또는 원리금균등상환이 원금을 더 빨리 갚아나가므로 이자가 적다. 따라서 갑에게 가장 적절한 대출상환방식은 이자가 가장 적게 나오는 '원금균등상환'이다.
- 을 : 매월 상환금액이 동일한 것은 '원리금균등상환'이다.
- 병 : 이자만 납입하다가 만기 시 원금 전액을 상환하는 '만기일시상환'이 가장 적절하다.
- 정 : 지금 상황에서는 이자만 납입하는 거치기간을 갖고 추후에 상황이 안정되면 매달 일정금액을 상환할 수 있는 '거치식상환'이 가장 적절하다.

03

정답 ④

2007년도에 2,000만 원 받은 것을 2008년도 초부터 저축한다고 하였기 때문에 기산년도는 2008년도로 한다.
문제가 다소 복잡하기에 간편한 수식을 위하여 2,000만 원을 x라고 하면 다음과 같다.
또한 여기서 주의할 점은 2008년도 연초부터 실제 돈을 넣는 것이지만 문제에서 물어보는 것은 연말임을 주의한다.
연금은 매년 8%씩 증가하므로 해가 거듭될수록 1.08이 곱해지고, 2008부터 가입한 복리예금 상품 만기금액은 다음과 같다.

08년도 초	08년도 말	09년도 말	10년도 말	⋯	22년도 말
x	$x(1.03)$	$x(1.03)^2$	$x(1.03)^3$	⋯	$x(1.03)^{15}$
	$x(1.08)$	$x(1.08)(1.03)$	$x(1.08)(1.03)^2$	⋯	$x(1.08)(1.03)^{14}$
		$x(1.08)^2$	$x(1.08)^2(1.03)$	⋯	$x(1.08)^2(1.03)^{13}$
				⋯	⋯
				⋯	$x(1.08)^{15}$

22년도 말에 B씨가 모은 돈은 22년도 말의 항을 모두 더한 값과 같다.

총항의 개수는 16개이며, 등비수열 합 공식 $S = \dfrac{a(r^n - 1)}{r - 1}$ 에서 초항(a)은 $x(1.03)^{15}$, 공비(r)는 $\dfrac{1.08}{1.03} = 1.05$, 항의 개수($n$)는

16으로 하여 계산하면 $S = \dfrac{a(r^n - 1)}{r - 1} = \dfrac{x(1.03)^{15}(1.05^{16} - 1)}{1.05 - 1} = \dfrac{x \times 1.6 \times (2.2 - 1)}{0.05} = 38.4 \times x$ 이다.

따라서 x는 2,000만 원이므로 2022년 말에 회사원 B씨가 모은 돈은 $2,000 \times 38.4 = 76,800$만 원이다.

04

1) 외화를 원화로 환전할 경우 : '팔 때' 환율 적용
 • 미국 USD : $1,000 \times 1,190.40 = 1,190,400$원
 • 유럽연합 EUR : $500 \times 1,300.13 = 650,065$원
 • 중국 CNY : $10,000 \times 175.90 = 1,759,000$원
 • 일본 JPY 100 : $5,000 \times 1,046.64 \div 100 = 52,332$원
 ∴ (원화 총액)$=3,651,797$원
2) 원화를 홍콩달러로 환전할 경우 : '살 때' 환율 적용
 $3,651,797 \div 159.07 = 22,957$(∵ 소수점 단위 금액 절사)
따라서 A씨가 받을 수 있는 금액은 HK$ 22,957이다.

05

정답 ④

1) 출금 : N은행 자동화기기 이용·영업시간 외 10만 원 이하 → 500원
2) 이체 : N은행 자동화기기 이용·다른 은행으로 송금·영업시간 외 10만 원 이하 → 800원
3) 현금 입금 : N은행 자동화기기 이용·영업시간 외 타행카드 현금입금 → 1,000원
따라서 지불해야 하는 총수수료는 2,300원이다.

06

정답 ③

문제의 정보에 따라 퇴직금 총액을 계산하면 다음과 같다.
• 확정급여형의 경우

직전 3개월 평균임금	근속연수	총퇴직금
900만 원	10	9,000만 원

• 확정기여형의 경우

구분	(연 임금총액)×1/12
1년 차	450만 원
2년 차	500만 원
3년 차	550만 원
4년 차	600만 원
5년 차	650만 원
6년 차	700만 원
7년 차	750만 원
8년 차	800만 원
9년 차	850만 원
10년 차	900만 원
합계	6,750만 원

예상 운용수익률은 매년 10%로 동일하므로, '(연 임금총액)×1/12'의 총합의 110%를 구하면 퇴직금 총액과 동일한 금액이 된다.
따라서 $6,750 \times 110\% = 7,425$만 원이다.

07

(다) : $1,500,000 \times 0.05 \div 12 = 6,250$원

오답분석

① (가) : $2,750,000 \times 0.05 \div 12 ≒ 11,458$원 → $250,000+11,458=261,458$원
② (나) : $2,000,000 \times 0.05 \div 12 ≒ 8,333$원 → $250,000+8,333=258,333$원
④ (라) : $1,000,000 \times 0.05 \div 12 ≒ 4,167$원 → $250,000+4,167=254,167$원

08

정답 ①

단리적금 방식으로 원금과 이자 및 이자 소득세를 계산하면 다음과 같다.

• 원금 : $30 \times 36 = 1,080$만 원

• 이자 : $30 \times 36 \times \dfrac{37}{2} \times \dfrac{0.025}{12} = 41.625 ≒ 42$만 원

• 이자 소득세 : $42 \times 0.15 = 6.3$만 원

따라서 만기환급금은 $1,080+42-6.3=1,115.7$만 원이다.

09

정답 ①

햇살예금	$200 \times (1.03)^2 = 212.18$만 원
별빛예금	$120 \times \left(1 + \dfrac{0.03}{12}\right)^{24} = 120 \times 1.06 = 127.2$만 원
새싹예금	$220 \times 1.03 = 226.6$만 원
이슬예금	$200 \times \left(1 + \dfrac{0.02}{12}\right)^{12} = 200 \times 1.02 = 204$만 원

문제에서 수익이 가장 높은 상품을 선택하라고 하였으므로 이자가 가장 높은 상품을 고르면 된다. 원금을 뺀 이자는 다음과 같다.

• 햇살예금 : $212.18 - 200 = 12.18$만 원
• 별빛예금 : $127.2 - 120 = 7.2$만 원
• 새싹예금 : $226.6 - 220 = 6.6$만 원
• 이슬예금 : $204 - 200 = 4$만 원

따라서 햇살예금을 추천한다.

10

정답 ③

○○공사의 처리 규정에 따라 환급한 금액은 다음과 같다.

(환급 금액)=(과납금액)$\times(1+$환급이자율$)^n$ (n : 납부일 다음 날부터 환급일까지의 일수)

$\quad\quad = 1,000,000 \times (1.012)^4$
$\quad\quad = 1,000,000 \times 1.04$
$\quad\quad = 1,040,000$원

11

정답 ③

○○공사의 처리 규정에 따라 B사가 납부한 미납액과 연체료를 합산한 금액은 다음과 같다.

(미납액과 연체료를 합산한 금액)=(미납액)$\times(1+$연체이자율$)^n$ (n : 납부일 다음 날부터 환급일까지의 일수)

$\quad\quad = 1,200,000 \times (1.02)^3$
$\quad\quad = 1,200,000 \times 1.06$
$\quad\quad = 1,272,000$원

12

정답 ③

A대리는 가입기간에 따른 기본금리 연 1.50%에 월급이체 우대 연 0.20%p, 제휴보험사 보험상품 가입 우대 연 0.20%p 우대금리를 적용받아 총 연 1.50+0.20+0.20=1.90%를 적용받는다.

A대리가 제시된 정보에 따라 별빛적금에 가입할 때, 만기 시 수령하는 이자액을 계산하면 다음과 같다.

$$1,000,000 \times \left(\frac{36 \times 37}{2} \right) \times \left(\frac{0.019}{12} \right) = 1,054,500원$$

A대리가 가입기간 동안 납입할 적립 원금은 다음과 같다.

1,000,000×36=36,000,000원

따라서 A대리의 만기환급금은 1,054,500+36,000,000=37,054,500원이다.

13

정답 ②

A대리는 가입기간에 따른 기본금리 연 1.20%에 제휴통신사 우대 연 0.15%p, 우수거래 고객 우대 연 0.20%p 우대금리를 적용받아 총 연 1.20+0.15+0.20=1.55%를 적용받는다.

따라서 적용받는 금리는 연 1.55%이다.

A대리가 제시된 정보에 따라 별빛적금에 가입할 때, 만기 시 수령하는 이자액을 계산하면 다음과 같다.

$$1,500,000 \times \left(\frac{24 \times 25}{2} \right) \times \left(\frac{0.0155}{12} \right) = 581,250원$$

따라서 A대리의 만기수령 이자액은 581,250원이다.

14

정답 ②

각 상품에 대한 원금 및 비과세 적용 여부를 정리하면 다음과 같다.

상품	가입 기간	납입액	원금	비과세 적용여부
세금우대저축용 정기적금	2017. 3. 2. ~ 2019. 3. 1.	월 20만 원	20×24=480만 원	단계별 적용
세금우대저축용 예금	2018. 5. 3. ~ 2022. 2. 1.	예치금 2,000만 원	2,000만 원	단계별 적용
생계형저축 정기적금	2015. 5. 3. ~ 2016. 7. 2.	월 15만 원	15×14=210만 원	-
비과세종합저축 예금	2018. 1. 1. ~ 2018. 12. 31.	예치금 300만 원	300만 원	적용

• 세금우대저축용 정기적금(단리이율 2.6%)

정기적금 단리이자 : $20 \times \frac{24 \times 25}{2} \times \frac{0.026}{12} = 13만 원$

일반통장은 이자소득세 15.4%를 적용하지만 세금우대저축용 정기적금에서는 농특세로 1.4%만 과세되므로 이자의 15.4-1.4=14.0%가 절세됨을 알 수 있다. 따라서 13×0.14=1.82만 원을 절세할 수 있다.

• 세금우대저축용 정기예금(단리이율 2.1%)

이 예금은 이자율은 2.1%로 동일하지만 기간별로 이자에 과세되는 세율이 달라 나눠서 계산하면 다음과 같다.

1) 2018년 5월 ~ 2020년까지(32개월)

  이자 : $2,000 \times 0.021 \times \frac{32}{12} = 112만 원$

  이 경우도 정기적금의 절세율과 같으므로 절세금액은 112×0.14=15.68만 원이다.

2) 2021년 1월 ~ 12월(12개월)

  이자 : $2,000 \times 0.021 \times \frac{12}{12} = 42만 원$

  절세율은 15.4-5-0.9=9.5%이므로 절세금액은 42×0.095=3.99만 원이다.

3) 2022년 1 ~ 2월(2개월)

  이자 : $2,000 \times 0.021 \times \frac{2}{12} = 7만 원$

  절세율은 15.4-9-0.5=5.9%이므로 절세금액은 7×0.059=0.413만 원이다.

- 생계형저축에서 2015년에 가입했으므로 세율 특혜를 받을 수 없기 때문에 절세금액도 없다.
- 비과세종합저축 예금(단리이율 2.05%)은 세율 특혜 기간 안에 가입했고, 이자소득세와 농특세 모두 0%로 전체 이자인 15.4%가 절세된다.

    이자는 $300 \times 0.0205 \times \dfrac{12}{12} = 6.15$만 원이며, 절세금액은 $6.15 \times 0.154 = 0.9471$만 원이다.

따라서 B씨가 일반통장에 넣었을 때보다 절세할 수 있는 금액은 $1.82 + 15.68 + 3.99 + 0.413 + 0.9471 = 22.8501$만 원, 약 23만 원이다.

15

정답 ③

이름	조합원 획득여부	납입금액	기간	이자율	원금	과세
A	○	월 20만 원	2년	2.6%	480만 원	비과세
B	○	월 10만 원	1년	2.5%	120만 원	비과세
C	○	월 40만 원	1년	2.5%	480만 원	비과세

일단 월 납입금액이 적고 적금기간이 가장 작은 B가 세금을 가장 적게 낼 것임은 계산 없이 바로 알 수 있고, A와 C는 원금은 동일하지만 기간과 납입금액이 서로 다르므로 계산이 필요하다. 각자의 세금을 계산하면 다음과 같다.

- A : $20 \times \dfrac{24 \times 25}{2} \times \dfrac{0.026}{12} = 13$만 원
- B : $10 \times \dfrac{12 \times 13}{2} \times \dfrac{0.025}{12} = 1.625$만 원
- C : $40 \times \dfrac{12 \times 13}{2} \times \dfrac{0.025}{12} = 6.5$만 원

따라서 세금을 가장 많이 내는 사람 순으로 나열하면 A – C – B이다.

PART 2

수추리능력

02 │ 수열 추리

유형학습

01	02	03	04	05	06	07	08	09	10
③	①	④	④	④	②	③	④	④	④
11	**12**	**13**	**14**	**15**	**16**	**17**	**18**	**19**	**20**
②	②	①	②	③	②	②	③	④	②
21	**22**	**23**	**24**	**25**	**26**	**27**	**28**	**29**	**30**
①	①	②	④	③	④	①	②	③	①

01　　정답 ③

$+5$, -10, $+15$, -20, …인 수열이다.
따라서 (　)$=(-4)+15=11$이다.

02　　정답 ①

7의 배수가 첫 항부터 차례대로 더해지는 수열이다.
따라서 (　　)$=24+(7×3)=45$이다.

03　　정답 ④

홀수 항은 $×2+1$이고, 짝수 항은 11^2, 22^2, 33^2, …인 수열이다.
따라서 (　)$=33^2=1,089$이다.

04　　정답 ④

홀수 항은 $+1$, $+2$, $+3$, …이고, 짝수 항은 -1, -2, -3, …인 수열이다.
따라서 (　)$=29-1=28$이다.

05　　정답 ④

각 항을 네 개씩 묶고 각각을 A B C D라고 하면, 다음과 같은 규칙을 갖는다.
$\underline{A\ B\ C\ D} \rightarrow A+B-C=D$
$\underline{1\ 2\ 3\ (\ )} \rightarrow 1+2-3=(\ \ )$
따라서 (　)$=1+2-3=0$이다.

06　　정답 ②

n을 자연수라고 하면, n항$×3-(n+1)$항이 $(n+2)$항인 수열이다.
따라서 (　)$=-23×3-74=-143$이다.

07　　정답 ③

앞의 항에 $×3$, -6이 번갈아 가며 적용되는 수열이다.
따라서 (　)$=0×3=0$이다.

08　　정답 ④

분모는 $+11$, $+22$, $+33$, …이고, 분자는 -5, -6, -7, …인 수열이다.
따라서 (　)$=\dfrac{(-19)-9}{121+55}=-\dfrac{28}{176}$이다.

09　　정답 ④

앞의 항에 $+1$, $+\dfrac{1}{2}$, $+\dfrac{1}{3}$, $+\dfrac{1}{4}$, …인 수열이다.
따라서 (　)$=\dfrac{29}{12}+\dfrac{1}{5}=\dfrac{157}{60}$이다.

10　　정답 ④

각 항을 네 개씩 묶고, A B C D라고 하면, 다음과 같은 규칙이 성립한다.
$\underline{A\ B\ C\ D} \rightarrow A^B=C^D$
$\underline{3\ (\ )\ 9\ 3} \rightarrow 3^{(\ )}=9^3=3^6$
따라서 (　)$=6$이다.

11　　정답 ②

홀수 항은 $×100$이고 짝수 항은 $÷2^0$, $÷2^1$, $÷2^2$, …인 수열이다.
따라서 (　)$=256÷2^2=64$이다.

12
정답 ②

n을 자연수라고 하면 n항$\times 3-1$이 $(n+1)$항인 수열이다.
따라서 (　)$=527\times 3-1=1,580$이다.

13
정답 ①

앞의 항에 -6, -5, -4, -3, -2, -1, $\cdots$을 하는 수열이다.
따라서 (　)$-5=-26 \rightarrow$ (　)$=-26+5=-21$이다.

14
정답 ②

앞의 항에 $\times 1+1^2$, $\times 2+2^2$, $\times 3+3^2$, $\times 4+4^2$, $\cdots$인 수열이다.
따라서 (　)$=8\times 3+3^2=33$이다.

15
정답 ③

분자는 $\times 5$이고, 분모는 -1인 수열이다.
따라서 (　)$=\dfrac{250\times 5}{4-1}=\dfrac{1,250}{3}$ 이다.

16
정답 ②

$+1.2$와 $\div 2$가 번갈아 가면서 적용하는 수열이다.
따라서 (　)$=1.1+1.2=2.3$이다.

17
정답 ②

앞의 항에 소수$(2,\ 3,\ 5,\ 7,\ 11,\ \cdots)$를 더하는 수열이다.
따라서 (　)$=11+7=18$이다.

18
정답 ③

(분자)$+$(분모)$=500$인 수열이다.
따라서 (　)$=\dfrac{19}{481}$ 이다.

19
정답 ④

11, 12, 13, 14, 15의 제곱수를 나열한 수열이다.
따라서 (　)$=14^2=196$이다.

20
정답 ②

각 항을 두 개씩 묶었을 때, 두 항의 합이 101인 수열이다.
따라서 (　)$=101-72=29$이다.

21
정답 ①

각 항을 세 개씩 묶고 각각을 $A\ B\ C$라고 하면 다음과 같은 규칙을 갖는다.
$\underline{A\ B\ C} \rightarrow A\times B\times C=1$
$\underline{\dfrac{7}{9}\ 3\ (\ )} \rightarrow \dfrac{7}{9}\times 3\times(\ )=1$
따라서 (　)$=1\div\dfrac{7}{9}\div 3=\dfrac{3}{7}$ 이다.

22
정답 ①

앞의 항에 1, 1.1, 2, 2.2, 3, 3.3, $\cdots$을 더하는 수열이다.
따라서 (　)$=23.6+4.4=28$이다.

23
정답 ②

각 항을 세 개씩 묶고 각각을 $A\ B\ C$라고 하면 다음과 같은 규칙을 갖는다.
$\underline{A\ B\ C} \rightarrow A\div B=n\cdots C$ (단, n은 자연수, $C<B$)
$\underline{27\ 7\ (\ )} \rightarrow 27\div 7=3\cdots 6$
따라서 (　)$=6$이다.

24
정답 ④

홀수 항은 $\times(-2)+2$, 짝수 항은 $+3$, $+6$, $+9$, $\cdots$인 수열이다.
따라서 (　)$=10\times(-2)+2=-18$이다.

25
정답 ③

각 항을 세 개씩 묶고 각각을 $A\ B\ C$라고 하면 다음과 같은 규칙을 갖는다.
$\underline{A\ B\ C} \rightarrow B=\dfrac{A+C}{2}$
$\underline{70\ (\ )\ 2} \rightarrow (\ )=\dfrac{70+2}{2}$
따라서 (　)$=\dfrac{70+2}{2}=36$이다.

26
정답 ④

홀수 항은 $\times 3+30$이고, 짝수 항은 -2를 하는 수열이다.
따라서 (　)$=102\times 3+3=309$이다.

27
정답 ①

홀수 항에는 2를 곱하고 짝수 항에는 3을 곱하는 수열이다.
따라서 (　)$=4\times 2=8$이다.

28

앞의 두 항의 합이 다음 항이 되는 피보나치수열이다.

따라서 ( )=5+8=13이다.

29

(1항)−(3항)=(2항), (2항)−(4항)=(3항), (3항)−(5항)=(4항) …이 반복된다.

따라서 11−( )=−15 → ( )=26이다.

30

앞의 항에 -2^1, $+2^2$, -2^3, $+2^4$, -2^5, …인 수열이다.

따라서 ( )=(−18)+2^6=(−18)+64=46이다.

심화학습

01	02	03	04	05	06	07	08	09	10
①	②	④	④	①	④	④	③	②	①
11	12	13	14	15	16	17	18	19	20
④	④	②	④	①	②	②	④	②	①

01

각 항을 세 개씩 묶고 각각을 A B C라고 하면, 다음과 같은 규칙을 갖는다.

$\underline{A\ B\ C} \to A\ \ A-1\ \ A+1$

$\underline{26\ 25\ (\ )} \to 26\ \ 25\ \ 27$

따라서 ( )=27이다.

02

첫 번째, 두 번째, 세 번째 수를 기준으로 세 칸 간격으로 각각 ×2, ×4, ×6의 규칙인 수열이다.

1) 3 6 12 24 … ×2

2) 4 16 (64) 256 … ×4

3) 5 30 180 1,080 … ×6

따라서 ( )=16×4=64이다.

03

−2, ×2, −3, ×3, −4, ×4 …인 규칙으로 이루어진 수열이다.

따라서 ( )=35×4=140이다.

04

n을 자연수라고 하면 n항÷(−2)+4=(n+1)항인 수열이다.

따라서 ( )=−16÷(−2)+4=12이다.

05

n을 자연수라고 하면 n항에서 (n+1)항을 뺀 값이 (n+2)항인 수열이다.

따라서 ( )=(−20)−9=−29이다.

06

분자와 분모에 교대로 3씩 곱하는 수열이다.

따라서 ( )=$\dfrac{18\times3}{45}=\dfrac{54}{45}$ 이다.

07

앞의 항에 $+2^0\times10$, $+2^1\times10$, $+2^2\times10$, $+2^3\times10$, $+2^4\times10$, $+2^5\times10$, …을 더한다.

따라서 ( )=632+2^6×10=632+640=1,272이다.

08

n을 자연수라고 하면 n항×2−(n+1)항=(n+2)항인 수열이다.

따라서 ( )=3×2−(−13)=19이다.

09

각 항을 3개씩 묶고 각각 A B C라고 하면 다음과 같다.

$\underline{A\ B\ C} \to B=(A+C)\div3$

따라서 ( )=(12−1)÷3=$\dfrac{11}{3}$ 이다.

10
정답 ①

분자는 36부터 1씩 더하고, 분모는 2의 거듭제곱 형태, 즉 2^1, 2^2, 2^3, 2^4, 2^5인 수열이다.

따라서 ( )$=\dfrac{39+1}{2^5}=\dfrac{40}{32}$ 이다.

11
정답 ④

앞의 항에 -3×4^0, -3×4^1, -3×4^2, -3×4^3, …인 수열이다.

따라서 ( )$=-6-3\times4^1=-18$이다.

12
정답 ④

홀수 항은 $\times0.2$, $\times0.3$, $\times0.4$, …이고,

짝수 항은 $\times\left(-\dfrac{1}{3}\right)$, $\times\dfrac{1}{4}$, $\times\left(-\dfrac{1}{5}\right)$, $\times\dfrac{1}{6}$, …인 수열이다.

따라서 ( )$=\left(-\dfrac{1}{120}\right)\times\dfrac{1}{6}=-\dfrac{1}{720}$ 이다.

13
정답 ②

홀수 항은 -1, -11, -111, …이고 짝수 항은 $+1^2$, $+2^2$, $+3^2$, …인 수열이다.

따라서 ( )$=12+3^2=21$이다.

14
정답 ④

n을 자연수라고 하면 n항$\div(n+1)$항$+2=(n+2)$항인 수열이다.

따라서 ( )$=6\div3+2=4$이다.

15
정답 ①

홀수 항은 $\times2+0.2$, $\times2+0.4$, $\times2+0.6$, …인 수열이고, 짝수 항은 $\times3-0.1$인 수열이다.

따라서 ( )$=12.2\times3-0.1=36.5$이다.

16
정답 ②

$\times2$와 -2가 번갈아 가면서 적용되는 수열이다.

따라서 ( )$=88-2=86$이다.

17
정답 ②

[(앞의 항)$+8]\div2=$(다음 항)인 수열이다.

따라서 ( )$=(9.25+8)\div2=8.625$이다.

18
정답 ④

15^2, 16^2, 17^2, 18^2, …인 수열이다.

따라서 ( )$=19^2=361$이다.

19
정답 ②

각 항을 세 개씩 묶고 각각을 A B C라고 하면, 다음과 같은 규칙을 갖는다.

$$\underline{A\ B\ C}\ \rightarrow\ \dfrac{B}{A}\times C=20$$

$$\underline{2\ 20\ (\ )}\ \rightarrow\ \dfrac{20}{2}\times(\ )=20$$

따라서 ( )$=20\div\dfrac{20}{2}=2$이다.

20
정답 ①

n을 자연수라고 하면 n항과 $(n+1)$항의 차의 규칙이 $+2$, $+2\times2$, $+2\times3$, …인 수열이다.

따라서 ( )$=9+3+6=18$이다.

03 | 문자·도형 추리

유형학습									
01	02	03	04	05	06	07	08	09	10
④	②	③	④	④	④	④	④	③	④
11	12	13	14	15	16	17	18	19	20
②	④	④	①	③	③	③	②	④	③

01

정답 ④

+1, +2, +3, …를 하는 수열이다.

ㄴ	ㄷ	ㅁ	ㅇ	ㅌ	ㄷ	(ㅈ)
2	3	5	8	12	17 (=14+3)	23 (=14+9)

02

정답 ②

홀수 항은 1씩 더하고, 짝수 항은 2씩 곱하는 수열이다.

D	C	E	F	F	L	(G)	X
4	3	5	6	6	12	7	24

03

정답 ③

홀수 항은 2씩 빼고, 짝수 항은 2씩 더하는 수열이다.

ㅈ	ㄷ	ㅅ	ㅁ	ㅁ	(ㅅ)
9	3	7	5	5	7

04

정답 ④

홀수 항은 3씩 빼고, 짝수 항은 3씩 더하는 수열이다.

ㅋ	ㄹ	(ㅇ)	ㅅ	ㅁ	ㅊ
11	4	8	7	5	10

05

정답 ④

대문자 알파벳, 한글 자음, 한자 순서로 나열되며, 앞의 항에 −5, −4, −3, −2, −1, …을 더하는 수열이다.

S	ㅎ	十	G	ㅁ	(四)
19	14	10	7	5	4

06

정답 ④

홀수 항은 2씩 더하고, 짝수 항은 4씩 곱하는 수열이다.

c	A	(e)	D	g	P
3	1	5	4	7	16

07

정답 ④

앞의 항에서 2씩 빼는 수열이다.

ㅍ	ㅋ	ㅈ	ㅅ	ㅁ	(ㄷ)
13	11	9	7	5	3

08

정답 ④

대문자 알파벳, 한글 자음, 숫자, 한자 순서로 나열되며, +1을 하는 수열이다.

A	ㄴ	3	(四)	E	ㅂ	7	八
1	2	3	4	5	6	7	8

09

정답 ③

홀수 항은 2씩 더하고, 짝수 항은 2씩 곱하는 수열이다.

H	ㄷ	(J)	ㅂ	L	ㅌ
8	3	10	6	12	12

10

정답 ④

앞의 항에서 5씩 빼는 수열이다.

Z	(U)	P	K	F	A
26	21	16	11	6	1

11

정답 ②

삼각형 외부에 있는 세 숫자 중 가장 작은 숫자가 삼각형 내부에 들어간다. 따라서 3이 들어간다.

12

정답 ④

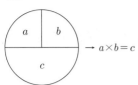

$$\rightarrow a \times b = c$$

$$\therefore 4 \times 5 = 20$$

13

정답 ④

각 열의 숫자는 피보나치수열을 따른다.
- 1열 : 1, 4, 1+4=5, 4+5=9
- 2열 : 2, 3, 2+3=5, 3+5=8
- 3열 : 3, 3, 3+3=?, 3+?=9
- 4열 : 2, 2, 2+2=4, 2+4=6

$$\therefore ?=6$$

14

정답 ①

각 변에 있는 수를 차례로 a, b, c, d라 할 때, $a \times b + c \times d = 11$로 일정하다.
$3 \times 1 + 2 \times 4 = 11$, $4 \times 3 + (-1) \times 1 = 11$, $4 \times 5 + (-9) \times 1 = 11$

$$\rightarrow 3 \times (-3) + ? \times 4 = 11 \rightarrow ? \times 4 = 20$$

$$\therefore ?=5$$

15

정답 ③

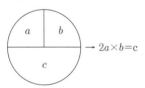

$$\rightarrow 2a \times b = c$$

$$\therefore 2 \times 5 \times 6 = 60$$

16

정답 ③

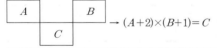

$$\rightarrow (A+2) \times (B+1) = C$$

A	B	C
10	7	$(10+2) \times (7+1) = 96$
4	3	$(4+2) \times (3+1) = 24$
12	5	$(12+2) \times (5+1) = 84$

17

정답 ③

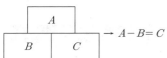

$\rightarrow A - B = C$

A	B	C
15	3	(15−3=)12
9	2	(9−2=)7
17	8	(17−8=)9

18

정답 ②

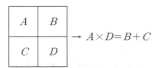

$\rightarrow A \times D = B + C$

$A \times D$	$B + C$
9×8=72	37+35=72
12×7=84	46+38=84
13×8=104	55+(49)=104

19

정답 ④

7을 기준으로 할 때, 반시계 방향으로 −3, ×2, −4, ×3, −5, ×4, −6을 하면 22가 된다.

20

정답 ③

아래로 연결된 두 작은 원을 A, B 위에 있는 큰 원을 C라 하면, $A^B - A = C$이다.
$1^5 - 1 = 0$, $2^3 - 2 = 6$, $3^4 - 3 = 78$
$\therefore 4^4 - 4 = 252$

심화학습									
01	02	03	04	05	06	07	08	09	10
①	①	①	①	③	③	③	②	③	②

01

정답 ①

1, 2, 2, 3, 3, 3, 4, 4, 4, 4, …로 이루어진 수열이다.

A	ㄴ	B	三	ㄷ	C	iv	四	(ㄹ)	D
1	2	2	3	3	3	4	4	4	4

02

정답 ①

홀수 항은 2를 더하고, 짝수 항은 3을 더하는 수열이다.

ㄹ	5	六	ㅠ	(ㅠ)	11	ㅊ	N
4	5	6	8	8	11	10	14

03

정답 ①

홀수 항과 짝수 항에 각각 +5, +6, +7, …인 수열이다.

E	C	J	H	P	N	(W)
5	3	10	8	16	14	23

04

정답 ①

-1, $+2$, -3, $+4$, -5, …을 하는 수열이다.

ㄹ	ㄷ	ㅁ	ㄴ	ㅂ	(ㄱ)
4	3	5	2	6	1

05

정답 ③

$\times 1$, $+1$, -1, $\times 2$, $+2$, -2, $\times 3$, $+3$, …을 하는 수열이다.

B	B	C	B	D	F	D	L	(O)
2	2	3	2	4	6	4	12	15

06

정답 ③

앞의 항에 1, 2, 4, 8, 16, …을 더하는 수열이다.

C	D	(F)	J	R	H
3	4	6	10	18	(26+8=)34

07

정답 ③

(첫 번째 행)×(두 번째 행)+1=(세 번째 행)이다.

$\therefore 7 \times 3 + 1 = 22$

08

정답 ②

아래로 연결된 두 작은 원을 A, B, 위에 있는 큰 원을 C라 하면, $\dfrac{A+C}{2}=B$이다.

$\dfrac{5+12}{2}=9$, $\dfrac{18+22}{2}=20$, $\dfrac{13+35}{2}=24$, $\dfrac{52+?}{2}=37$

$\therefore \ ?=22$

09

$$\frac{a+b+c}{3}=d$$

$$\therefore \frac{12+71+(-2)}{3}=27$$

10

3	10	6	15
(a)	8	(b)	1
16	5	9	4
(c)	11	(d)	14

4차 마방진은 가로, 세로, 대각선 등의 합이 34가 된다. 각각의 빈칸을 a, b, c, d라 하면 $a+8+b+1=34$, $c+11+d+14=34$이다. 따라서 $a+b=25$, $c+d=9$이며, $a+b+c+d$를 구하라고 하였으므로 $25+9=34$이다.

성공한 사람은 대개 지난번 성취한 것 보다 다소 높게,
그러나 과하지 않게 다음 목표를 세운다. 이렇게 꾸준히 자신의 포부를 키워간다.

– 커트 르윈 –

PART 3

자료해석능력

02 | 자료의 계산

01

정답 ②

가장 많이 득표한 상품은 전복(32표)이고, S은행의 직원 수는 5+6+22+82+12+8=135명이다. 따라서 추석선물 비용은 총 70,000×135=9,450,000원이다.

02

정답 ②

모바일워크의 공공 부분은 (재작년 취업인구수)+(작년 취업인구수)=(올해 취업인구수)의 규칙을 보인다.
따라서 15+24=39이다.

03

정답 ②

$$\frac{(대학졸업자\ 중\ 취업자)}{(전체\ 대학졸업자)} \times 100 = (대학졸업자\ 취업률) \times (대학졸업자의\ 경제활동인구\ 비중) \times \frac{1}{100}$$

따라서 OECD 평균은 $50 \times 40 \times \frac{1}{100} = 20\%$이고, 이보다 높은 국가는 B, C, E, F, G, H이다.

04

정답 ④

퇴근시간대인 16:00 ~ 20:00에 30대 및 40대의 누락된 유동인구 비율을 찾아낸 뒤 100,000명을 곱하여 설문조사 대상 인원수를 산출하면 된다. 우측 및 하단 합계 및 주변 정보를 통해서 다음과 같이 빈 공간의 비율을 먼저 채운다.

구분	10대	20대	30대	40대	50대	60대	70대	합계
08:00 ~ 12:00	1	1	3	4	1	0	1	11
12:00 ~ 16:00	0	2	3	4	3	1	0	13
16:00 ~ 20:00	4	3	10	11	2	1	1	32
20:00 ~ 24:00	5	6	14	13	4	2	0	44
합계	10	12	30	32	10	4	2	100

위 결과를 토대로 30 ~ 40대 퇴근시간대 유동인구 비율은 10+11=21%임을 확인할 수 있다.
따라서 100,000×0.21=21,000명이므로, 설문지는 21,000장을 준비하면 된다.

05

정답 ④

일본의 R&D 투자 총액은 1,508억 달러이며, 이는 GDP의 3.44%이므로 $3.44 = \dfrac{1,508}{(\text{GDP 총액})} \times 100$이다.

따라서 일본의 GDP 총액은 $\dfrac{1,508}{0.0344} ≒ 43,837$억 달러이다.

06

정답 ④

- 기본요금 : 1,600원
- 전력량요금
  - 처음 200kWh까지 : $200 \times 93.3 = 18,660$원
  - 다음 200kWh까지 : $200 \times 187.9 = 37,580$원

따라서 부가가치세는 총요금의 10%이므로 전기요금은 $(1,600 + 18,660 + 37,580) \times 1.1 ≒ 63,620$원(∵ 10원 미만 절사)이다.

07

정답 ③

2022년 말 기준으로 가맹점 수는 52개점이다. 2022년도에 11개점이 개업을 하고 5개점이 폐업을 하였으므로 2021년 말 가맹점 수는 $52 - (11-5) = 46$개점이다. 이러한 방식으로 계산하면 다음과 같다.

2021년 말	2020년 말	2019년 말	2018년 말	2017년 말
$52-(11-5)=46$개점	$46-(1-6)=51$개점	$51-(0-7)=58$개점	$58-(5-0)=53$개점	$53-(1-2)=54$개점

따라서 가장 많은 가맹점을 보유하고 있었던 시기는 58개점인 2019년 말이다.

08

정답 ④

- 2021년 : $\dfrac{16,452}{19,513} \times 100 ≒ 84.31\%$
- 2020년 : $\dfrac{6,989}{13,321} \times 100 ≒ 52.47\%$

∴ $84.31 - 52.47 = 31.84\%p$

09

정답 ③

각 연도별로 발굴 작업 비용을 계산하면 다음과 같다.

- 2020년 : $(21 \times 120,000) + (10 \times 30,000) + (13 \times 200,000) = 5,420,000$원
- 2021년 : $(23 \times 120,000) + (4 \times 30,000) + (18 \times 200,000) = 6,480,000$원
- 2022년 : $(19 \times 120,000) + (12 \times 30,000) + (7 \times 200,000) = 4,040,000$원

따라서 발굴 작업 비용이 가장 많이 든 해는 2021년이며, 비용은 648만 원이다.

10

정답 ③

- 1인 1일 사용량에서 영업용 사용량이 차지하는 비중 : $\dfrac{80}{282} \times 100 ≒ 28.37\%$
- 1인 1일 가정용 사용량의 하위 두 항목이 차지하는 비중 : $\dfrac{20+13}{180} \times 100 ≒ 18.33\%$

01	02	03	04	05	06	07	08	09	10
③	④	④	④	④	④	④	③	②	①

01

정답 ③

- 가 : 부동산 자산 총 17억 원의 일반 지역 2주택 소유자이므로 개정 전에는 1.4%, 개정 후에는 1.6%의 세율이 적용된다.
  - 개정 전 : 17억×0.014=23,800,000원
  - 개정 후 : 17억×0.016=27,200,000원
  - ∴ 27,200,000−23,800,000=3,400,000원
- 나 : 부동산 자산 총 12억 원의 조정대상지역 1주택 소유자이므로 개정 전에는 1.0%, 개정 후에는 1.2%의 세율이 적용된다.
  - 개정 전 : 12억×0.01=12,000,000원
  - 개정 후 : 12억×0.012=14,400,000원
  - ∴ 14,400,000−12,000,000=2,400,000원
- 다 : 부동산 자산 총 54억 원의 일반 지역 3주택 소유자이므로 개정 전에는 2.5%, 개정 후에는 5%의 세율이 적용된다.
  - 개정 전 : 54억×0.025=135,000,000원
  - 개정 후 : 54억×0.05=270,000,000원
  - ∴ 270,000,000−135,000,000=135,000,000원

따라서 가~다의 개정 전 세금과 개정 후 세금 차이의 총합은 3,400,000+2,400,000+135,000,000=140,800,000원이다.

02

정답 ④

작업인원이 1명일 때, 생산량이 8대이므로,
$a+b^2=8 \cdots$ ⓐ
작업인원이 3명일 때, 생산량이 48대이므로,
$9a+3b^2=48 \cdots$ ⓑ
ⓐ와 ⓑ를 연립하면, $b^2=4$이고, $b>0$이므로 $b=2$이다.
ⓐ에 $b=2$를 대입하면 $a=4$이다.
따라서 식을 정리하면,
(생산량)$=4\times$(작업인원수)$^2+4\times$(작업인원수)이므로,
작업인원이 2명일 때, $4\times(2)^2+4\times(2)$이므로$=24 \cdots$ (가)
작업인원이 5명일 때, $4\times(5)^2+4\times(5)$이므로$=120 \cdots$ (나)
(가) 24, (나) 120이 된다.

03

정답 ④

제1차 시험 대비 제2차 시험 합격률의 증가율은 다음과 같다.

$$\frac{(\text{제2차 시험 합격률})-(\text{제1차 시험 합격률})}{(\text{제1차 시험 합격률})}\times100$$

$$=\frac{(\frac{17,325}{75,000}\times100)-(\frac{32,550}{155,000}\times100)}{(\frac{32,550}{155,000}\times100)}\times100$$

$$=\frac{23.1-21}{21}\times100$$

$$=\frac{2.1}{21}\times100$$

$$=10\%$$

유형학습									
01	02	03	04	05	06	07	08	09	10
④	①	②	④	③	②	④	④	③	④
11	12	13	14	15					
①	④	④	④	④					

01

정답 • ④

여자 흡연율의 전년도와의 차이를 정리하면 다음과 같다.

구분	2018년	2019년	2020년	2021년	2022년
여자 흡연율(%)	7.4	7.1	6.8	6.9	7.3
전년도 대비 차이(%p)	-	-0.3	-0.3	+0.1	+0.4

따라서 가장 많은 차이를 보이는 해는 2022년이다.

오답분석

① 2020년까지 감소하다가 이후 증가하고 있다.

② 남자와 여자의 흡연율 차이를 정리하면 다음과 같다.

구분	2018년	2019년	2020년	2021년	2022년
남자 흡연율(%)	48.7	46.2	44.3	42.2	40.7
여자 흡연율(%)	7.4	7.1	6.8	6.9	7.3
남자·여자 흡연율 차이(%p)	41.3	39.1	37.5	35.3	33.4

따라서 남자와 여자의 흡연율 차이는 감소하고 있다.

③ 남자 흡연율의 전년도와의 차이를 정리하면 다음과 같다.

구분	2018년	2019년	2020년	2021년	2022년
남자 흡연율(%)	48.7	46.2	44.3	42.2	40.7
전년도 대비 차이(%p)	-	-2.5	-1.9	-2.1	-1.5

따라서 가장 많은 차이를 보이는 해는 2019년이다.

02

2021년 생활폐기물의 양은 150천 톤으로 2020년 160천 톤보다 감소하였다.

오답분석

② 2020년과 2022년의 전년 대비 생활폐기물 증가율은 다음과 같다.

- 2020년 : $\dfrac{160-100}{100} \times 100 = 60\%$

- 2022년 : $\dfrac{180-150}{150} \times 100 = 20\%$

따라서 2020년이 2022년 증가율의 3배이다.

③ 2018 ~ 2022년 생활폐기물과 사업장폐기물 처리량의 합과 건설폐기물의 처리량을 비교하면 다음과 같다.

구분	생활+사업장폐기물	건설폐기물
2018년	80+250=330천 톤	300천 톤
2019년	100+320=420천 톤	360천 톤
2020년	160+400=560천 톤	520천 톤
2021년	150+420=570천 톤	525천 톤
2022년	180+450=630천 톤	540천 톤

따라서 생활폐기물과 사업장폐기물 처리량의 합이 더 많다.

④ 2018년과 2020년의 사업장폐기물 대비 생활폐기물이 차지하는 비율은 다음과 같다.

- 2018년 : $\dfrac{80}{250} \times 100 = 32\%$

- 2020년 : $\dfrac{160}{400} \times 100 = 40\%$

따라서 그 차이는 40-32=8%p이다.

03

원 중심에서 멀어질수록 점수가 높아지는데, B국의 경우 수비보다 미드필드가 원 중심에서 먼 곳에 표시가 되어 있으므로 B국은 수비보다 미드필드에서의 능력이 뛰어남을 알 수 있다.

04

2018년과 2020년의 전체 풍수해 규모에서 대설로 인한 풍수해 규모가 차지하는 비중을 구하면 다음과 같다.

- 2018년 : $\dfrac{480}{7,942} \times 100 \fallingdotseq 6.04\%$

- 2020년 : $\dfrac{113}{1,720} \times 100 \fallingdotseq 6.57\%$

따라서 전체 풍수해 규모에서 대설로 인한 풍수해 규모가 차지하는 비중은 2020년이 2018년보다 크다.

오답분석

① 2014년과 2022년의 태풍으로 인한 풍수해 규모는 전년보다 증가했지만, 전체 풍수해 규모는 전년보다 감소했다. 그리고 2016년 태풍으로 인한 풍수해 규모는 전년보다 감소했지만, 전체 풍수해 규모는 전년보다 증가했다.

② 제시된 자료를 통해 확인할 수 있다.

③ 2022년 호우로 인한 풍수해 규모의 전년 대비 감소율 : $\dfrac{1,422-12}{1,422} \times 100 \fallingdotseq 99.16\%$

05

정답 ③

A사와 B사의 전체 직원 수를 알 수 없으므로, 비율만으로는 판단할 수 없다.

오답분석

① 여직원 대비 남직원 비율은 여직원 비율이 높을수록, 남직원 비율이 낮을수록 값이 작아진다. 따라서 여직원 비율이 가장 높으면서, 남직원 비율이 가장 낮은 D사가 비율이 최저이고, 남직원 비율이 여직원 비율보다 높은 A사의 비율이 최고이다.

② B, C, D사 각각 남직원보다 여직원의 비율이 높다. 따라서 B, C, D사 전체에서 남직원 수보다 여직원 수가 많다. 즉, B, C, D사의 직원 수를 다 합했을 때도 남직원 수는 여직원 수보다 적다.

④ A사의 전체 직원 수를 a명, B사의 전체 직원 수를 b명이라 하면, A사의 남직원 수는 $0.54a$명, B사의 남직원 수는 $0.48b$명이다.

$$\frac{0.54a+0.48b}{a+b} \times 100 = 52 \rightarrow 54a+48b=52(a+b) \rightarrow a=2b$$

따라서 2배이다.

06

정답 ②

연도별 마늘 재배면적 및 가격 추이를 살펴보면 마늘의 재배면적이 넓어질 때, 가격이 상승하는 경우도 있다는 것을 알 수 있다.

오답분석

① 조생종의 증감률은 -6.5%이고, 중만생종의 증감률은 -1.0%이다.

③ 마늘의 재배면적은 2019년이 29,352ha로 가장 넓다.

④ 2023년 양파의 면적은 19,896ha → 19,538ha로 감소하였고, 마늘은 20,758ha → 24,864ha로 증가하였다.

07

정답 ④

• 이주임 : 2020년 부채는 4,072백만 원, 2021년 부채는 3,777백만 원으로, 2021년 전년 대비 감소율은 $\frac{4,072-3,777}{4,072} \times 100$ ≒7.2%이다. 따라서 옳은 설명이다.

• 박사원 : 자산 대비 자본의 비율은 2020년에 $\frac{39,295}{44,167} \times 100 ≒ 89.0\%$이고, 2021년에 $\frac{40,549}{44,326} \times 100 ≒ 91.5\%$로 증가하였으므로 옳은 설명이다.

오답분석

• 김대리 : 2019년부터 2021년까지 당기순이익의 전년 대비 증감 추이는 '증가 – 증가 – 증가'이나, 부채의 경우 '증가 – 증가 – 감소'이므로 옳지 않은 설명이다.

• 최주임 : 2020년의 경우, 부채비율이 전년과 동일하므로 옳지 않은 설명이다.

08

정답 ④

ㄴ. 건설 부문의 도시가스 소비량은 2021년에 1,808TOE, 2022년에 2,796TOE로, 2022년의 전년 대비 증가율은 $\frac{2,796-1,808}{1,808} \times 100 ≒ 54.6\%$이다. 따라서 옳은 설명이다.

ㄷ. 2022년 온실가스 배출량 중 간접 배출이 차지하는 비중은 $\frac{28,443}{35,639} \times 100 ≒ 79.8\%$이고, 2021년 온실가스 배출량 중 고정 연소가 차지하는 비중은 $\frac{4,052}{30,823} \times 100 ≒ 13.1\%$이다. 그 5배는 $13.1 \times 5 = 65.5\%$로 2022년 온실가스 배출량 중 간접 배출이 차지하는 비중인 79.8%보다 작으므로 옳은 설명이다.

오답분석

ㄱ. 에너지 소비량 중 이동 부문에서 경유가 차지하는 비중은 2021년에 $\frac{196}{424} \times 100 ≒ 46.2\%$이고, 2022년에 $\frac{179}{413} \times 100 ≒ 43.3\%$로, 전년 대비 약 2.9%p 감소하였으므로 틀린 설명이다.

09

정답 ③

2020년 대비 2022년 항공 화물 수송량 변동비율은 $\dfrac{3,209-3,327}{3,327}\times100 ≒ -3.55\%$이다. 따라서 4% 미만으로 감소하였으므로 옳지 않은 해석이다.

[오답분석]

① 2018년부터 2022년 항공 여객 수송량의 평균은 $(35,341+33,514+40,061+42,649+47,703)\div5 ≒ 39,853$천 명이다.

② 주어진 표에서 분담률을 비교하면, 여객 수송은 항공이 절대적인 비중을 차지하고, 화물 수송은 해운이 절대적인 비중을 차지한다.

④ 2019년 대비 2022년 해운 여객 수송량 변동비율은 $\dfrac{2,881-2,089}{2,089}\times100 ≒ 37.91\%$이므로, 37% 이상 증가하였다는 해석은 옳은 내용이다.

10

정답 ④

사망자가 30명 이상인 사고를 제외한 나머지 사고는 A, C, D, F이다. 네 사고를 화재규모와 복구비용이 큰 순서로 각각 나열하면 다음과 같다.
- 화재규모 : A − D − C − F
- 복구비용 : A − D − C − F

따라서 옳은 설명이다.

[오답분석]

① 터널길이가 긴 순서로, 사망자가 많은 순서로 사고를 각각 나열하면 다음과 같다.
  - 터널길이 : A − D − B − C − F − E
  - 사망자 수 : E − B − C − D − A − F

  따라서 터널길이와 사망자 수는 관계가 없다.

② 화재규모가 큰 순서로, 복구기간이 긴 순서로 사고를 각각 나열하면 다음과 같다.
  - 화재규모 : A − D − C − E − B − F
  - 복구기간 : B − E − F − A − C − D

  따라서 화재규모와 복구기간의 길이는 관계가 없다.

③ 사고 A를 제외하고 복구기간이 긴 순서로, 복구비용이 큰 순서로 사고를 나열하면 다음과 같다.
  - 복구기간 : B − E − F − C − D
  - 복구비용 : B − E − D − C − F

  따라서 옳지 않은 설명이다.

11

정답 ①

각 국가의 승용차 보유 대수 비율은 다음과 같다.

- 네덜란드 : $\dfrac{3,230}{3,585}\times100 ≒ 90.1\%$

- 독일 : $\dfrac{17,356}{18,481}\times100 ≒ 93.9\%$

- 프랑스 : $\dfrac{15,100}{17,434}\times100 ≒ 86.6\%$

- 영국 : $\dfrac{13,948}{15,864}\times100 ≒ 87.9\%$

- 이탈리아 : $\dfrac{14,259}{15,400}\times100 ≒ 92.6\%$

- 캐나다 : $\dfrac{7,823}{10,029}\times100 ≒ 78.0\%$

- 호주 : $\dfrac{4,506}{5,577}\times100 ≒ 80.8\%$

- 미국 : $\dfrac{104,898}{129,943}\times100 ≒ 80.7\%$

따라서 유럽 국가는 미국, 캐나다, 호주보다 승용차가 차지하는 비율이 높다.

오답분석

② 트럭·버스가 차지하는 비율은 100%에서 승용차 보유 대수 비율을 뺀 것과 같다. 즉, 승용차 보유 대수 비율이 낮은 국가가 트럭·버스 보유 대수 비율이 가장 높다. 따라서 트럭·버스 보유 대수 비율이 가장 높은 국가는 캐나다이다.

③ 승용차 보유 대수 비율이 가장 낮은 국가는 캐나다이고, 90%를 넘지 않는 78%이다.

④ 프랑스의 승용차와 트럭·버스의 비율은 $15,100 : 2,334 ≒ 6.5 : 1$로 $3 : 1$이 아니다.

12

정답 ④

수익률을 구하면 다음과 같다.

구분	개인경영	회사법인	회사 이외의 법인	비법인 단체
수익률(%)	$\left(\dfrac{238,789}{124,446}-1\right)\times100 ≒ 92$	$\left(\dfrac{43,099}{26,610}-1\right)\times100 ≒ 62$	$\left(\dfrac{10,128}{5,542}-1\right)\times100 ≒ 83$	$\left(\dfrac{791}{431}-1\right)\times100 ≒ 84$

따라서 수익률은 개인경영 형태가 가장 높으며, 회사법인 형태가 가장 낮다.

오답분석

① 사업체 수를 보면 다른 사업 형태보다 개인경영 사업체 수가 많은 것을 확인할 수 있다.

② 사업체당 매출액을 구하면 다음과 같다.

- 개인경영 : $\dfrac{238,789}{1,160} ≒ 206$백만 원

- 회사법인 : $\dfrac{43,099}{44} ≒ 980$백만 원

- 회사 이외의 법인 : $\dfrac{10,128}{91} ≒ 111$백만 원

- 비법인 단체 : $\dfrac{791}{9} ≒ 88$백만 원

따라서 사업체당 매출액이 가장 큰 예식장 사업 형태는 회사법인 예식장이다.

③ 표에서 예식장 사업 합계를 보면 매출액은 292,807백만 원이며 비용은 매출액의 절반 정도인 157,029백만 원이므로 매출액의 절반 정도가 수익이 되는 사업이라고 할 수 있다.

13

정답 ④

2017년의 노령연금 대비 유족연금 비율은 $\dfrac{485}{2,532}\times100 ≒ 19.2\%$이고, 2018년의 비율은 $\dfrac{571}{3,103}\times100 ≒ 18.4\%$이다. 따라서 2017년이 2018년보다 더 높다.

오답분석

① 매년 가장 낮은 것은 장애연금 지급액이다.

② 일시금 지급액은 2019년과 2020년에 감소했다.

③ 2017년 지급총액의 2배는 $3,586\times2=7,172$억 원이므로 2021년에 2배를 넘어섰다.

14

ㄴ. 미국 크루즈 방한객 수 대비 미국의 한국발 크루즈 탑승객 수의 비율은 $\frac{14,376}{15,462}\times100 ≒93.0\%$이다.

ㄹ. 영국의 한국발 크루즈 탑승객 수는 일본의 한국발 크루즈 탑승객 수의 $\frac{7,976}{54,273}\times100 ≒14.7\%$이므로 옳은 설명이다.

[오답분석]

ㄱ. 전체 크루즈 방한객 수의 순위는 중국, 필리핀, 일본 순서이지만, 한국발 크루즈 탑승객 수의 국가별 순위는 중국, 일본, 미국 순서이므로 다르다.

ㄷ. 필리핀의 한국발 크루즈 탑승객 수는 기타로 분류되어 있다. 따라서 최대일 때의 인원은 7,976명인 영국보다 1명이 적은 7,975 명이다. 따라서 필리핀의 크루즈 방한객 수는 필리핀의 한국발 크루즈 탑승객 수의 최소 $\frac{60,861}{7,975}≒7.63$배이다. 필리핀의 한국발 크루즈 탑승객 수가 7,975명보다 작을수록 그 배수는 더 높아질 것이므로, 최소 7.63배 이상임을 알 수 있다.

15

ㄱ. 대도시 간 예상 최대 소요시간의 모든 구간에서 주중이 주말보다 적게 걸림을 알 수 있다.

ㄴ. 주중 전국 교통량 중 수도권에서 지방으로 가는 교통량의 비율은 $\frac{42}{380}\times100 ≒11.1\%$이다.

ㄹ. 서울 – 광주 구간 주중 소요시간과 서울 – 강릉 구간 주말 소요시간은 3시간 20분으로 같다.

[오답분석]

ㄷ. 지방에서 수도권으로 가는 주말 예상 교통량은 주중보다 $\frac{51-35}{35}\times100 ≒45.7\%$ 많다.

심화학습									
01	02	03	04	05	06	07	08	09	10
④	④	③	③	②	④	④	③	④	①
11	12	13	14	15					
②	③	①	③	③					

01

연봉은 매년 고정적으로 각국의 통화로 지급한다고 하였다. 따라서 연봉액수는 감소하지 않으나, 환율에 따라 원화 환산 연봉이 감소할 수 있다. 환율의 감소율을 구하면 다음과 같다.

• 중국 : (2024년 대비 2025년 환율 감소율)$=\frac{160-170}{170} ≒ -5.88\%$

• 일본 : (2023년 대비 2025년 환율 감소율)$=\frac{1,050-1,100}{1,100} ≒ -4.54\%$

따라서 2024년 대비 2025년 중국기업의 원화 환산 연봉의 감소율이 5.88%로 더 크다.

① 2024년 원화 환산 연봉은 일본기업이 가장 많다.
- 미국기업 : 1,100×3만=3,300만 원
- 일본기업 : 1,200×290만÷100=3,480만 원
- 중국기업 : 170×20만=3,400만 원

② 2025년 원화 환산 연봉은 일본기업이 중국기업보다 적다.
- 미국기업 : 1,150×3만=3,450만 원
- 일본기업 : 1,050×290만÷100=3,045만 원
- 중국기업 : 160×20만=3,200만 원

③ 향후 3년간 가장 많은 원화환산 연봉을 주는 곳은 미국기업이다.
- 미국기업 : 3,750만+3,300만+3,450만=10,500만 원
- 일본기업 : 3,190만+3,480만+3,045만=9,715만 원
- 중국기업 : 3,800만+3,400만+3,200만=10,400만 원

02

ㄱ. 20대의 응답비율이 낮은 순서대로 나열하면 '5), 4), 3), 2), 1)'이므로 부정적일수록 그 응답비율은 더 높음을 알 수 있다.

ㄷ. 부정적이지 않은 응답을 한 50대와 20대는 다음과 같다.
- 부정적이지 않은 응답을 한 50대 비율은 3+1=4%, 그 수는 1,100×0.04=44명
- 부정적이지 않은 응답을 한 20대 비율은 1.5+0.5=2%, 그 수는 800×0.02=16명

따라서 50대가 20대의 $\frac{44}{16}$=2.75배이다.

ㄹ. 동일한 조건에서 20대 응답자가 900명이라면, 3)에 응답한 20대(12%)와 50대(28%)는 각각 20대가 900×0.12=108명, 50대 가 1,100×0.28=308명이다. 따라서 차이는 308-108=200명이다.

ㄴ. 부정적인 응답을 한 50대와 20대 비율은 다음과 같다.
- 50대 : 55+13+28=96%
- 20대 : 66.5+19.5+12=98%

따라서 50대보다 20대가 더 높다.

03

ㄴ. 자료는 구성비를 나타내는 비율자료로서, 유실 및 유기동물 중 분양된 동물의 비율은 조사기간 내 매년 감소하였으나, 그 수와 증감추이는 알 수 없다.

ㄷ. 2020년에 보호 중인 동물의 수와 인도된 동물의 수의 합은 14.5+4.7=19.2%로, 30.1%인 분양된 동물의 수보다 적으며, 2021년에도 13.0+11.7=24.7%로, 27.6%인 분양된 동물의 수보다 적다.

ㄱ. 반려동물 신규등록 수의 전년 대비 증가율은 2019년에 약 1.1%, 2020년에 약 14.1%, 2021년에 40.0%, 2022년에 약 442.2% 이다. 따라서 두 번째로 높은 연도는 2021년이다.

ㄹ. 2018년 대비 2020년 반려동물 신규등록 수의 증가율은 $\frac{10.5-9.1}{9.1}×100≒15.4%$이므로 10%를 초과한다.

04

- 지방의 준공 호수 : $36,827 \times \dfrac{36}{100} = 13,258$호

- 지방의 착공 호수 : $34,919 \times \dfrac{47}{100} = 16,412$호

따라서 지방의 준공 호수는 착공 호수보다 적다.

오답분석

① 2022년 5월 분양 실적은 26,768호이고 2021년 5월 분양 실적은 50,604호이므로, 전년 동월 대비 2022년 5월 분양 실적의 증감률은 $\dfrac{26,768-50,604}{50,604} \times 100 = -47.1\%$이다. 따라서 2022년 5월의 분양 실적은 작년 같은 달의 분양 실적보다 약 47.1% 감소하였다.

② 전체 인허가 실적은 53,511호이고 이 중 지방이 차지하는 비율은 55%이다. 따라서 지방의 인허가 실적 수는 $53,511 \times \dfrac{55}{100} = $ 29,431호이다.

④ 2020 ~ 2022년 5월 전체의 인허가 호수 대비 전체 준공 호수의 비중을 구하면 다음과 같다.

- 2020년 5월 : $\dfrac{27,763}{56,861} \times 100 = 48.83\%$
- 2021년 5월 : $\dfrac{36,785}{52,713} \times 100 = 69.78\%$
- 2022년 5월 : $\dfrac{36,827}{53,511} \times 100 = 68.82\%$

따라서 전체 인허가 호수 대비 전체 준공 호수의 비중은 2021년 5월에 가장 컸다.

05

유로/달러 환율은 $\dfrac{(원/달러\ 환율)}{(원/유로\ 환율)}$로 구할 수 있다. 유로/달러 환율은 10월이 약 0.808로 약 0.801인 11월보다 더 높다.

오답분석

① 9월에는 전월 대비 원/달러 환율은 불변이고, 원/100엔 환율은 증가했다. 또한 10월에는 전월 대비 원/달러 환율은 증가하지만 원/100엔 환율은 불변이다.

③ 9월에 원/달러 환율이 원/유로 환율보다 낮으므로 유럽보다 미국으로 유학을 가는 것이 경제적으로 더 이득이다.

④ 12월의 원/100엔 환율은 1,100.00으로 7월 환율의 110%인 1,108.80보다 낮으므로 틀린 설명이다.

06

ㄴ. 보험금 지급 부문에서 지원된 금융 구조조정 자금 중 저축은행이 지원받은 금액의 비중은 $\dfrac{72,892}{303,125} \times 100 = 24.0\%$로 20%를 초과한다.

ㄷ. 제2금융에서 지원받은 금융 구조조정 자금 중 보험금 지급 부문으로 지원받은 금액이 차지하는 비중은 $\dfrac{182,718}{217,080} \times 100 = $ 84.2%로, 80% 이상이다.

ㄹ. 부실자산 매입 부문에서 지원된 금융 구조조정 자금 중 은행이 지급받은 금액의 비중은 $\dfrac{81,064}{105,798} \times 100 = 76.6\%$로, 보험사가 지급받은 금액의 비중의 20배인 $\dfrac{3,495}{105,798} \times 100 \times 20 = 66.1\%$ 이상이다.

오답분석

ㄱ. 출자 부문에서 은행이 지원받은 금융 구조조정 자금은 222,039억 원으로, 증권사가 지원받은 금융 구조조정 자금의 3배인 $99,769 \times 3 = 299,307$억 원보다 작다.

07

2019 ~ 2022년 음원 매출액의 2배를 구한 뒤 게임 매출액과 비교하면 다음과 같다.

- 2019년 : $199 \times 2 = 398$백만 원 < 485백만 원
- 2020년 : $302 \times 2 = 604$백만 원 > 470백만 원
- 2021년 : $411 \times 2 = 822$백만 원 > 603백만 원
- 2022년 : $419 \times 2 = 838$백만 원 > 689백만 원

따라서 2019년 게임 매출액은 음원 매출액의 2배 이상이나, 2020 ~ 2022년 게임 매출액은 음원 매출액의 2배 미만이다.

오답분석

① 제시된 자료를 통해 확인할 수 있다.

② 유형별로 전년 대비 2022년 매출액 증가율을 구하면 다음과 같다.

- 게임 : $\dfrac{689-603}{603} \times 100 \fallingdotseq 14.26\%$
- 음원 : $\dfrac{419-411}{411} \times 100 \fallingdotseq 1.95\%$
- 영화 : $\dfrac{1,510-1,148}{1,148} \times 100 \fallingdotseq 31.53\%$
- SNS : $\dfrac{341-104}{104} \times 100 \fallingdotseq 227.88\%$

따라서 2022년에 전년 대비 매출액 증가율이 가장 큰 콘텐츠 유형은 SNS이다.

③ 2015 ~ 2022년 전체 매출액에서 영화 매출액이 차지하는 비중을 구하면 다음과 같다.

- 2015년 : $\dfrac{371}{744} \times 100 \fallingdotseq 49.87\%$
- 2016년 : $\dfrac{355}{719} \times 100 \fallingdotseq 49.37\%$
- 2017년 : $\dfrac{391}{797} \times 100 \fallingdotseq 49.06\%$
- 2018년 : $\dfrac{508}{1,020} \times 100 \fallingdotseq 49.80\%$
- 2019년 : $\dfrac{758}{1,500} \times 100 \fallingdotseq 50.53\%$
- 2020년 : $\dfrac{1,031}{2,111} \times 100 \fallingdotseq 48.84\%$
- 2021년 : $\dfrac{1,148}{2,266} \times 100 \fallingdotseq 50.66\%$
- 2022년 : $\dfrac{1,510}{2,959} \times 100 \fallingdotseq 51.03\%$

따라서 영화 매출액은 매년 전체 매출액의 40% 이상이다.

08

전체 지역의 면적당 논벼 생산량을 구해 보면 다음과 같다.

- 서울·인천·경기 : $\dfrac{468,506}{91,557} \fallingdotseq 5.12$톤 / ha
- 강원 : $\dfrac{166,396}{30,714} \fallingdotseq 5.42$톤 / ha
- 충북 : $\dfrac{201,670}{37,111} \fallingdotseq 5.43$톤 / ha
- 세종·대전·충남 : $\dfrac{803,806}{142,722} \fallingdotseq 5.63$톤 / ha
- 전북 : $\dfrac{687,367}{121,016} \fallingdotseq 5.68$톤 / ha
- 광주·전남 : $\dfrac{871,005}{170,930} \fallingdotseq 5.10$톤 / ha
- 대구·경북 : $\dfrac{591,981}{105,894} \fallingdotseq 5.59$톤 / ha
- 부산·울산·경남 : $\dfrac{403,845}{77,918} \fallingdotseq 5.18$톤 / ha
- 제주 : $\dfrac{41}{10} = 4.1$톤 / ha

따라서 면적당 논벼 생산량이 가장 많은 지역은 전북이다.

오답분석

① 광주·전남 지역의 논벼 면적과 밭벼 면적은 각각 가장 넓고, 논벼와 밭벼 생산량도 각각 가장 많다.

② 제주 지역의 백미 생산량 중 밭벼 생산량이 차지하는 비율을 구하면, $\dfrac{317}{41+317} \times 100 \fallingdotseq 88.5\%$이다.

④ 전국 밭벼 생산량 면적 중 광주·전남 지역의 밭벼 생산 면적이 차지하는 비율은 $\dfrac{705}{2+3+11+10+705+3+11+117} \times 100 \fallingdotseq 81.79\%$이다. 따라서 80% 이상이다.

09

ㄱ. 현재 성장을 유지할 경우 4.7천 건의 도입량은 48MW, 도입을 촉진할 경우 4.2천 건의 도입량은 49MW이므로 천 건당 도입량은 각각 $48 \div 4.7 = 10.2MW$, $49 \div 4.2 = 11.67MW$이다. 따라서 도입을 촉진할 경우에 현재 성장을 유지할 경우보다 건수당 도입량이 커짐을 알 수 있다.

ㄷ. 현재 성장을 유지할 경우의 신축주택 10kW 이상의 비중은 $4.7 \div (165.3 + 4.7) \times 100 = 2.76\%$이며, 도입을 촉진할 경우의 신축주택 10kW 이상의 비중은 $4.2 \div (185.2 + 4.2) \times 100 = 2.22\%$이므로, $2.76 - 2.22 = 0.54$%p가 되어 0.5%p 이상 하락함을 알 수 있다.

오답분석

ㄴ. 2022년 기존주택의 10kW 미만의 천 건당 도입량은 $454 \div 94.1 = 4.82MW$이며, 10kW 이상은 $245 \div 23.3 = 10.52MW$이므로, 10kW 이상의 사용량이 더 많다.

ㄹ. $\dfrac{165 - 145.4}{145.4} \times 100 = 13.48\%$이므로 15%를 넘지 않는다.

10

• 네 번째 조건

2012년 대비 2022년 독신 가구 실질세 부담률이 가장 큰 폭으로 증가한 국가는 C이다. 즉, C는 포르투갈이다.

• 첫 번째 조건

2022년 독신 가구와 다자녀 가구의 실질세 부담률 차이가 덴마크보다 큰 국가는 A, C, D이다. 네 번째 조건에 의하여 C는 포르투갈이므로 A, D는 캐나다, 벨기에 중 한 곳이다.

• 두 번째 조건

2022년 독신 가구 실질세 부담률이 전년 대비 감소한 국가는 A, B, E이다. 즉, A, B, E는 벨기에, 그리스, 스페인 중 한 곳이다. 첫 번째 조건에 의하여 A는 벨기에, D는 캐나다이다. 그러므로 B, E는 그리스, 스페인 중 한 곳이다.

• 세 번째 조건

E의 2022년 독신 가구 실질세 부담률은 B의 2022년 독신 가구 실질세 부담률보다 높다. 즉, B는 그리스, E는 스페인이다. 따라서 A는 벨기에, B는 그리스, C는 포르투갈, D는 캐나다, E는 스페인이다.

11

ㄱ. • (2019년 전년 이월건수)=(2018년 처리대상건수)−(2018년 처리건수)=$8,278 - 6,444 = 1,834$건
   • (2019년 처리대상건수)=$1,834 + 7,883 = 9,717$건

   따라서 처리대상건수가 가장 적은 연도는 2022년이고, 2022년의 처리율은 $\dfrac{6,628}{8,226} \times 100 = 80.57\%$로, 75% 이상이다.

ㄹ. • 2018년의 인용률 : $\dfrac{1,767}{346 + 4,214 + 1,767} \times 100 = 27.93\%$

   • 2020년의 인용률 : $\dfrac{1,440}{482 + 6,200 + 1,440} \times 100 = 17.73\%$

   따라서 2018년의 인용률이 2020년의 인용률보다 높다.

오답분석

ㄴ. 2019 ~ 2022년 취하건수와 기각건수의 전년 대비 증감 추이는 다음과 같다.
   • 취하건수의 증감 추이 : 증가 – 증가 – 증가 – 감소
   • 기각건수의 증감 추이 : 증가 – 증가 – 감소 – 감소
   따라서 2019 ~ 2022년 취하건수와 기각건수의 전년 대비 증감 추이는 동일하지 않다.

ㄷ. 2019년의 처리대상건수는 9,717건이고, 2019년의 처리건수는 7,314건이다.

   따라서 2019년의 처리율은 $\dfrac{7,314}{9,717} \times 100 = 75.27\%$이다.

ㄴ. 대구, 인천, 광주의 노상주차장 중 유료주차장 수용가능 차량 대수가 차지하는 비율은 다음과 같다.

- 대구 : $\dfrac{8,397}{90,314} \times 100 ≒ 9.3\%$

- 인천 : $\dfrac{3,362}{47,280} \times 100 ≒ 7.1\%$

- 광주 : $\dfrac{815}{13,754} \times 100 ≒ 5.9\%$

다음으로 노외주차장 중 공영주차장 수용가능 대수가 차지하는 비율은 다음과 같다.

- 대구 : $\dfrac{9,953}{36,488} \times 100 ≒ 27.3\%$

- 인천 : $\dfrac{13,660}{31,559} \times 100 ≒ 43.3\%$

- 광주 : $\dfrac{2,885}{19,997} \times 100 ≒ 14.4\%$

따라서 노상주차장 중 유료주차장 수용가능 차량 대수가 차지하는 비율이 낮다.

ㄹ. • 부산 : $\dfrac{629,749 - 474,241 - 83,278}{629,749} \times 100 = \dfrac{72,230}{629,749} \times 100 ≒ 11.5\%$

- 광주 : $\dfrac{19,997}{265,728} \times 100 ≒ 7.5\%$

따라서 부산이 광주보다 비율이 높다.

오답분석

ㄱ. J=23,758−13,907=9,851대이고, 7대 도시 공영 노외주차장의 평균 수용가능 차량 대수는 $\dfrac{108,234}{7}$ =15,462대이다.

따라서 옳지 않다.

ㄷ. 제시된 자료만으로는 전국의 부설주차장 수용가능 차량 대수를 알 수 없다.

- 2022년 11월 일본어선과 중국어선의 한국 EEZ 내 어획량 합 : 2,176+9,445=11,621톤
- 2022년 11월 중국 EEZ와 일본 EEZ 내 한국어선 어획량 합 : 64+500=564톤

따라서 564×20=11,280<11,621이므로 20배 이상이다.

오답분석

② 주어진 자료로는 알 수 없다.

③ • 2022년 12월 일본 EEZ 내 한국어선의 조업일수 : 3,236일
- 2022년 12월 중국 EEZ 내 한국어선 조업일수 : 1,122일

따라서 1,122×3=3,366>3,236이므로 3배 이하이다.

④ • 2022년 12월 일본어선의 한국 EEZ 내 입어척수당 조업일수 : $\dfrac{227}{57}$ ≒3.98일

- 2021년 12월 일본어선의 한국 EEZ 내 입어척수당 조업일수 : $\dfrac{166}{30}$ ≒5.53일

14

- 전년 동월 대비 2022년 2월 중국인 방한객의 증가율 : $\dfrac{546,408-516,787}{516,787} \times 100 ≒ 5.73\%$

- 전년 동월 대비 2022년 4월 중국인 방한객의 증가율 : $\dfrac{682,318-641,610}{641,610} \times 100 ≒ 6.34\%$

따라서 전년 동월 대비 2022년 2월 중국인 방한객의 증가율은 2022년 4월 중국인 방한객의 증가율보다 작다.

[오답분석]

① 제시된 그래프를 통해 확인할 수 있다.

② 보고서에 따르면 2021년 6월에는 코로나19 때문에 중국인 방한객 수가 감소했음을 알 수 있다. 2021년 5월 중국인 방한객 수는 618,083명, 6월 중국인 방한객 수는 315,095명이므로 2021년 6월 중국인 방한객 수는 전월에 비해 618,083-315,095 =302,988명 감소했다.

④ 그래프의 기울기가 가파른 구간을 찾으면 1~2월, 5~6월, 7~8월이다. 이의 전월 대비 증감률을 계산하면 다음과 같다.

- 2월 : $\dfrac{516,787-394,345}{394,345} \times 100 ≒ 31.0\%$

- 6월 : $\dfrac{315,095-618,083}{618,083} \times 100 ≒ -49.0\%$

- 8월 : $\dfrac{513,275-255,632}{255,632} \times 100 ≒ 100.8\%$

따라서 8월의 증감률이 가장 크다.

15

계란의 가격은 전월 대비 2022년 7월부터 9월까지 증가하다가, 10월부터 감소한 후 12월에 다시 증가 추이를 보이고 있으므로 적절하지 않다.

[오답분석]

① • 2022년 8월 대비 9월 쌀 가격 증가율 : $\dfrac{1,970-1,083}{1,083} \times 100 ≒ 81.90\%$

- 2022년 11월 대비 12월 무 가격 증가율 : $\dfrac{2,474-2,245}{2,245} \times 100 ≒ 10.20\%$

② 국산·미국산·호주산 소 가격은 모두 전월 대비 2022년 8~9월 동안 증가하다가 10월에 감소하였다.

④ 쌀의 가격은 2022년 7월 1,992원에서 8월 1,083원으로 감소했다가 9월 1,970원으로 증가한 후 10월부터는 꾸준히 감소하고 있다.

유형학습									
01	02	03	04	05	06	07			
①	④	②	②	④	③	①			

01

정답 ①

2013 ~ 2022년 연도별 남녀 당뇨병 유병률 그래프가 막대 그래프로 바르게 변환되었다.

오답분석

② 2016년 전체 당뇨병 유병률의 수치가 자료보다 높다.
③ 연도별 남성과 여성의 유병률의 모든 수치가 바뀌었다.
④ 2015 ~ 2018년 전체 당뇨병 유병률이 자료보다 높다.

02

정답 ④

4월 전월 대비 수출액은 감소했고, 5월 전월 대비 수출액은 증가했는데, 반대로 나타나 있다.

03

정답 ②

만 5세 이상의 국·공립 어린이집에 다니는 유아 수는 33,207명이다.

오답분석

①·③ 주어진 표를 통하여 간단하게 알 수 있다.
④ 민간 어린이집에 다니는 유아 수가 374,220명이고, 나이별 비율을 구해보면 다음과 같다.

- 만 3세 : $\dfrac{173,991}{374,720} \times 100 ≒ 46\%$

- 만 4세 : $\dfrac{107,757}{374,720} \times 100 ≒ 29\%$

- 만 5세 이상 : $\dfrac{92,972}{374,720} \times 100 ≒ 25\%$

04

정답 ②

C학과의 2020 ~ 2022년도 입학정원이 자료보다 낮게 표시되었다.

05

정답 ④

오답분석
① 일본의 시장규모 수치가 자료보다 낮다.
② 일본, 브라질, 한국의 2021년 1인당 소비규모 수치가 자료보다 높다.
③ 중국의 2022년 전년 대비 시장규모 증가액은 20억이다.

06

정답 ③

2018년과 2021년 수입 교역액의 수치가 자료보다 높게 제시되었다.

07

정답 ①

오답분석
② 2014년 모든 연령대 흡연율이 자료보다 낮다.
③ 30 ~ 39세와 50 ~ 59세 흡연율이 바뀌었다.
④ 2022년 모든 연령대 흡연율이 자료보다 높다.

심화학습									
01	02	03	04	05	06	07	08	09	10
④	①	④	①	④	②	①	③	②	③

01

정답 ④

네 번째 문단에 제시된 영업용으로 등록된 특수차의 수에 따라 2019 ~ 2022년 전년 대비 증가량 중 2019년과 2022년의 전년 대비 증가량이 자료보다 높다.

연도	2019	2020	2021	2022
증가량	59,281−57,277=2,004대	60,902−59,281=1,621대	62,554−60,902=1,652대	62,946−62,554=392대

오답분석
① 두 번째 문단에서 자가용으로 등록된 특수차의 연도별 수를 계산하면 2018년 2만 대, 2019년 2.4만 대, 2020년 2.8만 대이며, 2021년 3만 대, 2022년 3.07만 대가 된다.
② 두 번째 문단에서 자가용으로 등록된 연도별 승용차 수와 일치한다.
③ 네 번째 문단에서 영업용으로 등록된 연도별 특수차 수와 일치한다.

02

정답 ①

ㄱ. 연도별 층간소음 분쟁은 2019년 430건, 2020년 520건, 2021년 860건, 2022년 1,280건이다.
ㄴ. 2020년 전체 분쟁신고에서 각 항목이 차지하는 비중을 구하면 다음과 같다.
　– 2020년 전체 분쟁신고 건수 : 280+60+20+10+110+520=1,000건
　– 관리비 회계 분쟁 : $\dfrac{280}{1,000} \times 100 = 28\%$
　– 입주자대표회의운영 분쟁 : $\dfrac{60}{1,000} \times 100 = 6\%$

- 정보공개 분쟁 : $\frac{20}{1,000} \times 100 = 2\%$

- 하자처리 분쟁 : $\frac{10}{1,000} \times 100 = 1\%$

- 여름철 누수 분쟁 : $\frac{110}{1,000} \times 100 = 11\%$

- 층간소음 분쟁 : $\frac{520}{1,000} \times 100 = 52\%$

오답분석

ㄷ. 연도별 분쟁 건수를 구하면 다음과 같다.
  - 2019년 : 220+40+10+20+80+430=800건
  - 2020년 : 280+60+20+10+110+520=1,000건
  - 2021년 : 340+100+10+10+180+860=1,500건
  - 2022년 : 350+120+30+20+200+1,280=2,000건

전년 대비 아파트 분쟁신고 증가율이 잘못 입력되어 있어, 바르게 구하면 다음과 같다.

  - 2020년 : $\frac{1,000-800}{800} \times 100 = 25\%$

  - 2021년 : $\frac{1,500-1,000}{1,000} \times 100 = 50\%$

  - 2022년 : $\frac{2,000-1,500}{1,500} \times 100 = 33\%$

ㄹ. 2020년 값이 2019년 값으로 잘못 입력되어 있다.

03

정답 ④

그래프의 제목은 'TV+스마트폰 이용자의 도시 규모별 구성비'인 것에 반해 그래프에 있는 수치들을 살펴보면, TV에 대한 도시 규모별 구성비와 같은 것을 알 수 있다. 따라서 제목과 그래프의 내용이 서로 일치하지 않음을 알 수 있다.
TV+스마트폰 이용자의 도시 규모별 구성비는 다음과 같이 구할 수 있다.

구분	TV	스마트폰
사례 수	7,000명	6,000명
대도시	45.3%	47.5%
중소도시	37.5%	39.6%
군지역	17.2%	12.9%

• 대도시 : $45.3\% \times \frac{7,000}{13,000} + 47.5\% \times \frac{6,000}{13,000} ≒ 46.32\%$

• 중소도시 : $37.5\% \times \frac{7,000}{13,000} + 39.6\% \times \frac{6,000}{13,000} ≒ 38.47\%$

• 군지역 : $17.2\% \times \frac{7,000}{13,000} + 12.9\% \times \frac{6,000}{13,000} ≒ 15.22\%$

오답분석

① 연령대별 스마트폰 이용자 비율에 사례 수(조사인원)를 곱하면 이용자 수를 구할 수 있다.
② 매체별 성별 이용자 비율에 사례 수(조사인원)를 곱하면 구할 수 있다.
③ 주어진 표에서 쉽게 확인할 수 있다.

04

정답 ①

A지역의 2월과 12월 평균기온은 영하이며, 8월 강수량은 자료보다 낮게 제시되었다.

PART 3

05

정답 ④

스리랑카는 총 5명, 파키스탄은 총 136명이 한국 국적을 취득하였다.

06

정답 ②

전년 대비 난민 인정자 증감률을 구하면 다음과 같다.
• 2020년
  – 남자 : $\dfrac{35-39}{39}\times100≒-10.3\%$

  – 여자 : $\dfrac{22-21}{21}\times100≒4.8\%$

• 2021년
  – 남자 : $\dfrac{62-35}{35}\times100≒77.1\%$

  – 여자 : $\dfrac{32-22}{22}\times100≒45.5\%$

• 2022년
  – 남자 : $\dfrac{54-62}{62}\times100≒-13.0\%$

  – 여자 : $\dfrac{51-32}{32}\times100≒59.4\%$

07

정답 ①

수익률에서 연평균 수익률 23.9%를 뺀 값을 계산하면 된다.

오답분석

② • 2015년 초과수익률 : $-50.9-23.9=-74.8\%$p
  • 2017년 초과수익률 : $-9.5-23.9=-33.4\%$p
  • 2019년 초과수익률 : $10.5-23.9=-13.4\%$p
  • 2021년 초과수익률 : $4.0-23.9=-19.9\%$p
③ 2019년 초과수익률 : $10.5-23.9=-13.4\%$p
④ 2018년 초과수익률 : $29.1-23.9=5.2\%$p

08

정답 ③

연도별 영업이익과 이익률은 다음과 같다.

(단위 : 억 원)

구분	2018년	2019년	2020년	2021년	2022년
매출액	1,485	1,630	1,410	1,860	2,055
매출원가	1,360	1,515	1,280	1,675	1,810
판관비	30	34	41	62	38
영업이익	95	81	89	123	207
영업이익률	6.4%	5.0%	6.3%	6.6%	10.1%

09

정답 ②

남녀 국회의원의 여야별 SNS 이용자 구성비 중 여자의 경우 여당이 $(22÷38)×100 ≒ 57.9\%$이고, 야당은 $(16÷38)×100 ≒$ 42.1%이므로 잘못된 그래프이다.

[오답분석]

① 국회의원의 여야별 SNS 이용자 수는 각각 145명, 85명이다.
③ 야당 국회의원의 당선 횟수별 SNS 이용자 구성비는 총 85명 중 초선 36명, 2선 28명, 3선 14명, 4선 이상 7명이므로 각각 계산해보면 42.4%, 32.9%, 16.5%, 8.2%이다.
④ 2선 이상 국회의원의 정당별 SNS 이용자는 A당 63명, B당 44명, C당 5명이다.

10

정답 ③

보고서에서는 50대 이상 연령대가 40대에 비해 2년 미만 생활 기간이 상대적으로 높게 나타났다고 설명하고 있으나, 그래프에서는 반대로 40대가 50대 이상보다 더 높게 나타나 있다.

얼마나 많은 사람들이 책 한 권을 읽음으로써
인생에 새로운 전기를 맞이했던가.

– 헨리 데이비드 소로 –

합격의 공식
SD에듀

PART 4

최종점검 모의고사

01	02	03	04	05	06	07	08	09	10	11	12	13	14	15	16	17	18	19	20
③	①	④	③	②	③	④	①	①	④	④	④	②	③	④	①	④	④	②	④
21	22	23	24	25	26	27	28	29	30										
②	④	③	③	③	④	③	①	④	③										

01

정답 ③

$(0.9371-0.3823)\times25$
$=0.5548\times25$
$=13.87$

02

정답 ①

$8-5\div2+2.5=8-2.5+2.5=8$

오답분석

② $14-5\times2=14-10=4$

③ $10\div4+3\div2=2.5+1.5=4$

④ $6\times2-10+2=12-8=4$

03

정답 ④

앞의 항에 $+\dfrac{1}{2}$, $-\dfrac{2}{3}$, $+\dfrac{3}{4}$, $-\dfrac{4}{5}$, $+\dfrac{5}{6}$, …을 하는 수열이다.

따라서 ( )$=\dfrac{13}{12}-\dfrac{4}{5}=\dfrac{17}{60}$ 이다.

04

정답 ③

타일의 세로 길이 : $56\times3\div4=42$cm
56과 42의 최소공배수 : 168
따라서 최소 168cm이다.

05

정답 ②

2년 동안의 수익률과 연말에 금액을 정리하면 다음과 같다.

구분	수익률	연말 금액
작년 말	200%	400만 원×3=1,200만 원
올해 말	−60%	1,200만 원×0.4=480만 원

따라서 원금 400만 원에서 480만 원이 되었으므로 누적 수익률은 20%이다.

이때, 누적 수익률과 평균 수익률은 같지 않다.

또한 산술평균으로 계산하면 수익률은 $\dfrac{200\%+(-60\%)}{2}=70\%$가 나오지만 실제로 그렇지 않다.

06

정답 ③

전체 쓰레기의 양을 xg이라고 하면, 젖은 쓰레기의 양은 $\dfrac{1}{3}x$g이므로 젖지 않은 쓰레기의 양은 $x-\dfrac{1}{3}x=\dfrac{2}{3}x$g이다.

포인트를 지급할 때 젖은 쓰레기의 양은 50%를 감량해 적용하므로

$2\left(\dfrac{1}{2}\times\dfrac{1}{3}x+\dfrac{2}{3}x\right)=950 \rightarrow \dfrac{1}{3}x+\dfrac{4}{3}x=950 \rightarrow \dfrac{5}{3}x=950 \rightarrow x=570$

따라서 젖지 않은 쓰레기의 양은 $\dfrac{2}{3}x=\dfrac{2}{3}\times570=380$g이다.

07

정답 ④

볼펜 1자루, A4 용지 1Set, 공책 1Set, 형광펜 1Set의 단가를 각각 a, b, c, d원이라고 할 때, 4개의 영수증의 금액을 식으로 나타내면 다음과 같다.

$a+b+c=9,600 \cdots$ ㉠
$a+b+d=5,600 \cdots$ ㉡
$b+c+d=12,400 \cdots$ ㉢
$a+2d=6,800 \cdots$ ㉣

㉣과 ㉠을 연립하면 $b+c-2d=2,800 \cdots$ ㉤
㉤과 ㉢을 연립하면 $3d=9,600 \rightarrow d=3,200$
이를 ㉣에 대입하면 $a=400$, $b=2,000$, $c=7,200$

따라서 볼펜 2자루와 형광펜 3Set 금액의 합은 $2\times400+3\times3,200=10,400$원이고, 공책 4Set의 금액은 $4\times7,200=28,800$원이다.

08

정답 ①

배정하는 방 개수를 x개라고 하면, 다음 식이 성립한다.
$4x+12=6(x-2) \rightarrow 2x=24 \rightarrow x=12$
따라서 신입사원들이 배정받는 방 개수는 12개이다.

09

정답 ①

A소금물과 B소금물의 소금의 양을 구하면 각각 $300\times0.09=27$g, $250\times0.112=28$g이다. 이에 따라 C소금물의 농도는 $\dfrac{27+28}{300+250}\times100=\dfrac{55}{550}\times100=10\%$이다.

소금물을 덜어내도 농도는 변하지 않으므로 소금물은 $550\times0.8=440$g이고, 소금의 양은 44g이다.

따라서 소금을 10g 더 추가했을 때의 소금물의 농도는 $\dfrac{44+10}{440+10}\times100=\dfrac{54}{450}\times100=12\%$이다.

10

갑, 을, 병의 득표수를 각각 x, y, z표라고 하면, 다음 식이 성립한다.

$x+y+z=3,270-20 \cdots$ ㉠

$y=z+50 \cdots$ ㉡

$\dfrac{4}{100} \times x+z=y+10 \cdots$ ㉢

㉡을 ㉢에 대입하여 정리하면

$0.04x=60 \rightarrow x=1,500 \cdots$ ㉣

㉣과 ㉡을 ㉠에 대입하면

$1,500+y+y-50=3,250 \rightarrow y=900$

$\therefore x-y=600$

11

• 남학생 5명 중 2명을 선택하는 경우의 수 : $_5C_2$ 가지
• 여학생 3명 중 2명을 선택하는 경우의 수 : $_3C_2$ 가지
• 뽑은 4명을 한 줄로 세우는 경우의 수 : $4!$

$\therefore {}_5C_2 \times {}_3C_2 \times 4!=10 \times 3 \times 24=720$가지

12

경우의 수는 크게 3가지로 나뉜다.

1) 예·적금 상품만 개설하는 경우 : 예·적금 상품의 종류는 총 5가지로 하나만 개설이 가능하다.

2) 예금 상품을 개설하고 카드 상품에 가입하는 경우 : 예금 상품 1~3번 중 하나를 개설해야 카드 상품을 개설할 수 있기 때문에 3가지이다.

3) 예·적금 상품을 개설하고 투자 상품 또는 기타 상품에 가입하는 경우 : 예·적금 상품은 5가지이고, 투자 상품 또는 기타 상품의 종류는 4가지이므로 5×4=20가지이다.

따라서 고객이 금융 상품에 가입할 수 있는 경우의 수는 모두 5+3+20=28가지이다.

13

파운드화를 유로화로 환전할 때 이중환전을 해야 하므로 파운드화에서 원화, 원화에서 유로화로 총 두 번 환전해야 한다.

• 파운드화를 원화로 환전 : 1,400파운드×1,500원/파운드=2,100,000원
• 원화를 유로화로 환전 : 2,100,000원÷1,200원/유로=1,750유로

따라서 K씨가 환전한 유로화는 1,750유로이다.

14

A씨와 B씨가 매달 상환해야 하는 금액을 각각 a, b원이라고 하면 다음과 같이 나타낼 수 있다.

• A씨의 경우

	1달 후	2달 후	···	11달 후	12달 후
	a	$a(1.02)$	···	···	$a(1.02)^{11}$
		a	···	···	$a(1.02)^{10}$
					···
				a	$a(1.02)$
					a
300	$300(1.02)$	···	···	···	$300(1.02)^{12}$

12달 후의 a에 관한 마지막 항들을 모두 합하면 A씨가 내야 할 총금액이 나온다(등비수열의 합 공식을 이용한다).

$$a \times \frac{(1.02)^{12}-1}{1.02-1} = 300 \times (1.02)^{12} \rightarrow a \times \frac{0.27}{0.02} = 300 \times 1.27 \rightarrow a \fallingdotseq 28만 \ 원$$

A씨는 한 달에 28만 원을 낸다.

• B씨의 경우

	1달 후	⋯	6달 후	⋯	11달 후	12달 후
			b	⋯	⋯	$b(1.02)^6$
						$b(1.02)^5$
			⋯		⋯	⋯
					b	$b(1.02)$
						b
300	300(1.02)		⋯	⋯	$300(1.02)^{11}$	$300(1.02)^{12}$

$$b \times \frac{(1.02)^6-1}{1.02-1} = 300 \times (1.02)^{12} \rightarrow b \times \frac{0.13}{0.02} = 300 \times 1.27 \rightarrow b \fallingdotseq 58만 \ 원$$

B씨가 매달 내야 하는 금액은 58만 원이다.

따라서 A씨와 B씨가 1회당 갚는 돈의 차액은 58−28=30만 원이다.

15 정답 ④

A씨가 베트남 화폐 1,670만 동을 환전하기 위해 필요한 한국 화폐는 환전 수수료를 제외하고 $1,670 \times 483 = 806,610$원이다. 이때, 50만 원 이상 환전 시 70만 원까지는 환전 수수료를 0.4%로 인하 적용하므로 70만 원까지는 0.4%, 나머지는 0.5%의 환전 수수료를 적용한다. 이에 근거하여 환전 수수료를 구하면 $700,000 \times 0.004 + 106,610 \times 0.005 = 2,800 + 530 = 3,330$원이다.

따라서 $x = 806,610 + 3,330 = 809,940$원이다.

16 정답 ①

우선 중도상환하는 금액이 얼마인지를 알아야 한다. 남은 대출원금을 전액 중도상환하는 것이므로, 대출원금에서 지금까지 상환한 금액을 빼면 중도상환하는 금액을 알 수 있다.

• (중도상환원금)=(대출원금)−(월상환액)×(상환월수)

$$= 24,000,000원 - \left(\frac{24,000,000원}{60개월} \times 18개월 \right)$$

$$= 16,800,000원$$

• (중도상환수수료)$= 16,800,000원 \times 0.025 \times \dfrac{36개월 - 18개월}{36개월}$

$$= 210,000원$$

17 정답 ④

• 이자 : $300,000 \times \dfrac{24 \times 25}{2} \times \dfrac{0.021}{12} = 157,500$원

따라서 만기 이후 적금 총액은 $300,000 \times 24 + 157,500 = 7,357,500$원이다.

18

정답 ④

A대리는 기본금리 연 1.8%에 가족회원, 거래우수 항목으로 우대금리를 연 1.2%p 적용받으므로 총 연 3.0%의 금리를 적용받는다. 상황에 제시된 값을 활용해 A대리가 가입하려고 하는 적금상품의 만기환급금액을 계산하면 결과는 다음과 같다.

상품명	적립 원금(원)	세후 이자(원)	만기환급액(원)
다모아 적금	$200,000 \times 24$ $=4,800,000$	$200,000 \times \left(\dfrac{24 \times 25}{2}\right) \times \left(\dfrac{0.03}{12}\right) \times (1-0.1)$ $=135,000$	$4,800,000+135,000$ $=4,935,000$

따라서 A대리가 받을 만기환급액은 4,935,000원이다.

19

정답 ②

B대리는 기본금리 연 2.2%를 적용받으며, 청약보유 항목으로 우대금리를 연 0.6%p 적용받으므로 총 연 2.8%의 금리를 적용받는다. 상황에 제시된 값을 활용해 B대리가 가입하려고 하는 적금상품의 만기환급금액을 계산하면 결과는 다음과 같다.

상품명	적립 원금(원)	세후 이자(원)	만기환급액(원)
다모아 적금	$100,000 \times 30$ $=3,000,000$	$100,000 \times \left(\dfrac{30 \times 31}{2}\right) \times \left(\dfrac{0.028}{12}\right)$ $=108,500$	$3,000,000+108,500$ $=3,108,500$

따라서 B대리가 받을 만기환급액은 3,108,500원이다.

20

정답 ④

각 상품별 만기환급금액을 계산하면 다음과 같다.

(단위 : 만 원)

상품명	적립 원금	만기환급금액
기회적금	$200 \times 24 = 4,800$	$200 \times \left[\dfrac{(1.03)^{\frac{25}{12}} - (1.03)^{\frac{1}{12}}}{(1.03)^{\frac{1}{12}} - 1}\right] = 200 \times \left(\dfrac{1.06 - 1.002}{1.002 - 1}\right) = 200 \times 29 = 5,800$
청년적금	$180 \times 36 = 6,480$	$180 \times \left[\dfrac{(1.03)^{\frac{37}{12}} - (1.03)^{\frac{1}{12}}}{(1.03)^{\frac{1}{12}} - 1}\right] = 180 \times \left(\dfrac{1.1 - 1.002}{1.002 - 1}\right) = 180 \times 49 = 8,820$
새싹적금	$220 \times 24 = 5,280$	$5,280 + 220 \times \dfrac{24 \times 25}{2} \times \dfrac{0.03}{12} = 5,445$
뭉치적금	$250 \times 24 = 6,000$	$250 \times \left[\dfrac{(1.02)^{\frac{25}{12}} - (1.02)^{\frac{1}{12}}}{(1.02)^{\frac{1}{12}} - 1}\right] = 250 \times \left(\dfrac{1.04 - 1.001}{1.001 - 1}\right) = 250 \times 39 = 9,750$

이 중 만기환급금액이 가장 높은 적금은 '뭉치적금'이다.

- 연 복리 적금 만기환급금 공식 : (월 납입액) $\times \left[\dfrac{(1+r)^{\frac{n+1}{12}} - (1+r)^{\frac{1}{12}}}{(1+r)^{\frac{1}{12}} - 1}\right]$ (n은 개월 수, r은 이자율)
- 단리식 적금 이자 공식 : (월 납입액) $\times \dfrac{n(n+1)}{12} \times \dfrac{r}{12}$

21
정답 ②

A대리의 상황을 고려할 때, A대리가 우대이율을 적용받을 수 있는 적금상품은 '청년적금'뿐이다. 따라서 나머지 적금상품의 적용금리는 변동이 없으므로 20번에서 구한 만기환급금액을 이용한다.

각 상품별 만기환급금액을 계산하면 결과는 다음과 같다.

(단위 : 만 원)

상품명	적립 원금	만기환급금액
기회적금	4,800	5,800
청년적금	6,480	$180 \times \left[\dfrac{(1.04)^{\frac{37}{12}} - (1.04)^{\frac{1}{12}}}{(1.04)^{\frac{1}{12}} - 1} \right] = 180 \times \left(\dfrac{1.12 - 1.002}{1.002 - 1} \right) = 180 \times 59 = 10,620$
새싹적금	5,280	5,445
뭉치적금	6,000	9,750

우대이율을 적용한 후 만기환급금액이 가장 높은 적금은 '청년적금'이고, 적용된 금리는 연 4%이다.

22
정답 ④

2022년도에 세 번째로 많은 생산을 했던 분야는 일반기계 분야이므로, 일반기계 분야의 2020년도에서 2021년도의 변화율은 $\dfrac{4,020 - 4,370}{4,370} \times 100 ≒ -8\%$이므로 약 8% 감소하였다.

23
정답 ③

ㄱ. 10월의 원/위안 환율은 11월의 원/위안 환율보다 낮다. 따라서 A가 동일한 위안화를 한국으로 송금하여 A의 동생이 원화로 환전하였을 때, 원화 대비 위안화 가치가 상대적으로 더 높은 11월에 원화로 더 많은 금액을 받을 수 있으므로 옳은 설명이다.

ㄴ. 표를 보면 8월부터 12월까지 원/달러 환율과 원/100엔 환율의 전월 대비 증감 추이는 '감소 – 증가 – 증가 – 증가 – 감소'로 동일하다는 것을 알 수 있다.

ㄷ. 달러/위안 환율은 7월에 $\dfrac{163.50}{1,140.30} ≒ 0.1434$이며, 11월에 $\dfrac{163.10}{1,141.55} ≒ 0.1429$로 하락하였으므로 옳은 설명이다.

오답분석

ㄹ. 위안/100엔 환율은 $\dfrac{(원/100엔)}{(원/위안)}$으로 구할 수 있으며, 위안/100엔 환율은 8월에 $\dfrac{1,009.20원/100엔}{163.30원/위안} ≒ 6.18위안/100엔으로$

$\dfrac{1,011.60원/100엔}{163.05원/위안} ≒ 6.20위안/100엔인$ 12월보다 낮다. 따라서 B가 엔화로 유학자금을 마련하여 중국에 가서 환전을 하는 경우, 엔화 대비 위안화 환율이 더 높은 12월에 엔화로 자금을 마련해서 유학을 가는 것이 더 경제적이다.

24
정답 ③

전체 유출량이 가장 적은 해는 2019년이다.

• 유조선 : $\dfrac{21}{28} \times 100 = 75\%$

• 화물선 : $\dfrac{49}{68} \times 100 ≒ 72\%$

• 어선 : $\dfrac{166}{247} \times 100 ≒ 67\%$

25

ㄴ. 국가채권 중 조세채권의 전년 대비 증가율은 다음과 같다.

- 2020년 : $\dfrac{30-26}{26} \times 100 ≒ 15.4\%$

- 2022년 : $\dfrac{38-34}{34} \times 100 ≒ 11.8\%$

따라서 조세채권의 전년 대비 증가율은 2022년에 비해 2020년이 높다.

ㄷ. 융자회수금의 국가채권과 연체채권의 총합이 가장 높은 해는 142조 원으로 2022년이다. 연도별 경상 이전수입의 국가채권과 연체채권의 총합을 구하면 각각 15, 15, 17, 18조 원이므로 2022년이 가장 높다.

오답분석

ㄱ. 2019년 총 연체채권은 27조 원으로 2021년 총 연체채권의 80%인 36×0.8=28.8조 원보다 작다.

ㄹ. 2019년 대비 2022년 경상 이전수입 중 국가채권의 증가율은 $\dfrac{10-8}{8} \times 100 = 25\%$이며, 경상 이전수입 중 연체채권의 증가율은 $\dfrac{8-7}{7} \times 100 ≒ 14.3\%$로 국가채권 증가율이 더 높다.

26

ㄱ. 한국, 독일, 영국, 미국이 전년 대비 감소했다.

ㄷ. 전년 대비 2019년 한국, 중국, 독일의 연구개발비 증가율을 각각 구하면 다음과 같다.

- 한국 : $\dfrac{33,684-28,641}{28,641} \times 100 ≒ 17.6\%$

- 중국 : $\dfrac{48,771-37,664}{37,664} \times 100 ≒ 29.5\%$

- 독일 : $\dfrac{84,148-73,737}{73,737} \times 100 ≒ 14.1\%$

따라서 중국, 한국, 독일 순서로 증가율이 높다.

오답분석

ㄴ. 증가율을 계산해보는 방법도 있지만 연구개발비가 2배 이상 증가한 국가가 없는데 비해 중국이 3배 이상 증가하였으므로 증가율이 가장 큰 것을 알 수 있다. 따라서 증가율이 가장 큰 국가는 중국이고, 영국이 $\dfrac{40,291-39,421}{39,421} \times 100 ≒ 2.2\%$로 가장 낮다.

27

- 2021년 한국의 응용연구비 : 29,703×0.2=5,940.6백만 달러
- 2021년 미국의 개발연구비 : 401,576×0.6=240,945.6백만 달러
따라서 미국의 개발연구비는 한국의 응용연구비의 약 240,945.6÷5,940.6≒40.6배이다.

28

정답 ①

2015년 대비 2022년 건강보험 수입의 증가율은 $\dfrac{58-33.6}{33.6}\times100 = 72.6\%$이고, 건강보험 지출의 증가율은 $\dfrac{57.3-34.9}{34.9}\times100 = 64.2\%$이다.

따라서 차이는 $72.6-64.2=8.4\%\text{p}$이므로 $15\%\text{p}$ 이하이다.

오답분석

② 건강보험 수지율이 전년 대비 감소하는 2016년, 2017년, 2018년, 2019년 모두 정부지원 수입이 전년 대비 증가했다.

③ 2020년 보험료 등이 건강보험 수입에서 차지하는 비율은 $\dfrac{45.3}{52.4}\times100 = 86.5\%$이다.

④ 건강보험 수입과 지출은 매년 전년 대비 증가하고 있으므로 전년 대비 증감 추이는 2016년부터 2021년까지 동일하다.

29

정답 ④

내수 현황을 누적값으로 표시하였으므로 그래프와 일치하지 않는다.

오답분석

①·② 제시된 자료를 통해 알 수 있다.

③ 신재생에너지원별 고용인원 비율을 구하면 다음과 같다.

- 태양광 : $\dfrac{8,698}{16,177}\times100 = 54\%$
- 풍력 : $\dfrac{2,369}{16,177}\times100 = 15\%$
- 폐기물 : $\dfrac{1,899}{16,177}\times100 = 12\%$
- 바이오 : $\dfrac{1,511}{16,177}\times100 = 9\%$
- 기타 : $\dfrac{1,700}{16,177}\times100 = 10\%$

30

정답 ③

오답분석

① 조형 전공의 2017년, 2018년 취업률이 자료보다 높게 나타났고, 2019년 취업률은 낮게 나타났다.

② 2017년 모든 전공의 취업률이 자료보다 낮게 나타났다.

④ 2017년 연극영화 전공, 2018년 작곡 전공, 2019년 성악 전공 취업률이 자료보다 높게 나타났다.

01	02	03	04	05	06	07	08	09	10	11	12	13	14	15	16	17	18	19	20
④	②	①	③	②	②	①	①	①	④	②	①	③	②	③	④	②	②	④	②

21	22	23	24	25	26	27	28	29	30										
④	②	④	①	③	③	④	④	②	②										

01

정답 ④

$208 \times \square = 44,951 + 19,945$

$\rightarrow 208 \times \square = 64,896$

$\therefore \square = 64,896 \div 208 = 312$

02

정답 ②

앞의 항에 3씩 더하는 수열이다.

J	M	P	(S)	V
10	13	16	19	22

03

정답 ①

각 변에 있는 수의 합은 18로 일정하다.

$7 + 4 + (\quad) + 5 = 18$

$\therefore (\quad) = 2$

04

정답 ③

혜주의 속력을 $2x$m/min이라 할 때(단, $x > 0$), 승혜와 민지의 속도는 각각 $3x$m/min, $4x$m/min이다.

학교에서 도서관까지의 거리를 ym라 하면

$\dfrac{y}{3x} = \dfrac{y}{4x} + 3 \cdots \bigcirc$

혜주의 이동시간과 승혜의 이동시간은 같으므로

$\dfrac{y}{3x} = \dfrac{y-300}{2x} \rightarrow 2y = 3y - 900 \rightarrow y = 900 \cdots \bigcirc$

$\bigcirc$을 $\bigcirc$에 대입하면 $\dfrac{300}{x} = \dfrac{225}{x} + 3 \rightarrow 300 = 225 + 3x \rightarrow x = 25$

따라서 승혜의 속도는 $25 \times 3 = 75$m/min이다.

05

정답 ②

보고서를 완성하는 전체 일의 양을 1이라고 할 때, A사원, B사원, C대리가 일할 때 걸리는 시간을 각각 a, b, c라고 하면,

$a+b=\dfrac{1}{12}$ … ㉠

$b+c=\dfrac{1}{8}$ … ㉡

$c=3a$ … ㉢

㉡과 ㉢을 연립하면 $3a+b=\dfrac{1}{8}$ 이고, 이를 ㉠과 연립하면 $2a=\dfrac{1}{12}\;\rightarrow\;a=\dfrac{1}{48}$

이에 따라 $b=\dfrac{1}{16}$, $c=\dfrac{1}{16}$ 이다.

C대리가 보고서를 1시간 동안 혼자 마무리해야 하므로 3명이 함께 일하는 시간은

$a+b+c+\dfrac{1}{16}=\dfrac{1}{48}+\dfrac{1}{8}+\dfrac{1}{16}=\dfrac{10}{48}$ 이다.

따라서 2시간 30분이 걸린다.

06

정답 ②

주택청약을 신청한 집합을 A, 펀드는 B, 부동산 투자는 C라고 가정하고, 밴 다이어그램 공식을 사용하여 2개만 선택한 직원 수를 구하면 다음과 같다.

$A\cup B\cup C=A+B+C-[(A\cap B)+(B\cap C)+(C\cap A)]+(A\cap B\cap C)=$ (전체 직원 수는 각 항목에 해당하는 총인원에서 중복(3개 또는 2개)으로 선택한 직원 수를 제외한 것)

$(A\cap B)+(B\cap C)+(C\cap A)$의 값을 x라 가정하면,

$A\cup B\cup C=A+B+C-[(A\cap B)+(B\cap C)+(C\cap A)]+(A\cap B\cap C)$

$\rightarrow\;60=27+23+30-x+5\rightarrow x=25$

$(A\cap B)+(B\cap C)+(C\cap A)$의 값은 25명이며, 여기서 $A\cap B\cap C$, 3개 모두 선택한 직원 수가 3번 포함되어 있다.

따라서 2개만 선택한 직원 수는 $25-5\times3=10$명임을 알 수 있다.

07

정답 ①

기존 남학생 수를 x명, 여학생 수를 y명이라고 할 때,

신입회원이 남자라면 $x+1=2y$ … ㉠

신입회원이 여자라면 $y+1=x$ … ㉡

㉠과 ㉡을 연립하여 풀면 $x=3$, $y=2$

따라서 기존의 동아리 회원 수는 $3+2=5$명이다.

08

정답 ①

2월 5일에서 8월 15일까지는 총 $24+31+30+31+30+31+15=192$일이다. 이를 7로 나누면 $192\div7=27\cdots3$이므로 8월 13일의 이전 날인 8월 12일이 수요일이었다. 따라서 8월 15일은 토요일이다.

09

정답 ①

볼펜 1타의 가격을 x원, A4용지 1박스의 가격을 y원이라고 하면,

$3x+5y=90,300$ … ㉠

$5x+7y=133,700$ … ㉡

㉠과 ㉡을 연립하여 풀면 $x=9,100$, $y=12,600$

A4용지 1박스에는 500매가 6묶음 들어있으므로 500매 한 묶음의 가격은 $12,600\div6=2,100$원이다.

따라서 볼펜 1타와 A4용지 500매 가격의 합은 $9,100+2,100=11,200$원이다.

10

12월까지 7달이 남았고 이 기간 동안 이수해야 할 남은 교육 시간은 60−35=25시간이다.

기본적으로 한 달에 이수해야 할 최소 시간인 3시간씩 7달 동안 교육을 들으면 21시간을 이수하게 되고 4시간을 추가 이수해야 한다.

한 시간 단위로 이수가 이루어지기 때문에 기본 단위를 한 시간으로 설정하면 주어진 문제는 남은 7달 중에 4시간(4회)을 배분하는 경우의 수를 구하는 것과 같다.

- (1시간씩 4번 듣는 경우)=(1시간씩 추가 이수를 들을 달을 선택하는 경우의 수)
  $\therefore {}_7C_4 = {}_7C_3 = 35$가지
- (2시간 1번, 1시간씩 2번 듣는 경우)=(2시간 추가 이수를 들을 달을 선택하는 경우의 수)×(1시간씩 추가 이수를 들을 달을 선택하는 경우의 수)
  $\therefore {}_7C_1 \times {}_6C_2 = 7 \times \dfrac{6 \times 5}{2!} = 105$가지
- (2시간씩 2번 듣는 경우)=(2시간 추가 이수를 들을 달을 선택하는 경우의 수)
  $\therefore {}_7C_2 = \dfrac{7 \times 6}{2!} = 21$가지
- (3시간 1번, 1시간 1번 듣는 경우)=(3시간 추가 이수를 들을 달을 선택하는 경우의 수)×(1시간 추가 이수를 들을 달을 선택하는 경우의 수)
  $\therefore {}_7C_1 \times {}_6C_1 = 7 \times 6 = 42$가지
- (4시간씩 1번 듣는 경우)=(4시간 추가 이수를 들을 달을 선택하는 경우의 수)
  $\therefore {}_7C_1 = 7$가지

따라서 전체 경우의 수는 35+105+21+42+7=210가지이다.

11

먼저 어른들이 원탁에 앉는 경우의 수는 (3−1)!=2가지이다. 그리고 어른들 사이에 아이들이 앉는 경우의 수는 3!=6가지이다. 따라서 원탁에 앉을 수 있는 모든 경우의 수는 2×6=12가지이다.

12

각 출장 지역마다 대리급 이상이 한 명 이상 포함되어야 하므로 과장 2명과 대리 2명을 먼저 각 지역에 배치하면 ${}_2C_2 \times {}_3C_2 \times 4!$가지이고, 남은 대리 1명과 사원 3명이 각 지역에 출장 가는 경우의 수는 4!가지이다.

즉, A, B, C, D지역으로 감사팀이 출장 가는 전체 경우의 수는 ${}_2C_2 \times {}_3C_2 \times 4! \times 4!$가지이다.

다음으로 대리급 이상이 네 지역에 한 명씩 출장을 가야 하므로 한 명의 대리만 과장과 짝이 될 수 있다. 과장과 대리가 한 조가 되어 4개 지역 중 한 곳에 출장 가는 경우의 수는 ${}_2C_1 \times {}_3C_1 \times 4$가지이다. 그리고 남은 과장 1명, 대리 2명, 사원 3명이 세 지역으로 출장 가는 경우의 수는 ${}_1C_1 \times {}_2C_2 \times 3! \times 3!$가지이다.

즉, 과장과 대리가 한 조가 되는 경우의 수는 ${}_2C_1 \times {}_3C_1 \times 4 \times {}_1C_1 \times {}_2C_2 \times 3! \times 3!$가지이다.

따라서 과장과 대리가 한 조로 출장에 갈 확률은 $\dfrac{24 \times 3! \times 3!}{{}_2C_2 \times {}_3C_2 \times 4! \times 4!} = \dfrac{1}{2}$이다.

13

원화를 기준으로 각 국가의 환율을 적용한 농구화 가격을 구하면 다음과 같다.
- 미국 : 210달러×1,100원/달러=231,000원
- 중국 : 1,300위안×160원/위안=208,000원
- 일본 : 21,000엔×960원/100엔=201,600원
- 프랑스 : 200유로×1,200원/유로=240,000원

따라서 일본에서 농구화를 구입하는 것이 가장 저렴하다.

72 · 금융권 NCS 수리능력

14

90만 원을 3개월 할부로 구매하였으므로 할부수수료율은 10%가 적용되며, 회차별 할부수수료는 다음과 같다.

회차	이용원금상환액(원)	할부수수료(원)	할부잔액(원)
1회	300,000	$900,000 \times 0.1 \div 12 = 7,500$	600,000
2회	300,000	$600,000 \times 0.1 \div 12 = 5,000$	300,000
3회	300,000	$300,000 \times 0.1 \div 12 = 2,500$	0
합계	900,000	15,000	–

따라서 3회 동안 지불한 할부수수료의 전체 금액은 15,000원이다.

15

- (중도상환 원금) = (대출원금) − [원금상환액(월)] × (대출경과월수)

$$= 12,000,000 - \left(\frac{12,000,000}{60} \times 12 \right)$$

$$= 9,600,000원$$

- (중도상환 수수료) $= 9,600,000 \times 0.038 \times \dfrac{36-12}{36}$

$$= 243,200원$$

16

예금 가입 기간이 20개월이므로 기본이자율은 연 1.30%(12개월 이상)가 적용된다. 그리고 우대금리 중 첫 번째와 세 번째 항목을 충족하였으므로 0.2%p가 가산된다. 따라서 만기 시 적용되는 금리는 1.30+0.2=1.50%가 된다.

단리식 예금이므로 만기 시 이자는 $1,000,000 \times 0.015 \times \dfrac{20}{12} = 25,000$원이고, 이자금액에 대한 세금을 제외하고 나면 $25,000 \times (1-0.154) = 21,150$원이 된다. 따라서 C고객이 만기에 받을 금액은 $1,000,000 + 21,150 = 1,021,150$원이 된다.

17

금리가 1~3%대로 큰 차이를 보이지 않고 있기 때문에 원금이 높으면 만기환급금도 높을 가능성이 크다.

상품명	예치금액	가입기간	원금	기본금리
A은행 적금	매월 200만 원	12개월	2,400만 원	연 3%(연 복리)
B은행 예금	3,000만 원	24개월	3,000만 원	연 1%(연 복리)
C은행 적금	매월 180만 원	15개월	2,700만 원	연 3%(단리)
D은행 예금	2,500만 원	30개월	2,500만 원	연 2%(연 복리)

우선 A은행 적금과 D은행 예금은 원금이 상대적으로 작으므로 B은행 예금과 C은행 적금을 먼저 계산해보면 다음과 같다.

- B은행 예금

복리계산식 : (만기환급금) = (원금) × $(1 + 연금리)^{\frac{n}{12}}$ (단, n은 개월 수)

$3,000 \times (1.01)^{\frac{24}{12}} = 3,000 \times (1.01)^2 = 3,000 \times 1.02 = 3,060$만 원(60만 원이 이자임)

- C은행 적금

이자는 $180 \times 15 \times \dfrac{16}{2} \times \dfrac{0.03}{12} = 54$만 원이고, 만기환급금은 $2,700 + 54 = 2,754$만 원이다.

따라서 B은행 예금이 3,060만 원으로 만기환급금이 가장 많음을 알 수 있다.

18

금리가 변동되는 은행은 A, C, D이다.

A씨는 A은행에 보유자산이 3억 원이고 A은행 카드사 전월 이용실적이 30만 원이다. 따라서 2.5%p가 가산되지만, 우대금리 사항에서 최대 2.3%p까지 적용되므로 3+2.3=5.3% 이자율이 적용된다.

C은행은 입출금계좌를 보유하고 있기 때문에 0.1%p 가산되어 적용되는 이자율은 3+0.1=3.1%이다.

D은행에 2억 원의 보유자산이 있기 때문에 2.0%p가 가산되어 적용되는 이자율은 2+2=4%이다.

각각의 상품마다 세부사항을 정리해보면 다음과 같다.

상품명	예치금액	가입기간	원금	적용금리
A은행 적금	매월 200만 원	12개월	2,400만 원	연 5.3%(연 복리)
B은행 예금	3,000만 원	24개월	3,000만 원	연 1%(연 복리)
C은행 적금	매월 180만 원	15개월	2,700만 원	연 3.1%(단리)
D은행 예금	2,500만 원	30개월	2,500만 원	연 4%(연 복리)

B은행 예금의 경우 변동이 없기 때문에 만기환급금은 3,060만 원 그대로이다.

연복리가 4~5%대로 오른 상품 A은행 적금과 D은행 예금의 만기환급금을 계산해보면 다음과 같다.

• A은행 적금

$$(\text{만기환급금})=200\times\frac{(1.053)^{\frac{13}{12}}-(1.053)^{\frac{1}{12}}}{(1.053)^{\frac{1}{12}}-1}=200\times\frac{1.058-1.004}{0.004}=200\times13.5=2,700만 원$$

• D은행 예금

$$(\text{만기환급금})=2,500\times(1.04)^{\frac{30}{12}}=2,500\times1.1=2,750만 원$$

따라서 금리가 변동되어도 B은행 예금의 만기환급금이 가장 크다.

19

ㄱ. 영어 관광통역 안내사 자격증 취득자는 2021년에 344명으로 2020년 대비 감소하였으며, 스페인어 관광통역 안내사 자격증 취득자는 2022년에 3명으로 2021년 대비 감소하였고, 2021년에는 전년 대비 동일하였다.

ㄷ. 태국어 관광통역 안내사 자격증 취득자 수 대비 베트남어 관광통역 안내사 자격증 취득자 수의 비율은 2019년에 $\frac{4}{8}\times100=$ 50%, 2020년에 $\frac{15}{35}\times100≒42.9\%$로 2020년에 전년 대비 감소하였다.

ㄹ. 2020년에 불어 관광통역 안내사 자격증 취득자 수는 전년 대비 동일한 반면, 스페인어 관광통역 안내사 자격증 취득자 수는 전년 대비 증가하였다.

[오답분석]

ㄴ. 2020~2022년의 일어 관광통역 안내사 자격증 취득자 수의 8배는 각각 2,128명, 1,096명, 1,224명인데, 중국어 관광통역 안내사 자격증 취득자 수는 2,468명, 1,963명, 1,418명이므로 각각 8배 이상이다.

20

A주임의 계획에 따르면 A주임은 기본금리를 연 2.1% 적용받으며, 스마트뱅킹 우대이율 연 0.2%p를 적용받아 총 연 2.3%의 금리를 적용받는다. A주임이 만기 시 수령하는 이자액을 계산하면 다음과 같다.

$$200,000\times\frac{36\times37}{2}\times\frac{0.023}{12}=255,300원$$

가입기간 동안 납입한 적립 원금은 200,000×36=7,200,000원이다.

따라서 A주임의 만기환급금은 7,200,000+255,300=7,455,300원임을 알 수 있다.

21

A주임의 수정한 계획에 따르면 A주임은 기본금리를 연 2.1% 적용받으며, 스마트뱅킹 우대이율 연 0.2%p와 주택청약종합저축 우대이율 연 0.4%p를 적용받아 총 연 2.7%의 금리를 적용받는다.

따라서 A주임이 만기 시 수령하는 이자액은 $250,000 \times \dfrac{40 \times 41}{2} \times \dfrac{0.027}{12} = 461,250$원임을 알 수 있다.

22

2021년 50대 선물환거래 금액은 $1,980 \times 0.306 = 605.88$억 원이며, 2022년에는 $2,084 \times 0.297 = 618.948$억 원이다. 따라서 2021년 대비 2022년 50대 선물환거래 금액 증가량은 $618.948 - 605.88 = 13.068$억 원으로 13억 원 이상이다.

[오답분석]

① 2021 ~ 2022의 전년 대비 10대의 선물환거래 금액 비율 증감 추이는 '증가 – 감소'이고, 20대는 '증가 – 증가'이다.

③ 2020 ~ 2022년의 40대 선물환거래 금액은 다음과 같다.
  • 2020년 : $1,920 \times 0.347 = 666.24$억 원
  • 2021년 : $1,980 \times 0.295 = 584.1$억 원
  • 2022년 : $2,084 \times 0.281 = 585.604$억 원
  따라서 2022년의 40대 선물환거래 금액은 전년 대비 증가했다.

④ 2022년 10 ~ 40대 선물환거래 금액 총비율은 $2.5 + 13 + 26.7 + 28.1 = 70.3\%$로 2021년 50대 비율의 2.5배인 $30.6 \times 2.5 = 76.5\%$보다 낮다.

23

ㄴ. 2022년 11월 운수업과 숙박 및 음식점업의 국내카드 승인액의 합은 $159 + 1,031 = 1,190$억 원으로, 도매 및 소매업의 국내카드 승인액의 40%인 $3,261 \times 0.4 = 1,304.4$억 원보다 작다.

ㄹ. 2022년 9월 협회 및 단체, 수리 및 기타 개인 서비스업의 국내카드 승인액은 보건 및 사회복지 서비스업 국내카드 승인액의 $\dfrac{155}{337} \times 100 ≒ 46.0\%$이다.

[오답분석]

ㄱ. 교육 서비스업의 2023년 1월 국내카드 승인액의 전월 대비 감소율은 $\dfrac{122 - 145}{145} \times 100 ≒ -15.9\%$이다.

ㄷ. 2022년 10월부터 2023년 1월까지 사업시설관리 및 사업지원 서비스업의 국내카드 승인액의 전월 대비 증감 추이는 '증가 – 감소 – 증가 – 증가'이고, 예술, 스포츠 및 여가관련 서비스업은 '증가 – 감소 – 감소 – 감소'이다.

24

신용카드 민원 건수를 제외한 자체민원의 전분기 민원 건수[71 – (가)]를 a라 할 때, 전분기와 비교하여 금분기 자체민원의 민원 건수 증감률은 다음과 같이 계산된다.

$\dfrac{90 - a}{a} \times 100 = 80 \rightarrow 9,000 - 100a = 80a \rightarrow 180a = 9,000 \rightarrow a = 50$

$50 = 71 - (가) \rightarrow (가) = 21$

신용카드 민원 건수를 제외한 대외민원의 금분기 민원 건수[8 – (나)]를 b라 할 때, 전분기와 비교하여 금분기 대외민원의 민원 건수 증감률은 다음과 같이 계산된다.

$\dfrac{b - 10}{10} \times 100 = -40 \rightarrow 100b - 1,000 = -400 \rightarrow 100b = 600 \rightarrow b = 6$

$6 = 8 - (나) \rightarrow (나) = 2$

$\therefore (가) + (나) = 21 + 2 = 23$

25

달러 환율이 가장 낮을 때는 1월이고, 가장 높을 때는 10월이다. 1월의 엔화 환율은 946원/100엔, 10월의 엔화 환율은 1,003원/100엔이다. 따라서 1월의 엔화 환율은 10월의 엔화 환율에 비해 $\frac{946-1,003}{1,003}\times100≒-5.7\%$이므로 5% 이상 낮다는 것은 옳은 설명이다.

오답분석

① 1월의 엔화 환율 946원/100엔은 2월의 엔화 환율 990원/100엔보다 $\frac{990-946}{990}\times100≒4.4\%$ 낮으므로 5% 미만 이득이다.

② 달러 환율은 6월과 8월에 전월 대비 감소하였다.

④ 전월 대비 7월 달러 환율 증가율은 $\frac{1,119-1,071}{1,071}\times100≒4.5\%$로, 전월 대비 10월 증가율 $\frac{1,133-1,119}{1,119}\times100≒1.3\%$의 4배인 5.2%보다 낮다.

26

ㄴ. 115,155×2=230,310>193,832이므로 옳은 설명이다.

ㄷ. • 2020년 : $\frac{18.2}{53.3}\times100≒34.1\%$

• 2021년 : $\frac{18.6}{54.0}\times100≒34.4\%$

• 2022년 : $\frac{19.1}{51.9}\times100≒36.8\%$

따라서 2020 ~ 2022년 동안 석유제품 소비량 대비 전력 소비량의 비율은 매년 증가한다.

오답분석

ㄱ. 비율은 매년 증가하지만, 전체 최종에너지 소비량을 알 수 없으므로 절대적인 소비량까지 증가하는지는 알 수 없다.

ㄹ. • 산업부문 : $\frac{4,750}{15,317}\times100≒31.01\%$

• 가정·상업부문 : $\frac{901}{4,636}\times100≒19.43\%$

따라서 산업부문의 유연탄 소비량 대비 무연탄 소비량의 비율은 25% 이상이다.

27

ㄱ. 2018 ~ 2022년 동안 경기전망지수가 40점 이상인 것은 B산업 또는 C산업이다.

ㄴ. 2020년에 경기전망지수가 전년 대비 증가한 산업은 A산업과 C산업이다.

ㄷ. 산업별 전년 대비 2019년 경기전망지수의 증가율은 다음과 같다.

• A : $\frac{48.9-45.8}{45.8}\times100≒6.8\%$

• B : $\frac{39.8-37.2}{37.2}\times100≒7.0\%$

• C : $\frac{40.6-36.1}{36.1}\times100≒12.5\%$

• D : $\frac{41.1-39.3}{39.3}\times100≒4.6\%$

따라서 D산업의 전년 대비 2019년 경기전망지수의 증가율이 가장 낮으므로 해운업이다.

ㄹ. 매년 5개의 산업 중 경기전망지수가 가장 높은 산업은 A산업이므로 제조업이다.

따라서 A산업 – 제조업, B산업 – 보건업, C산업 – 조선업, D산업 – 해운업이다.

28

ㄴ. 2021년 대비 2022년 외국인 관람객 수의 감소율 : $\frac{3,849-2,089}{3,849} \times 100 \fallingdotseq 45.73\%$

　　따라서 2022년 외국인 관람객 수는 전년 대비 43% 이상 감소하였다.

ㄹ. 제시된 그래프를 보면 2020년과 2022년 전체 관람객 수는 전년보다 감소했으며, 증가폭은 2019년이 2021년보다 큼을 확인할 수 있다.

　　그래프에 제시되지 않은 2016년, 2017년, 2018년의 전년 대비 전체 관람객 수 증가폭과 2019년의 전년 대비 전체 관람객 수 증가폭을 비교하면 다음과 같다.

　　• 2016년 : $(6,805+3,619)-(6,688+3,355)=381$천 명
　　• 2017년 : $(6,738+4,146)-(6,805+3,619)=460$천 명
　　• 2018년 : $(6,580+4,379)-(6,738+4,146)=75$천 명
　　• 2019년 : $(7,566+5,539)-(6,580+4,379)=2,146$천 명

　　따라서 전체 관람객 수가 전년 대비 가장 많이 증가한 해는 2019년이다.

[오답분석]

ㄱ. 제시된 자료를 통해 확인할 수 있다.

ㄷ. 제시된 그래프를 보면 2019 ~ 2022년 전체 관람객 수와 유료 관람객 수는 '증가 – 감소 – 증가 – 감소'의 추이를 보인다.

29

• 2023년 예상 유료 관람객 수 : $5,187 \times 1.24 \fallingdotseq 6,431$천 명
　2023년 예상 무료 관람객 수 : $3,355 \times 2.4 = 8,052$천 명
　∴ 2023년 예상 전체 관람객 수 : $6,431+8,052=14,483$천 명
• 2023년 예상 외국인 관람객 수 : $2,089+35=2,124$천 명

30

제시문의 내용을 보고 먼저 2023년 신규투자 금액은 43.48－10.93＝32.55백만 원이고, 유지보수 비용은 32.29＋0.11＝32.40백만 원이다.

그래프의 기준을 보고 알맞은 금액이 표시되었는지 따져 볼 때, 옳은 그래프는 ②이다.

[오답분석]

① 그래프의 막대가 정확히 무엇을 뜻하는지 모른다.
③ 2022년 신규투자와 유지보수 금액이 바뀌어 나왔다.
④ 2022년 유지보수와 2023년 신규투자 금액이 바뀌어 나왔다.

우리 인생의 가장 큰 영광은
절대 넘어지지 않는 데 있는 것이 아니라
넘어질 때마다 일어서는 데 있다.

– 넬슨 만델라 –

2023 최신판 취약영역 타파하기!
금융권 NCS 수리능력 + 무료NCS특강

개정3판1쇄 발행	2023년 05월 30일 (인쇄 2023년 04월 28일)
초 판 발 행	2020년 06월 25일 (인쇄 2020년 05월 15일)
발 행 인	박영일
책 임 편 집	이해욱
편 저	SD적성검사연구소
편 집 진 행	여연주 · 안희선
표지디자인	김지수
편집디자인	최미란 · 곽은슬
발 행 처	(주)시대고시기획
출 판 등 록	제10-1521호
주 소	서울시 마포구 큰우물로 75 [도화동 538 성지 B/D] 9F
전 화	1600-3600
팩 스	02-701-8823
홈 페 이 지	www.sdedu.co.kr

I S B N	979-11-383-5066-2 (13320)
정 가	22,000원

취약영역 타파하기!

금융권 NCS

수리능력

정답 및 해설

금융권 필기시험 "단기완성" 시리즈

최신기출유형을 반영한 NCS와 직무상식을 한 권에! 합격을 위한
Only Way!

금융권 필기시험 "봉투모의고사" 시리즈

실제 시험과 동일하게 마무리! 합격으로 가는
Last Spurt!